エリア・スタディーズ 97

大統領選からアメリカを知るための57章

越智道雄（著）

明石書店

選挙制度は、常に相互に赤の他人同士に止まりがちなアメリカ市民たち大衆を、永続的に接近させる

——アレクシ・ド・トクヴィル

本書のねらい

アメリカの大統領選は、「4年ごとの王選び」だ。王は終身職で、選挙で選ばれるのではなく、血筋がものを言う。アメリカ大統領は血筋などまるで無関係で、しかも1951年以降は2期8年でクビになる仕組みになった（むろん、5年目以降は再選されないとダメ）。フランクリン・D・ローズヴェルト（在職1933〜45年）だけが、第二次大戦を指揮した「戦時大統領」だったために、3期12年務めたあげく、第4期にまで再選されたが、「いくらなんでも長い」というわけで2期8年となった（1951年2月27日制定の憲法修正第22条）。

本書の第一のねらいは、以下の主題である。おびただしいアメリカ人が、「4年ごとの王選び」に、それを「祝祭」として参加し、各自の祝祭への参加がとりもなおさず「アメリカン・デモクラシー」の骨格を支えてきたと信じている――その「集合意識」のダイナミズムを取り出すことである。つまり、民衆文化としての大統領選だ。本書が、『大統領選からアメリカを知るための57章』と銘打つ所以《ゆえん》である。

大統領選は、一般投票で当落が決まるのではなく、得票数に応じて各州に割り振られた、予備選では「代議員」、本選挙では「選挙人」、の獲得票数で決まる。これは、日本人はおろかアメリカ人にもよくわからない仕組みだ。しかし、これがアメリカン・デモクラシーを機能させる、ややぎこちない支えになっているのである。そのからくりとからくりの文化的意味合いをわかっていただくことが、本書の第二のねらいである（第Ⅰ部）。

ただし、そのからくりよりも、大統領選の息吹にじかに触れたい方は、いきなり第Ⅱ部のニクスンvsケネディの戦い（１９６０年）から読み始めていただきたい。

本書の第三のねらいは、大統領選をレンズにして今日のアメリカの最大の「国家的病巣」を抉り出すことにある。主に共和党右派とその支持層にとりついたこの病巣こそ、政治的良質性ではリンカーンに迫るオバマが「なぜかくも悪戦苦闘を強いられているのか？」を理解させてくれる。

たとえば、２０１１年の初夏から8月初めにかけて、共和党が、⑴国家債務の上限引き上げ拒否と、⑵均衡予算死守を組み合わせ、⑶「アメリカ経済の再建を図れ」とオバマ政権を攻めたてたことはご記憶に新しいだろう。

⑴を断行すれば、アメリカは各国への借金、国内企業その他への借金が払えなくなり、アメリカ国債は紙屑になる。大量に購入している中国や日本のアメリカ国債もパーになる（世界は大恐慌に陥る）。⑵は「赤字と増税まかりならぬ」という主張だから、政府は財源が枯渇して⑶は結局不可能になる。⑶の実現には、借金をしてでも湯水のように公共事業投資をして経済を活性化し、失業率を下げないといけない。これは今日のケインズ経済学の常識である。

共和党の手口のポイントは、「オバマ政権に絶対に景気回復の手柄を立てさせないぞ」とホゾを固めている点にある。これぞまさしく党利党略、不況下で苦しむ国民への目配りなど吹っ飛んでいる。不況で時給６５０円程度、日に2時間、それも週に２、３日しかパート仕事がない今日のアメリカの失業者には、「貧すれば鈍す」で、共和党のこの悪辣な手口がわからない。

悪辣というのは、共和党は金持ち以外のアメリカ国民のことなど眼中にないからだ。いや、「(a)年収25万ドル以上の高収入者には増税、(b)それ以下の中流層には減税」というオバマの常識的な主張に共和党は頑強に反対し、「(a)は減税のまま」（減税法は時限立法で、ブッシュ息子が決めたものだが、時間切れになったのに共和党はその継続に固執している）、しかも「(b)は減税据え置き」と粘り続けた。普通なら、中流以下はこの共和党の手口に猛反対するはずなのに、「貧すれば鈍す」で逼塞《ひっそく》したまま、あまつさえオバマを非難する始末。金を湯水のように使ったのは、アフガニスタンとイラクへ、二方面同時戦争という大へまをこいたブッシュ息子ではないか！

まだある。中年以上の読者は、クリントン大統領（在職1993〜2001年）がセックス・スキャンダルで、共和党により史上2例目の議会での大統領弾劾にまで持っていかれたことをご記憶だろう（ニクソンは下院での弾劾開始前に辞任）。すでに裁判で決着がついたように、一部は事実だが、一部は共和党側のでっちあげだった。夫に浮気されたヒラリー夫人まで攻撃され、彼女は「大いなる右翼の陰謀」と非難して、また叩かれた。一人娘チェルシーの大学進学費用の足しにでもと思って行った土地投資が、「ラザファド・グループ」という共和党の刺客、つまり陰謀の実践部隊に当たる弁護士集団によって、「ホワイトウォーター疑惑」にまで拡大された（第42〜44章）。

今回の国家債務の一件も、「右翼の大いなる陰謀」に当たるだろう。格付会社スタンダード＆プアズ（S＆P）が、国際通貨の米ドルをAAAからAAプラスに格下げしたのは、この「陰謀」への痛切な警告だった。遠からずS＆Pは、30％の確率で、ドルをさらにAAマイナスに格下げすると見られている（これは円と同格）。

この共和党の目を覆うばかりの「劣化」――輝かしいリンカーンの政党がここまで劣化した経緯は、1968年と72年の大統領選でリチャード・ニクスンが種を蒔き（第Ⅱ部）、レーガンが1980年と84年の大統領選で仕上げ（第Ⅲ部）、1988年と2000年、そして2004年の大統領選でブッシュ父子が磨きをかけた。本書では、共和党が勝ったこれらの大統領選から要所を摘出して、以上の「病巣」を暴いておきたい。

第Ⅱ部と第Ⅲ部のタイトルがともに「暴れ象vsとんまドンキー」なのは、ニクスンとレーガンが「病巣」の元凶で、このメイン・タイトルが病巣の要約になっているためだ。

第Ⅳ部のタイトルは、「とんまドンキー」から「反撃ドンキー」に変わっている。これは共和党側にやられっ放しだった民主党がやっと反撃に転じたのがクリントン政権からだからで、その主役は大統領夫人ヒラリー・ロダム・クリントンと選挙対策委員会（選対）を率いたジェイムズ・カーヴィルだった。

クリントンとオバマという民主党大統領は、この共和党の絶対的な罠《わな》の只中で、ローズヴェルト大統領以後、ケネディ、ジョンスン、カーターと民主党大統領が連綿と守り抜いてきた民衆重視の路線を、なんとか継続しようと悪戦苦闘を続けてきた。

本書では、大統領選で最もハラハラドキドキして、ゲームにまでなった1960年の選挙をまるごと紹介する。これにはまたしてもニクスンが絡んだが、この当時の彼はケネディに対してなぜか劣等感を抱いており、のちの悪辣《あくらつ》さはふしぎに影を潜めていた。年下なのに、ケネディはそれだけの輝きとしたたかさを併せ持っていた（キューバ・ミサイル危機を裁いたこの若き大統領の手腕は、映画『13デイズ』〈2000〉に詳しい)。しかし、両者の得票差は11万2827(投票総数の0・16%)で、史上最小差の大接戦だった(第18章)。これ以後の大統領選は、右記の「病巣」を浮かび上がらせるべく、ひとまとめに要約する。

なお本書では、場合によって、共和党を「共」、民主党を「民」と略記する。

繰り返すが、本書のねらいは、大統領選を通してアメリカ史を貫く暗黒と光芒が織りなす文目《あやめ》を覗き見ていただく点にある。今日の統計予測では、2020年までに30歳以下のアメリカ人は有色人種が多数派となり、2040年までにはアメリカ全体で有色人種がマジョリティに転じる。このため、年配のアメリカ白人、とくに白人男性は意気阻喪している。これが共和党の悪辣さを許容する下地だ(この白人たちはオバマが憎いのだが、同時に無力感を抱いてただをこねてもいるのである。オバマいびりで溜飲を下げているのだ。哀れではないか)。これが「暗黒」である。ところが、30歳以下の若い白人は、アメリカの有色人種化に幻滅していない。なぜか?

1980年代以降生まれの彼らは、50年代に起きた公民権運動、次いで80年代に起きた「多元文化主義(マルタイカルチュラリズム)」のおかげで多民族的環境に慣れてきたからである。この世代こそ、嬉々としてオバマを史上初の黒人・白人混血大統領に選んだ。彼らは「2000年紀最終世代(ミレニアルズ)」と呼ばれる。たぶん、多くの読者諸君は、「日本のミレニアルズ」だと思う(日本の未来は、いやすでにして日本の現在は、諸君の双肩にかかっている)。クリントン夫妻の一人娘チェルシーは、ミレニアルズの先頭世代だ。これがアメリカの希望と「光芒」を担う若い世代である。「待て、而《しか》して希望せよ」(アレクサンドル・デュマ『モンテ・クリスト伯』)。

大統領選からアメリカを知るための57章

目次

III　暴れ象VSとんまドンキー②「レーガノミクス」／171

CONTENTS

序

「公人《パブリック・マン》」と「スプリッティング《本能切断》」

1

アメリカ的「公人」の腐敗

★生贄《いけにえ》装置となった大統領★

「票ねだりビル」と「公人（パブリック・マン）」の機能

読者諸氏の中には、高校時代、生徒自治会に興味を持ち、自治会長に立候補した人は少ないのではないか。実際に自治会長に当選し、それを務め上げた人はさらに少ないだろう。

高校時代のビル・クリントンのあだ名は、「票ねだりビル（ヴォウト＝ミー・ビル）」だった。何にでも立候補し、「おれに投票してくれ」と生徒仲間にせがんだのである。

高校時代の筆者には、こういう同級生の了見がまるでわからなかった。みごと生徒会長に当選した同級生は、たしか牧師の息子で、学年で唯一、東大に受かり、大手信託銀行のトップになって、本当に謙虚な人柄ゆえに在学中も卒業後も同窓生から仰ぎ見られ、本業において「殉職」した。在京の高校同窓会の幹事まで引き受け、割り箸の吟味までした。過労死だったろう。

こういうタイプを「公人（パブリック・マン）」と言う。牧師である父親自身が公人だから、筋金入りの少年だったわけだ。

本書の眼目は、アメリカ大統領選挙を「政治文化」としてとらえ、これをレンズにアメリカおよびアメリカ人の映像を浮か

オバマ政権の政策に抗議するティー・パーティのワシントン納税者行進。白塗りのオバマに注目（2009年9月12日、撮影：dbking）

び上がらせる点にある。つまり、大統領選および大統領はレンズで、レンズの向こう側には「公人」になり切れなかったアメリカ人の映像がひしめいている。いや、彼らも職場ではある程度は「公人」なのだが、アメリカ政治は大統領任せにし、つい昨日はバラック・オバマにのぼせたくせに、自分らが失業するやオバマをくそみそにこきおろす「私人」に転落して憚《はばか》らない。

こういうアメリカ「市民」は4年ごとに、オバマ、いや大統領を「生贄《いけにえ》」に選んでいる印象がある。自らは「統治」を放棄し、それを任せた相手に不平不満を投げつける――そういう生贄装置としての大統領である。就任半年後、オバマの側頭部に白いものが目立ち始めた（今や生え際も白くなってきた）。オバマを生贄化した典型が後述する「ティー・パーティ」だ。統治放棄どころか、国政の基盤、増税を絶対的に拒否し、「自分さえよければＯＫ、福祉などもっての外《ほか》」というエゴイスト集団である。

このティー・パーティに寄生され、突き上げられた共和党側は、強烈なオバマいびりを片時も緩めない。前述のように、この政党は2011年7月下旬に「国家債務の上限引き上げ」を拒否して合衆国を破産させかけた。8月2日までに上限引上げがないとアメリカ国債は紙切れとなり、世界は大恐慌を来すのだ。

期限寸前、オバマ政権と上院民主党院内総務ハリー・リード議員らの懸命の努力で、それはなんとか回避された。しかし、緊縮予算と上限引き上げ拒否を抱き合わせで民主党政権をいびり抜くのは共和党のお家芸、つまり、この党の劣悪な政治文化で、ビル・クリントンいびりにもこの手を使った。彼の場合、おあつらえ向きにも、セックス・スキャンダルというおまけがつき、いびりに凄味がかかり、ついに弾劾にまで持っていかれた。

大不況の救済には、国家予算を公共事業その他に投資して、逼塞《ひっそく》した経済を再活性化するのが常道である。それを緊縮予算と上限引き上げで封じ込めるのだから、不況はいっそう深刻化する。暮らし向きが悪くなった国民の大半は、この理屈すらわからない。つまり、共和党は不況を長引かせて、「見ろ、オバマのせいだ」と彼を落選に追い込む魂胆だけで、国民生活はそっちのけである。

共和党は、さらに悪辣《あくらつ》なことに、上限引き上げを2段階に分け（オバマの痛烈な反対を押し切って）、大統領選真っ最中の2012年、またもや引き上げざるをえなくなる「起爆剤」を残そうとまでした。これでオバマの再選に止めを刺す魂胆である。国民を無視すれば、愚かな国民にそれと気づかせないで、権謀術数、喧嘩は上手になる。国民を心配するオバマや民主党は反撃しそびれて、かえって「悪者」に見えてしまうほど、喧嘩下手になる。

共和党の極右化で起こる昨今のアメリカの「革新運動」

さて、オバマは民主党である。2つの政党の簡略な紹介は第4章に譲る。革新の民主党、保守の共和党――アメリカ人の支持政党は、これら2つの政党に分かれるが、昨今、「無党派層」が増えてきた。ハリス世論調査では、1970年、民主党支持49%、共和党支持31%が、2011年6月、民主党35%、共和党28%に落ちた。無党派層は元来、景気動向によって流動的で、20~40%を揺れ動いている最も厄介な存在だ。

ギャラップ調査だと、2011年1月、民主党支持31%（この22年で最低）、共和党支持29%。同年5月、ピュー調査センターによれば、無党派層は2000年の20%から2011年の37%へと激増した。

今日、選挙結果はこの無党派層の動向で決まる。これは世界的な傾向で、いわゆる2大政党制は「化石化」しつつある。

「2組織による寡占（デュオポリー）」は、全体組織が多様化した昨今、機能不全に陥った。たとえば、コダックvsフジの2社寡占は、デジタル技術の発達で破られた。2大政党による寡占は、企業と違って政党に国家助成があり、多様化が及び難い業界だけに（つまり、第三政党の出現が困難）、化石化しても命脈を保つ。しかし、ティー・パーティの出現は、民主党よりも共和党への憤懣《ふんまん》から発生した「デュオポリー破壊現象」である。つまり、先鋭化した無党派活動、あるいは初期微動的な第三政党運動とも言える。

奇妙な組織名にも、共和党と似た詐術が見られる。これは「ボストン・ティー・パーティ」

（1773年12月16日）の詐称だ。この事件は、反英国の独立運動派が引き起こした。つまり、この運動には「独立の大義」があった。ティー・パーティには、「エゴイズムの大義」しかない。したがって、ティー・パーティは、ボストン・ティー・パーティの大義を横取りした無頼集団にすぎない。

ちなみに、アメリカ政界はきわめて保守的で、かつて自民党左派だった三木武夫首相のグループが「アメリカならば極左に当たる」とまで言われた。米の共産党は今日、党員が2000名しかいない。

したがって、アメリカ政治の革新は近年では1960年代の「新左翼」が民主党への反乱として起きた以外、むしろ共和党で「極右化」のかたちで起きる（極右も「革新」と言うのは、左右の両極端はともに「革新勢力」だからだ。ナチスも発生時点では「革新」だった）。

レーガン政権の「キリスト教右翼」、ブッシュ政権の「ネオコン」、反オバマの「ティー・パーティ」は、いずれもそういう意味での「革新」だ。しかも皮肉なことに、民主党は「新左翼」に対して硬直した対応しかできなかったのに、昨今の共和党は卑屈なまでにキリスト教右翼やネオコンやティー・パーティの意向におもねり、ブッシュ政権などはチェイニー副大統領率いるネオコンに閣内を仕切らせた。少なくとも「自らにとっての革新は何か？」を心得ている点では、共和党は民主党に比べてはるかに政治のプロと言える。むろん、その「革新」は国民抜き、自分の権力固執の悪賢さだけで成り立っている。

2

リンカーンの民主主義観

―★「私は奴隷になりたくない。だから奴隷の主人にもなりたくない」★―

本章サブタイトルの言葉は、今日では見る影もないほど劣化してしまった共和党を、アメリカ政治史上、燦然と輝かせていた大統領エイブラハム・リンカーンの発言である。これの核心部分は、以下のように続く。「これが私の民主主義観だ。これと違うものは、その違いに応じて民主主義ではない」。

自由は元来、「他者を支配」して、つまり「他者を奴隷にして」得られる。ところが、民主主義は、「他者に自由を認めることが自身の自由拡大」につながるという「虚構」の上に成り立つ。

普通、人は「奴隷忌避＝主人に出世」を願う（今日だと、平社員より社長になりたがる）。リンカーンは、「奴隷忌避＝主人への出世忌避」――これこそが民主主義だと言うのである。これはエゴイズムに反する「虚構」だ。「奴隷忌避」vs「主人への出世忌避」――この矛盾は葛藤を生む。この葛藤は、ダブルバインド（二重拘束）と呼ばれる。

この矛盾から生じた葛藤を丸め込む心理操作を、専門語では「スプリッティング（切断）」と言う。異質な２つの概念がよじれ合って「二重拘束」を引き起こす前に切断し、それぞれの場

エイブラム・リンカーン
（1860年、撮影：Alexander Hesler）

で行動に表す、防衛的な心理技術である。「奴隷忌避」――これは簡単。「主人に出世」への欲望の断ち切り――これには心理的トリック、つまりスプリッティングが要る。まず、「主人に出世」願望（本能。アメリカの場合、「自由競争」）を切断（スプリット）し、「主人への出世忌避」（「平等」の概念）を接ぎ木するのだ。この「切断～接ぎ木」のトリックゆえに、民主主義は人間の本能からみれば嘘っぽく見える。いや、民主主義は「真剣な嘘」なのである。以後、これを「本能切断」と呼ぼう。

今日では、共和党がこの真剣な嘘をかなぐり捨て、権謀術数に明け暮れ、「主人に出世」の願望を正当化している。だから、民主党がリンカーンの理念を引き継いで、「主人に出世」の願望を「スプリット」している（これこそが、アメリカ史の壮大な入れ替わり、大逆転である）。

おまけに、アメリカン・デモクラシー（ＡＤ）の等式は、「ＡＤ＝平等＋自由競争」という矛盾に満ちたもので、これ自体がスプリッティング（本能切断）である。つまり、「主人への出世」願望という一度は切断した本能を、「自由競争」として「再認知」しているのだ。

そして、このスプリッティング（本能切断）こそ、自分を「公人」に作り変えるトリックでもある。

生徒会長になった筆者の高校同窓は、牧師である父親のスプリッティング（本能切断）を日々目撃してきたから、少年時代に早くも公人への切り替えができた。彼が社長として寿命を縮めたように、オバマも国民への配慮ゆえに共和党にいびられ、日々寿命を縮めている。公人とはそういう存在だ。

筆者などは古希を過ぎてなお、「私／公人」の煮え切らなさで、菅政権や野田政権下で暮らしがきつくなっても、せいぜい首相に対して不平は言わないでいるのが精一杯である。

コラム1

古代アテナイのエウテュナ（執務記録審査）

「公人」は、選挙運動段階からメディアその他の詮索にさらされ、大統領選だと予備選と本選挙と2度の「品定め」を被り、新大統領によって任命された高官らは上院で承認されるまでに茨の道を歩む。アメリカの多くの家庭でやっているように不法移民をメイドに雇っていただけで、上院での承認が下りない。

大統領、いや生徒自治会長も、「執政」の概念でくくられる。この語は「統領」とも言い換えられ、「大統領」という訳語の基本となった。古典的な「執政官」には、古代ギリシャのアテナイではアルコン（行政担当執政官1名、任期1年）、共和制時代の古代ローマではコンスル（定員2名、任期1年）がいた。

以下は、西洋古代史が専門の畏友、向山宏博士のご教示を受けた。

執政を務めるのはなかなか厳しい。アルコンの場合、選挙に当選しても、徹底したあら捜しの洗礼を経ないと就任できない。そして無事任務を終えると、30日以内に業務で使った費用の明細を提出させられ、籤《くじ》引きで選ばれた10名の審査員が3日、鵜の目鷹の目でそのあら捜しをする。この関門をくぐり抜けると、今度はこの哀れな前アルコンに対する苦情を聞くべく、アテナイの自由男性市民（約3万人。他の男性は外国人か奴隷で、非市民）を集めて公聴会が開かれる。その場で市民から出た苦情などを基に、さらに根掘り葉掘り問い詰められ、前アルコンは必死で弁明し、それをパスしてやっと、外国旅行、資産の委譲、神への供物を認められた（制度名はエウテュナ〈執務記録審査〉）。

これは定例化されていた。公聴会も含めて今日の民主社会の政治機構でも、完全に制度化されているが、今日では告発がないかぎり、任期を全うして辞めていく執政にここまではやらないのではないか。古代民主主義は半端ではなかった！

　エウテュナのような目に遭ってもアルコンになる者が絶えなかったのは、アテナイ人の「名誉心」ゆえだった。この名誉心は、民主主義以上に真剣な「嘘」だった。名誉こそ、自身と一族の栄誉を後世に伝える唯一の手段である。栄誉とは、すぐ不平をこくだけで無策の私人ではなく、国民救済を担うための研鑽《けんさん》と辛酸に対して賦与される。それをしも「虚栄心」と嘲《あざけ》るのは、スプリッティングが不出来な輩《やから》の戯言《たわごと》だろう。筆者も今となっては、自治会長に敢然と立候補し、社長として殉職した例の同窓の心の内を、掌を指すように見て取れる。

　歴代の合衆国大統領が、みごとに「スプリッティング（本能切断）」を果たして実績を上げたか？　ワシントン、トマス・ジェファスン、ジェイムズ・マディスン、リンカーン、セオドア・ローズヴェルト、ウドロウ・ウィルスン、フランクリン・ローズヴェルト、ハリー・トルーマン、リンドン・ジョンスン、そしてオバマ以外、あまりいない（ケネディは途中で倒れた）。その10名も、任期中から壮大な「エウテュナ」にさらされている。ワシントン、リンカーン、ローズヴェルトが、以後の歳月、神格化されたように、1世代あとには、オバマも今は劣悪かつ強欲な「ティー・パーティ」勢力によって押し隠されている輝きを取り出されるだろう。

3

アメリカ大統領選

★国民の総合的スプリッティングの集約★

本書の第I部は、アメリカ大統領選をめぐる諸制度が、国民にもスプリッティング（本能切断）を要求する過程を、幅広い奇妙な慣習（「選挙人制度」その他）から読み解くのが目的である。制度そのものよりも、それに肉付けされた人間ドラマ（歴史・政治）や具体的な「逸話」が中心となる。

たとえば、選挙自体、国民から大統領候補その他の執政候補に統治権限を委譲する、実に生臭い儀式である。前述のエウテュナ（コラム1）は、国民が委譲した権限の行使に際して執政側に過ちがなかったかの厳しい審査なのだ（しかも、執政に際して、つまり権力の行使に際して、局面を動かすには、執政官はほぼ常に越権行為を冒すしかない）。オバマはもとより、「票ねだりビル」と呼ばれた高校時代のビル・クリントンや筆者の同窓生だった自治会長には、その生臭さが痛いほどわかっていた――あの若さで。そこがわからないと、選挙はうっかり投票すら忘れてしまう退屈な、色あせた儀式に堕してしまう。そうではないのだ。退屈で色あせているのは、そこがわからない手合いのほうである。筆者もそれに気づくのが遅かった。

ただ、本書では大統領に当選した人物が主役ではなく、「国民の総合的スプリッティング（本能切断）が大統領に集約された結果としての大統領像」を提示することに主眼がある。つまり、リンカーンやオバマを大統領に選出できた時期のアメリカ人たちの「貌《かお》」そのものがこれらの大統領だったわけである。

それは、とりもなおさず、「アメリカ大統領選」という「政治文化」を通して、アメリカの特徴を照射することを意味する。

白熱した２００８年の大統領選は、共和党・民主党いずれにも現役大統領不在、両党とも新候補同士の対決だった。２０１２年には現役大統領のオバマが再出馬するから、それだけ興奮度が低い。最も華やかだったのは２００８年の民主党予備選だった。なにしろ、「アメリカ最初の女性大統領か、最初の黒人大統領か？」で争われたのだから、アメリカ史上、最も画期的な予備選だった。予備選の仕組みは両党で異なるし、年によっては同党内でも異なるが、本書では主に２００８年の予備選でこれを代表させる。

2008年民主党予備選のオバマ候補と支持者たち（2月、ワシントン州シアトル、撮影：striatic）

２００８年の本選挙はこれほど鮮烈なものではなかった。とくにオバマがヒラリー・クリントンと正副大統領候補としてコンビを組めなかった隙を突いて、共和党で数少ない高潔な政治家ジョン・マケインがこともあろう

2008年民主党予備選のヒラリー候補（2月、オハイオ州ロレイン、撮影：Rona Proudfoot）

にセアラ・ペイリンを引っ張り出したことによって、心ある女性は二重に傷つけられた。ティー・パーティなどの劣悪分子におもねるだけのペイリンに、女性の政治的主流化を嘲笑われた気がしたのである。

60代の読者諸氏の記憶に残る最も古い本選挙をケネディ（民）vsニクスン（共）の対決とみて、第II部はこれから入り、以後、前者に敗れたニクスンが復活をとげた「南部戦略」、レーガン（共）当選の1980年度選挙、ブッシュ父子（共）陣営によるネガティヴ・キャンペインのダントツ、1988年と2000年の本選挙（前者がブッシュ父vsジョージ・デュカーキス、後者がブッシュ息子vsアル・ゴア）、民主党のクリントンによる1992年の巻き返し（記録映画『クリントンを大統領にした男〈原題 The War Room〉』〈1994〉は、大統領選挙対策の劇的な作品）、目下進行中の2012年大統領選から、制度や仕組みをはっきりわからせてくれる具体的な逸話を集めて編み上げてみたい。

I

大統領選の仕組みとその文化的意味合い

4

民主党とは？ 共和党とは？

★ 保守政党と革新政党の奇妙な逆転現象 ★

アメリカのメフィストフェレスとファウスト博士

今日の民主党は革新で、共和党は保守である。

しかし、昔はこの逆で、民主党は奴隷制支持の保守政党、共和党は奴隷制反対の革新政党だった。アメリカ建国当時、共和党の前身である「連邦主義者党」は合衆国連邦政府護持の政党で、民主党の前身である「民主共和党」は連邦政府をうろんな目で見て「州権主義」を標榜し、とくに奴隷制という前近代的制度を抱えた南部の民主共和党は、反奴隷の連邦主義者党を恐れてよけい州権主義に傾いた。

また、ウォールストリートに拠点を置く金融資本、東部から全米に展開していく大手メーカー（製造資本）を中心に、共和党は資本家の政党でもあり続けた。資本家には、州境を越えた広域ビジネスが不可欠なので、本質的に連邦政府が不可欠となった。多国籍企業が国境を越えて展開する今日のグローバリズムの前身である。

つまり、共和党は工業基盤の全国規模の政党で、民主党は南部・南西部の奴隷制と農業を基盤にした地域的な政党だったのだ——昔は。それが今日では逆転しているのである。

工業依存の北部資本家らが奴隷制に反対した理由はこうだった。「衣食住をあてがわないといけない奴隷よりも、労賃だけですむ労働者のほうが効率がいい」。

この図式のまま、南北戦争（１８６０～６５年）を経て、共和党はリンカーン暗殺後も連邦軍を南部に駐留させ、黒人の解放（とくに黒人男性への投票権授与）を続けた（つまり、衣食住をあてがう「黒人奴隷」を、労賃だけですむ「黒人労働者」に転換させようとした）。マッカーサー元帥の占領軍が、日本を軍国主義から民主主義に変貌させた光景を連想させる。

リンカーンの大義を無に帰したのは、本書の主題である大統領選の結果だった。１８７６年の大統領選で、共和党のラザファド・B・ヘイズと民主党候補の得票差は、前者が25万１７４６票少なく、後述する選挙人数でも18票負けていた。にもかかわらず、南部の民主党勢力は南部からの連邦軍の引き上げを条件に取引し、約4ヵ月後、ヘイズが大統領の座にすわった。これが共和党の劣化の始まりだったろう。黒人にとって12年弱の解放期間は夢幻《ゆめまぼろし》と消え去り、あっという間に元の奴隷と大差ない状態に閉じ込められ、賦与されていた選挙権の行使も封じ込められた。

リンドン・ジョンスン
（1964年、撮影：Arnold Newman, White House Press Office）

その状態は、民主党のジョンソン大統領が「公民権法」（１９６４年）と「投票権法」

（１９６５年）に署名するまで90年余も続く（これゆえに、黒人はジョンスン大統領の肖像を自宅に掲げた）。

南部白人にも、このジョンスン（テキサス人）のような良識ある人物は多々いても、「悪貨は良貨を駆逐する」で、彼らが人格的影響力を発揮すれば、たとえば１９４０年代、ナチスのユダヤ系差別と南部の黒人差別を合わせて批判した『アトランタ・コンスティテューション』の編集局長ラルフ・マッギルのように、自宅に銃弾を撃ち込まれた。ＫＫＫ（クー・クラックス・クラン）をはじめとするテロの前には、良心も引っ込まざるをえなかったのだ。

こうして、反連邦の州権主義、そして奴隷制固執の病理ゆえに、南部と南西部（テキサスなど）は、「アメリカのメフィストフェレス」になった。ヘイズ麾下《きか》の共和党は、大統領の座と引き換えに南部民主党に魂を売った「アメリカのファウスト博士」になり下がったのである。

アメリカ史を切り裂いた、１００年をかけての共和党の南下

もう１つ大事な激変は、北部を選挙地盤としてきた共和党が、南北戦争から１００余年たったニクスンの時代に南部へ移動し、レーガンの時代にはほぼ完全に南部基盤の政党に変貌したことだった。他方、北部にもいた民主党員はアイルランド系、南欧・東欧系などローマン・カトリック（西方教会）や正教徒（ビザンティンの東方正教会教徒）の新移民を基盤として次第に革新化し、１９３０年の大恐慌を乗り切ったフランクリン・ローズヴェルト大統領は「ニューディール（新規巻き直し）政策」によって完全に民主党を革新政党に変貌させた。

他方、別名「ディクシークラッツ」と呼ばれていた前述の南部民主党員は、レーガン以降、共和党員

に変わっていく。

事の起こりは、ニクスン（第16〜27章、第46章）にあった。⑴ニクスンが「東部エスタブリッシュメント」と呼ばれた本来の共和党上層部と反りが合わず、⑵ヴェトナム反戦運動に苛立ち、⑶ともに反戦運動に苛立っていた蒙昧《もうまい》な南部白人の間に支持を広めた。やっと見つけた自分の支持層を、ニクスンは「サイレント・マジョリティ（もの言わぬ多数派）」と持ち上げた（反戦運動は「ものばかり言う集団」だった）。

⑴については、アイヴィリーグに行けなかったニクスンの、東部エスタブリッシュメントへの幼稚な劣等感ゆえに、彼は自ら孤立していったのである。今日の東部エスタブリッシュメントははるかに規模を拡大して全国化し、「アメリカン・エスタブリッシュメント」と呼ばれる（拙著『アメリカン・エスタブリッシュメント』２００６、ＮＴＴ出版）。アメリカン・エスタブリッシュメントは有能な人物ならどしどし受け入れる懐の深さがあるのに、あれだけ優秀なニクスンの泣きどころは上流層への制御できない劣等感だった。

レーガンにはニクスンの頭脳の切れはなかったが、劣等感もなかった（幸せなノーテンキだった）。ニクスンは今日では難関大学となった、ノースキャロライナ州ダラムにある、デューク大（創立１８３７年）のロースクール出だ（彼の後輩に、『ナット・ターナーの告白』で有名な作家ウィリアム・C・スタイロン、大投資銀行モーガン・スタンリーの現トップ、ジョン・マック（拙著『ニューヨークからアメリカを知るための76章』２０１２、明石書店）、日系で最初の統合参謀本部議長になったエリック・シンセキ将軍など）。

しかし、レーガンは無名大学出で、経済学部出身なのに経済音痴。彼は、プロテスタンティズムの大きな底流をなす「自己努力貫徹、福祉反対」に加えて、共和党でありながら「連邦政府悪視」という、かつての差別的な民主党の特徴を共有していた。要するに彼の民主主義は、リンカーンと違って「自己努力貫徹」の結果、「主人になりあがる」ことで完結するタイプだったのだ。「他者に自由を認めることで自身の自由拡大」というリンカーンの平等概念は欠落していた。「福祉にすがる者は、自己努力を放擲《ほうてき》したろくでなし」と切って捨てた。つまり彼は、前述の等式、「アメリカン・デモクラシー＝平等＋自由競争」で、「自由競争」だけ拡大したのである。

これはレーガンの専売特許ではない。「建国の父たち」はとっくにそれに気づいていた。「不平等は自由があるかぎり消えはしない。不平等は必然的に自由そのものの結果だ」（初代財務長官アレグザンダー・ハミルトン＝共和党の前身「連邦主義者党」領袖で、州権主義のトマス・ジェファスンらと対立）。

悲しいことに、無知で黒人いびりしか能がない南部白人は、自由競争でも連戦連敗し、その腹いせにまた黒人をいびってきた。北部へ脱出した黒人のほうが、知能テストで南部白人より高得点を出した点からも、南部白人の蒙昧さは先天的なものではなく、奴隷制に根ざす劣悪な「文化」に起因することがわかる（ネル・I・ペインター著、拙訳『白人の歴史』２０１１、東洋書林、第24章）。だからこそ、筆者は南部白人やティー・パーティに対して、彼ら自身よりも、彼らを今日の彼らたらしめたその「文化」のおぞましさを非難して、「無知蒙昧」という激しい表現を使うのである。

南部白人こそ最も福祉や労組や連邦政府の厄介になる率が高いくせに、これらにいっせいに反対する。この矛盾はいったい何なのか？　かなりネジ曲がった連中なのだ（「文化」がそうさせるのである）。ちなみに、日系企業の多くが南部に工場を建てるのは、労組がないからだ（したがって時給も安い）。ニクスンとレーガンは、南部白人のこの奇妙な性癖をフル活用した。以後、これが共和党のお家芸となる。

コラム2

アメリカ、「赤地域」と「青地域」に分裂

資本家の政党だった共和党が旧弊な南部に支持基盤が移動した矛盾は、いっそう政党の劣化を進めた（「奴らをだまして権力を」と高をくくっていた共和党のほうが、だます相手の劣悪な「文化」に感染し、ミイラ取りがミイラになったのである）。共和党こそ地域政党に転落して、逆に民主党が、及ばずながら資本家から政治献金を引き出せる仕組みができて全国政党への脱皮を果たし、今日に至っている。

もっとも、共和党の支持基盤は、2000年の大統領選ころから「赤地域」と言われ始め、今日ではこれが南部・南西部を大きくはみだして全米化した。民主党は「青地域」と呼ばれるが、東西の沿岸部に限定され、見た目には民主党こそ地域政党化したような錯覚を与える。

ただし、全米にわたって、恵まれたホワイトカラー層と生活に追われるブルーカラー層とは、住み分けができている。両者では、物価感覚も食べ物も違う。ブルーカラーは安いファーストフードを食いすぎて健康を害しているが、ホワイトカラーは健康志向で、高い物価にも対応できる。選挙になると、双方の投票行動がガラリと違うため、州全体が赤と青のまだら模様になる。しかし、最後に共和党が勝てば州全体が「赤」となり、けっこう住民数の多い「青」は消されてしまう。「消された青」は「赤地域」にも多数住んでいることを忘れてはならない。

「赤地域」の共和党支持層は、皮肉にも南部・南西部白人があれほど唾棄してきた労組員である。1970年代、2度の石油危機で労賃が高い先進諸国からいっせいに工場が海外へ出ていった。そのためブルーカラーの仕事が激減し、ホワイトカラーの仕事しか残らなく

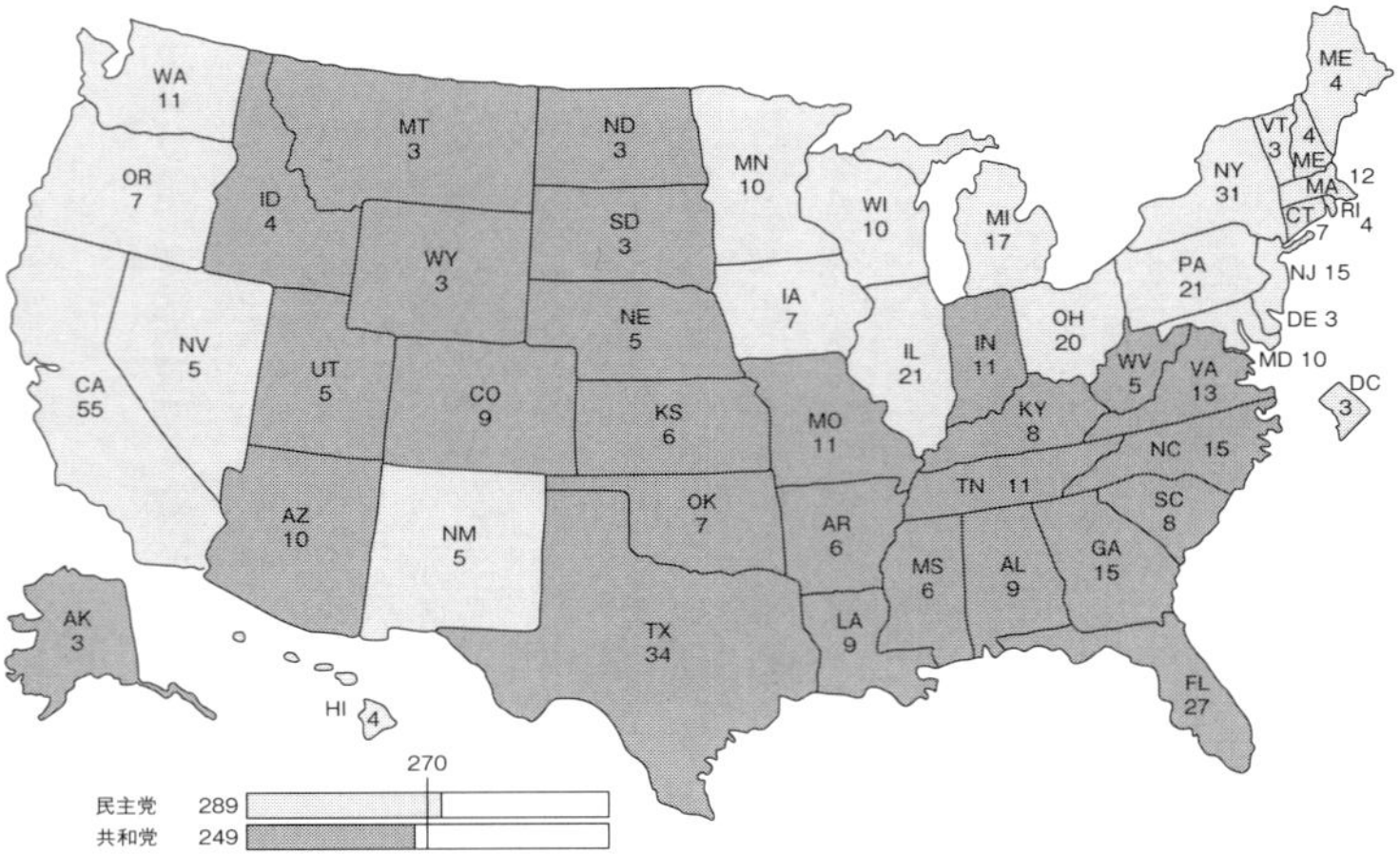

2008年大統領選における民主・共和党の州ごとの勝敗と獲得代議員数

なって、大学への進学率が飛躍的に高まる。

　今日ブルーカラーに止まると、どんな暮らしを強いられるか？　目下、１４１０万人の失業者がいるアメリカでは、パートで時給８ドル50セント。しかも勤務時間は減って週４時間か5時間だから、税引きで月額１４０ドル程度にしかならない。２００８年、梱包会社を解雇された人物は、パート仕事すら失い、骨髄癌の娘を抱えている。この絶望の中で、ブルーカラーは何ひとつ自分らの助けにならない共和党に走る。悲惨極まる絶望の構図だ。

　この１００年をかけての「南北入れ替わり」は、南北戦争の複雑な後遺症として、今日のオバマいびりにも長く尾を引いている。

5

選挙人という不合理な制度

★2000年大統領選のフロリダ開票騒動★

「ひと晩に2回もスカやっちまった！」

20歳台以上の読者は、2000年の大統領選で、得票率47・87％のジョージ・W・ブッシュ（共）が、48・38％のアル・ゴア（民）に勝った奇妙な経緯をご記憶だろう。

この経緯は時系列で語ったほうが迫力があるのだが、紙数がない。簡略に記そう。問題が起きたのはフロリダ州の本選挙で、ここはジョージ・W・ブッシュの実弟のジェブが知事を務めていた南部の州ゆえに、下馬評はブッシュ優勢だった。選挙当日の11月7日の午後8時半までには、ブッシュは共和党が優勢な主要南部諸州を手中に収めていた。ところがフロリダでは、午後9時ころまではゴアが優勢だったのだ。しかし、10時には怪しくなり、CBSのダン・ラザーをはじめリベラル派の有名キャスターらが右往左往しだす。

翌8日の午前2時16分、ブッシュの従兄弟ジョン・エリスが選挙報道を仕切っていた右派のFOXニューズが真っ先にブッシュのフロリダ獲得を伝え、他の局がこれに追随、2時20分、CNNが「フロリダがボールゲームだ」と報道した。「天王山だ」というのである。リベラルなピーター・ジェニングズ（AB

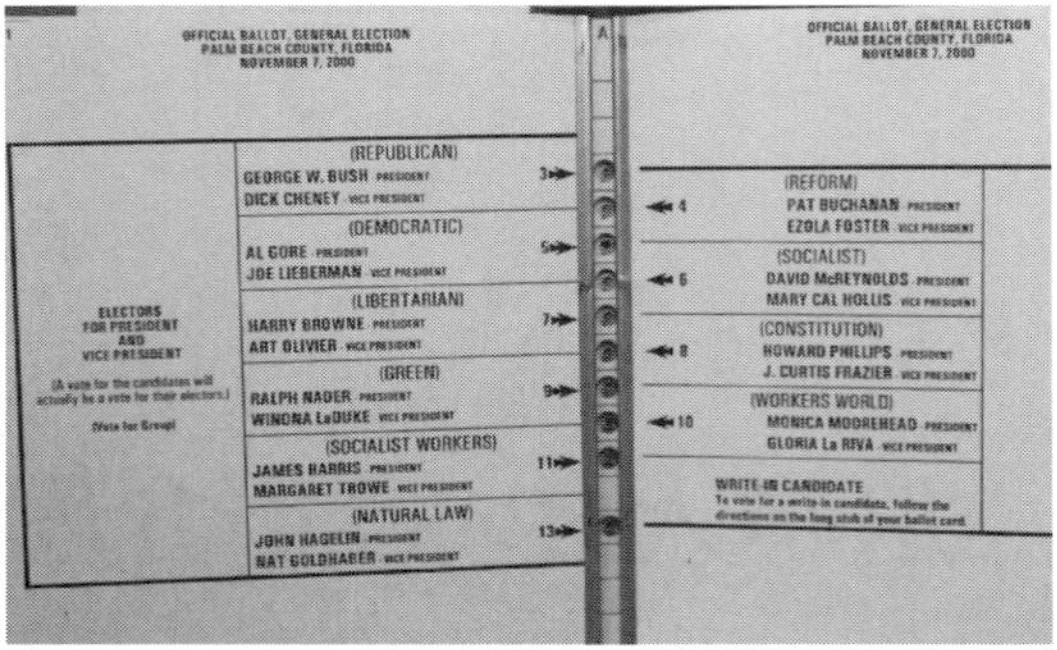

2000年大統領選で問題となったフロリダ州のパンチ式投票用紙

C）は、「ゾッとするような災厄でもないかぎり、ジョージ・W・ブッシュが次期の合衆国大統領です」としぶしぶ認めた。午前2時半、早くもゴアがブッシュに、敗北を認める電話を入れた。

ところが、その電話と同時に、それまで5万票はあったフロリダの票差が縮まり始め、3時には6000票差になってしまった。「これこそゾッとするような災厄?!」。報道陣はテンヤワンヤ、NBCのトム・ブロコウは、「ひと晩に2回もスカをやっちまった！」とぼやいた。

悲惨なのは即応できない新聞で、『ニューヨーク・タイムズ』は「ブッシュ勝利」と刷った新聞11万5000部を、午前4時にお蔵にした。

その前の3時半、ゴアが猛烈な鼻息で敗北撤回の電話をブッシュに入れてよこした。4時には、票差は1300票に激減していた。これが6時台には224票差になる！

5時台、ゴアは全米の一般投票得票数で自分がリードしていることを知っていた。フロリダ州法務局長は、自動数え直しが数時間後に始まると発表した。以後、両陣営は腕っこきの弁護士ティームを送り込んで州側に食い下がり、1ヵ月後、州最高裁は手作業による数え直し裁定を出した。機械じかけの投票用紙に不慣れな選挙民による、パンチ式の穴が十分開いていないなど、曖昧な投票結果が頻発していたからだ。

「穴」の英語は「ディンプル」で、「えくぼ」の意味もある。投票用紙のパンチ穴は、最初はゴアに、結局はブッシュにとって「えくぼ」となったのである。

得票数で勝ちながら選挙人数でブッシュに敗れたゴア

ともかく、一般投票で勝っていたゴアは、結局、選挙人数で敗れ去ることになる。この経緯は、「選挙人制度」の機微を教えてくれる、近年では最適の実例になる。

フロリダ決着前、ゴアが獲得していた選挙人数は255、ブッシュは246だった（270とれば勝利）。ところが前述のように、この州の投票用紙の不備で数え直しが行われ、ブッシュ有利になりかけてゴア陣営が訴えるが、すったもんだのあげく、保守主導の合衆国最高裁が評決でブッシュに軍配を上げてしまい、この州の選挙人数（この年は25名）がブッシュに転がり込んだ。結果的にブッシュ271、ゴア266となり、ブッシュの逆転勝利に終わった。

アル・ゴア
（2007年、撮影：U.S. Senate Committee on Environment and Public Works）

このフロリダの場合のように、各州に割り振られた選挙人数は、ネブラスカとメインの

2州以外、一般投票で最多票を獲得した候補が「勝者として丸取り」できる。

これは、予備選における共和党の方式が反映されている。この政党は、予備選段階でも「勝者丸取り」が多い（丸取りするのは、その州に割り当てられた「代議員数」）。他方、ネブラスカとメインは、「本選挙」では各上位候補の一般投票での獲得票数に応じてこれらの州に割り当てられた選挙人が割り振られる。この2州の方式には、「民主党の予備選の方式」が反映されている。すなわち、「民主党の予備選では、各候補の獲得票数に比例する代議員数を割り振られる」のだ（第11～12章）。

ただし2012年の共和党予備選では、民主党予備選に倣い、一般投票や党員集会での獲得票数に応じて代議員を割り振る州が増えた。

さて、2000年の大統領選の場合、首都の選挙人1名が、フロリダに対する最高裁の措置に抗議して棄権した。

フロリダ州は12月8日、手作業による数え直しを開始したのに、わずか1日後の12月9日、連邦最高裁は7対2でこれを「違憲」とし、さらに押しかぶせて、5対4で「締切期限の12月12日（第6章）までの数え直しは不可能」として、数え直しを停止させた（また、「曖昧と判断された票を数え直しの対象とする」ことへの異議も申し立てた）。その結果、ブッシュは一般投票ではわずか537票差でフロリダを獲得した。

ゴアはこれに痛烈に反発しながらも、12月13日、「わが国民の団結とわが民主主義の威力のために、裁定を受け入れる」と言ってしまったのである。

この州の知事はブッシュの実弟ジェブで誹謗《ひぼう》の声が上がったが、三権分立ではさすがに弟も手の回しようがなく、一にかかってレーガンが任命した最高裁長官ウィリアム・レーンクイスト麾下の保守派判事の非を鳴らすべきだろう。また、いずれ劣らぬやり手の弁護士ティームながら、ブッシュ側が手数の多さと迅速さでゴア側を凌駕していた。不在者投票、曖昧な投票、果ては受刑者投票まで郡単位で拾い出し、何よりも12月8日のフロリダ最高裁の手作業による数え直しを「機械のほうが正確だ」と噛みつき、郡ごとに1票単位でもブッシュ票にむしり取っていったのである。全米の一般投票では、ゴアが54万3895票の差で勝っていたにもかかわらず！

この年、極左の第三政党候補ラルフ・ネイダーが288万2955票（2・74％）の一般投票を稼いだ。ネイダーは欠陥車暴きなどで有名な市民活動家である。彼が立候補していなければ、この票の多くはゴアに流れ、少なくともブッシュとの票差は100万をゆうに超えて、フロリダの接戦は回避されたろうし、かりに回避されなくても、フロリダでも競り勝っていたと言われている。

大州・小州すべてに遊説させる決め手、選挙人制度

いずれにしても、コラム2の「青地域」と「赤地域」が関係してくる。ゴアは人口稠密な大州に集中する数少ない青地域で勝ってきたのに対して、ブッシュは数多くの過疎の赤地域で票を積み上げてきた。全国政党から地域政党に堕した共和党の大統領選候補らしい。

ただし、ブッシュ陣営が青地域の大州をはなから棄てていたわけではない。赤・青は、州内の選挙区合計で結果的に決まるのであって、青地域州でも赤の選挙区は多々存在する。したがって、ローラー作戦で赤・青関係なく遊説するのが一番確実な選挙運動になる。しかし、それには途方もない選

挙資金が要る。ブッシュの集金力はケタ外れだったのだ。

ともかく、過疎州を押さえてきたことが、ブッシュが得票率ではゴアに敗れた一因である。しかし、肝心なのは選挙人数なのだ。予備選でも、肝心なのは一般投票での獲得票数ではなく、オバマvsヒラリー・クリントンの２００８年度民主党予備選で後述する「代議員票」の獲得票数である。

奇しくも、ブッシュとゴアの選挙戦略の違いは、まさにその２００８年の民主党予備選に反映された。つまり、ヒラリー・クリントンがゴア流儀で大州狙い、オバマがブッシュ流儀で小州も取りこぼさず遊説して、後者に軍配が上がったのだ。

ただし、ヒラリー・クリントン陣営は資金不足のため、彼女は私財を投入するはめになった。とても小州までは十分に手が回らなかったのだ。一方オバマ陣営は、新手の「ネット集金」で5ドル、10ドルの小口寄付金をかき集め、塵も積もればで、途方もない選挙資金を50州のすべてに投入したのである。

この大州と小州の綱引きは、早くも建国時点から始まっていた。建国の父たちは上下両院の議員定数についても、「連邦下院は人口を反映した選挙区数と同人数、上院は一律、各州２名の選挙枠」で手を打った。

大統領選も一般投票だけで当落を決めれば、広大無辺のアメリカで、しかも馬車の時代、大半の候補が小州や田舎の州を無視するだろう。そうはさせず、小州や農村部もまんべんなく遊説せざるえなくしようとして、予備選段階では代議員制度、本選挙段階では選挙人制度を設けたのだ。

過疎の問題は交通と通信が原始的だった建国時点のほうが深刻で、また、13の植民地が独立戦争後に集まって「アメリカ統一州連邦（ＵＳＡ）」を形成したのであり、「アメリカ統一国民連邦（ＵＰＡ）」

ではなかったのである。

ここにこそ「州権」が個々のアメリカ国民の権利に優先する原因がある。「国民の総意の近似値を示す一般投票の多寡」だけで合衆国大統領を決める生理は、この国にはない。選挙人制度こそ、「国民の総意の近似値に対する州権の優位を確保する制度」だったのである——少なくとも「建国の父たち」にとっては。つまり後述のように、「統治」の実態においては「USA>UPA」とし、民主主義の意匠のうえでは「UPA>USA」のかたちをとるトリックである。ぶち割って言えば、「UPA」は『衆愚政治』や『暴民政治』に堕す」恐れを、建国の父たちは払拭できかねたのだ（第8章）。

ちなみに、建国の父たちは、この選挙人制度を「神聖ローマ帝国」（962〜1806年）の皇帝を選出した種々のドイツ諸侯（「選帝侯」）が保持していた選出機能から案出したとされる（この帝国名は、始祖のオットー1世がローマ教皇から帝冠を戴いたことに由来し、カトリックの南ドイツ主体で、帝都はウィーン。ルーテルの宗教改革以降、北ドイツに勃興したベルリンを首都とするプロテスタント・ドイツとはきわめて異質）。

選挙人たちは「選挙人団（エレクトラル・カレッジ）」と総称されるが、この場合の「カレッジ」とはローマ教皇に助言する枢機卿の諮問団のような、ひと単位で行動する集団を指している（もともと、「カレッジ」の語源は「コリーグ〈同僚〉」）。ただし、建国の父たちは「選挙人（エレクター）」としか呼ばず、「エレクトラル・カレッジ」の呼称は彼ら以後の発案だという。

いずれにせよ、「USAがUPAに優先したこと」、つまり「国民よりも州権を重視してきた故事」こそ、外目にはおかしな選挙人制度が、国内でも批判の的になりながらなかなか廃止されない根本原因である（ヒラリー・クリントンは廃止派で、だからこそ2008年は大州戦略でオバマに敗れたとも言える）。

6

選挙人はどのように選ばれ、投票するのか

★ 大統領は「各州民」が選ぶ ★

選挙人制度の仕組み

もともと建国の父たちは、大統領を国民が選ぶのか、州が選ぶのかで分裂していた。選挙人制度は、土壇場で憲法に追加された苦肉の妥協策だったのである。

ありていに言って、アメリカ人でもこの制度がわかっている者はほとんどいない。われわれ外国人にわかるはずがないのだ。本書では、「なぜこういうおかしな制度が考案されたのか？ それはアメリカ的マインドセットの何を表しているのか？」を問題にする（第5章）。

とはいえ、仕組みだけは略述しておこう。⑴選挙人（エレクター）の総数は538名（各州の連邦上院議員総数100名＋連邦下院議員総数435＋首都3名）。これが大まかな人口比で各州に配分され、前章で触れたように、「選挙人団（エレクトラル・カレッジ）」と呼ばれている（年ごとに人口変動その他で各州の「議会選挙区」が変わると、州配分の選挙人数が変わる。たとえば問題になったフロリダは、2000年度は25名、2008年度は27名）。州でないワシントンDCは3名。⑵選挙人の選出は各州議会が行うが、キング牧師の未亡人コレッタのような著名人が選ばれる

だけでなく、州政治その他で功績があった者となると選出の経緯はかなり神秘的。州議員時代のリンカーンも選挙人に選ばれた。⑶選挙人は連邦政府の役職についていてはならない。

⑷選挙人は、普通、11月初旬、新大統領が決定以後に各州で選ばれるが、予備選段階や党大会で指名される場合もある（ペンシルヴェニア州などは、党大会で指名を受けた大統領選候補が選挙人を指名する。これは、すぐあとで触れる「不実選挙人」防止策）。⑸選挙人が新大統領に投票するのは、12月の第２水曜以後の月曜日。これが、前述のフロリダ騒動で出てきた12月12日期限の根拠。⑹普通、選挙人らは州議事堂で投票（２０００年は12月18日）。州によって異なるが、たとえばニューヨーク州議会での選挙人投票は、楽曲入りで州旗を掲げた衛士が選挙人を先導して開始され、選挙人らは右手を胸に当てて宣誓をしてから投票に入る。傍聴席にけっこう人があふれているのは、選挙人が晴れ舞台を見せようと友人・知人を招いたからである。

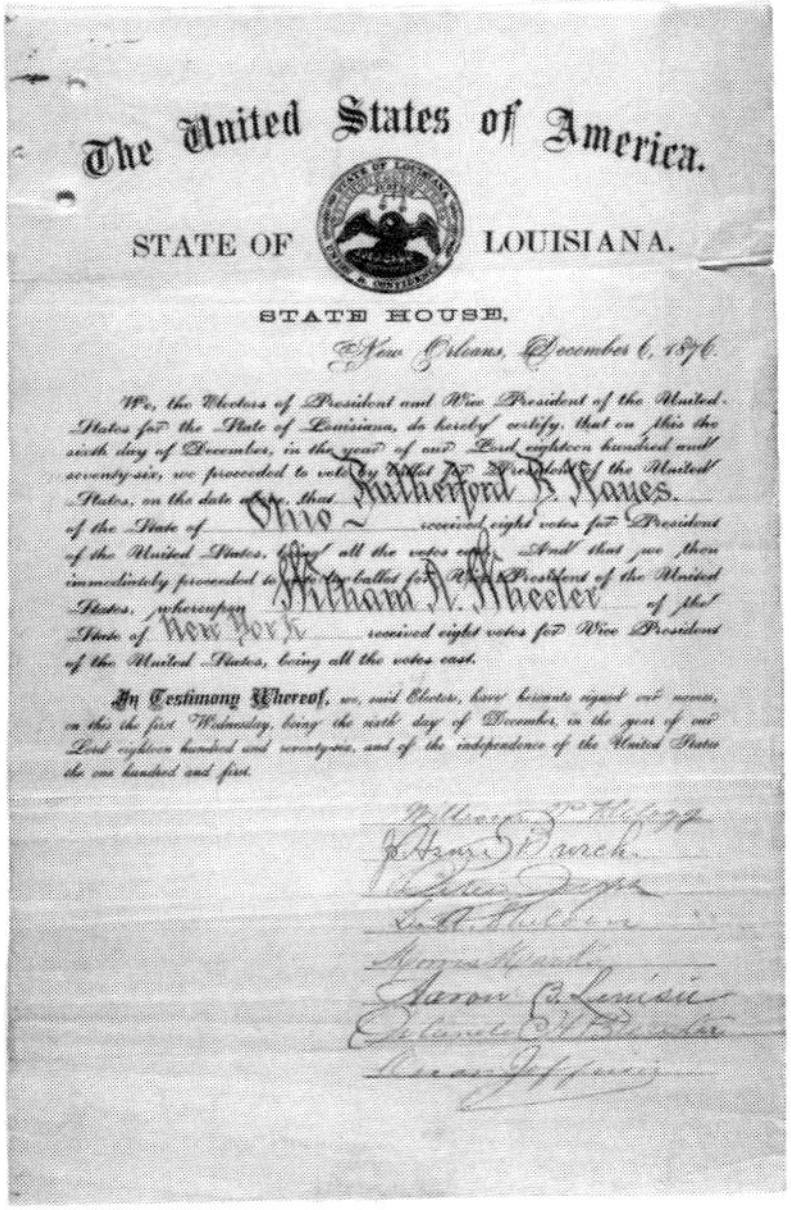
The United States of America.
STATE OF LOUISIANA.
STATE HOUSE,
New Orleans, December 6, 1876.
We, the Electors of President and Vice President of the United States for the State of Louisiana, do hereby certify, that on this the sixth day of December, in the year of our Lord eighteen hundred and seventy-six, we proceeded to vote by ballot for President of the United States, on the date above, that Rutherford B. Hayes of the State of Ohio received eight votes for President of the United States, being all the votes cast. And that we then immediately proceeded to vote by ballot for Vice President of the United States, whereupon William A. Wheeler of the State of New York received eight votes for Vice President of the United States, being all the votes cast.
In Testimony Whereof, we, said Electors, have hereunto signed our names, on this the first Wednesday, being the sixth day of December, in the year of our Lord eighteen hundred and seventy-six, and of the independence of the United States the one hundred and first.

1876 年大統領選における共和党候補ラザファド・B・ヘイズ（第４＆７章）のルイジアナ州「選挙人」による投票証明書（出所：The Library of Congress）

⑺26州が、選挙人に対して「一般投票結果どおりの投票をせよ」という規定を定めていない。つまり、ブッシュが勝った場合、その州の選挙人がゴアに

投票してもお咎《とが》めなし（フロリダがこの部類に入る）。(8)その規定があるのは19州だが、違反しても（つまり、一般投票で負けた大統領候補と副大統領コンビに投票しても）14州には罰則はない。背いた選挙人は、「不実選挙人（フェイスレス・エレクター）」と呼ばれる。(9)5州に罰則はあるが、罰は軽微（オクラホマは罰金1000ドル）。ただし、カリフォルニアは罰金1万ドル。(10)それでも、また個人主義のアメリカにもかかわらず、確信をもって違反した選挙人は史上わずかに9名（他の事情を入れれば85名）。ブッシュ＝チェイニー派のアリゾナ州の選挙人の1人は、ゴアが勝てば彼に投票すると『タイム』に回答した。彼いわく、「プレイオフだよ。1試合で勝てても、4つ勝てなきゃ負けさね」。

(11)選挙人の投票用紙は、州知事が確認のうえ、密封されて連邦上院議長（副大統領）に送付される（副大統領は与党ながら上院議長兼務。法案への賛否同数で決着がつかない場合、「副大統領＝議長」がタイブレイカーを務める）。2001年1月6日、屈辱の只中でゴアは、ブッシュの当選を上院で公表したのである（彼は、新大統領が就任する1月20日まで上院議長）。この屈辱は、ケネディに敗れたニクスンが上院議長（副大統領）として1961年に嘗《な》めた。

ケース別にたどるその後の選挙の流れ

▼新大統領が選挙人票で多数票（26州）をとれなかった場合はどうなるか？

(12)万が一、新大統領が選挙人の多数派を獲得し損ねた場合、解決は新議会に委ねられる。下院は各州が1票しかない（小さなロードアイランドも、ばかでかいカリフォルニアも1票だけ）。これは大きな格差だ。たとえば2008年の場合、党員集会で21万票を投じたワイオミング州では、これを同州の選挙人数３で割って、選挙人１名が７万票を代表する。他方、９７０万票を投じたカリフォルニアでは、同州の選挙人数54で割ると、選挙人１名が17万９０００票を代表するため、ワイオミングより不利。⒀その州が政党間で揉めた場合、新大統領選出資格を喪失。⒁上院は、下院と違って個々の議員に投票権がある。⒂新大統領候補は、26州を獲得すれば当選。

かりにゴアが粘り抜いて、この「議会票決」に持ち込めても、２０００年当時の新議会は共和党優位州30、民主党優位州16だったので、はなから勝ち目がなかった。

⒃26票獲得できなければ、露骨な論功行賞をちらつかせた多数派工作が展開される。しかし、２０００年時点、新下院では、直前で触れたように共和党が多数派を押さえていたので、ブッシュに有利に。⒄議会票決は、副大統領も票決で選ぶので、ジョーゼフ・リーバーマン（ゴアとコンビの副大統領候補・民）とチェイニー（共）で、勝ったほうが副大統領になる。したがって、ブッシュ＝リーバーマンの入れ違いコンビになっていたかもしれない。その他まだまだあるがカット。

▼フロリダが12月18日に解決していなかった場合は？

⒅またぞろ裁判所が介入？　選挙人関連では裁判所は介入を拒否する。だからこそ、フロリダの場合、合衆国最高裁が両陣営に対して12月12日の決着日限にこだわったのだ。⒆全米で12月18日、選挙人が各州議事堂でいっせいに投票するので、かりにフロリダの選挙人が投票しなかった場合、彼らは州ごと失権する。⒇フロリダ失権の場合、同州の選挙人票25がさっ引かれ、２７０票ではなく、２５７票で勝てる。したがって、ゴアはすでに２６２票、ブッシュは２４５票だったので、フロリダが失権してくれていたほうが、ゴアは勝てた。㉑なお、揉めていても、その州の州議会が選挙人を選出でき

る。フロリダ州議会は共和党多数で、ブッシュ贔屓《びいき》の選挙人を選べた。

▼選挙人も上下両院も大統領を選出できない場合は？

「大統領継承法（PSA）」によって、上院暫定議長が大統領になる。2000年だと、ブッシュに代わって、人種差別で知られたサウスキャロライナ出のストロム・サーモンドが大統領になっていたことになる。ブッシュのほうがましだったかもしれないが、サーモンドはイラク侵攻まではやらなかっただろう。

7

不合理への対処法

★フロリダ投票騒動以前に起こった3度の危機★

シュレシンジャーの提案

繰り返すが、アメリカ大統領選挙は、連邦政府は監視機能以外にはタッチせず、各政党と立候補者の資金で展開され、最終決定に関与する選挙人制度は完全に各州に権限が集中している。

1972年、ニクスンは「南部戦略」（第Ⅱ部）を駆使し、逆に反戦運動家らを激昂させることによって、絶対に勝てっこない反戦候補（ジョージ・マッガヴァン連邦上院議員）を民主党側に立てさせ、選挙人制度と組み合わせて圧勝できた。

しかし逆に、選挙人制度のおかげでニクスンの得票は抑えられたとすら言える。アメリカ大統領選が完全に一般投票に委ねられていれば、つまり個々の国民の投票だけに委ねられていれば、さらに言うなら「U、P、A、V、U、S、A」（第5章）だったならば、資金が豊富で多数の支持を得ている候補は買収によって勝利が摑める。しかし、少数の選挙人たち（多くが機密事項で、誰が選挙人かは伏せられる）の買収は困難だし、前述の「確信的な不実選挙人」が史上わずか9名であることからもわかるように、彼らは自分が選挙人に選ばれた事実に誇りを抱き、忠誠を貫徹する傾向が強い。

前に書いたように、「2社寡占（デュオポリー）」（第1章）は政界でだけ命脈を保っていて、民主・共和両党の寡占体制が存続している。これには選挙人制度も貢献している。

州ごとの選挙と「勝者丸取り制度」（選挙人の場合）を廃止して全国一斉の人気投票にしてしまえば、あらゆる泡沫候補が乱立して少数政党が跋扈《ばっこ》し、また大都市と地方との格差を増大させて、安定した２大政党制は不可能になってしまう。

さらにまた、勝者丸取りを廃止すれば、大政党の候補が40％以上の票を獲得できなかった場合、少数政党または単独候補（ラルフ・ネイダーのような第三政党候補）が、州ごとに積み上げた得票を楯に大政党に上位候補間での再選挙を迫り、譲歩を引き出そうとする。予備選と本選挙のあげく、またぞろ再選挙の大騒動となり、その結果、本選挙で次位だった少数政党候補が逆転勝利という事態も起きる。

２０００年のゴアのように一般投票で勝てていながら選挙人数で敗れる不合理の解決には、著名なアメリカ史学者アーサー・シュレシンジャー2世は、「一般投票で勝った候補にははなから選挙人１０２票（各州と首都から各2票ずつ）をボーナスとして進呈すれば、個々の選挙人が州の決定を棄て、一般投票の勝利者に投票するうえでの葛藤もなくなり、『不実選挙人』の問題も、その選挙人を解任すればすむ」としている。

36回の議会投票でやっと大統領になれたジェファスン

さて、一般投票で勝っていて敗れたとか、選挙人獲得数がタイでデッドロックになった例は、史上

3つ。詳述はしないが、概略を記しておく。

(1)早くも1800年、3度目の大統領選で「民主共和党（DRP）」（今日の民主党）が「連邦主義者党（FP）」（今日の共和党）に勝利し、選挙人投票となって、同じDRPのトマス・ジェファスンとアーロン・バーが同数の73票を獲得、解決は議会に持ち込まれた（9州をとれば勝利）。当時は今日と違って、選挙人は大統領候補と副大統領候補に分けて投票せず、多数票獲得者が大統領、次位が副大統領になった。

ところがその議会はFPが押さえており、実力者ジェファスン憎しと、性格に問題のあるバーに票が流れて何度投票しても決着がつかない。草創期のアメリカだけに、「この制度は間違っていたか?!」という戦慄が全米に走った。

トマス・ジェファスン
（作画：Rembrandt Peale）

FPの実力者アレグザンダー・ハミルトンは、バーに激しい不信感を抱いて自党に根回しをし、なんと総計36回目の投票でようやく敵政党候補のジェファスンに決定した。

これを恨んだバーは、4年後、ハミルトンに決闘を挑み、相手を射殺した。

1800年の危機で「憲法修正第12条」ができて以後、選挙人は、大統領候補と副大統領候補、それぞれ別々に投票することになった（この

アレグザンダー・ハミルトンとアーロン・バーの決闘

条項がいかに副大統領を有名無実化しているかは、コラム3と5で後述）。

⑵次の危機は、1824年、アンドルー・ジャクスン将軍が一般投票と選挙人票双方で勝ちながら（ただし、後者は必要数に満たなかった）、次位のジョン・クインシー・アダムズが選挙人投票で逆転したとき起きた。問題は、選挙人票が他の2名の大統領選候補を含めた4名に分散していたことだった。

またしても、決着は議会に持ち込まれた。他の2名の候補中、ヘンリー・クレイが票をアダムズに譲り、1回目の投票でアダムズが勝てた。アダムズはクレイを国務長官に任命し、これに怒ったジャクスン将軍が「裏取引だ！」となじり続けた。おかげでジャクスンは民衆に好評で、4年後の1828年の選挙で勝利を掴み、最初の「民衆的大統領」に選ばれた。その「民衆」は、ホワイトハウスの祝賀会になだれ込み、泥酔のあまり乱暴狼藉を働き、おびただしい器物が損壊された。

⑶次の危機は、前述（第4章）の1876年、共和党のラザファド・ヘイズ側が南部民主党との裏取引で、南北戦争以来、南部を占領してきた連邦軍を引き上げて、その見返りで大統領になった事件

である。具体的には、フロリダ、ルイジアナ、サウスキャロライナの選挙人らが自州の票をヘイズに回した。2000年同様、両党は膨大な弁護士ティームを送り込んだ。ヘイズ側弁護士には、この4年後、キリスト存命時代のユダヤ教徒の主人公を描いた名作『ベン・ハー』(1880。映画は1959年、チャールトン・ヘストン主演)を書くことになるルー・ワラス将軍もいた。

このときは共和党が上院、民主党が下院を制していたため事態が紛糾し、両党が「選挙人委員会」を結成して、8対7の僅差でヘイズに栄冠を与えた。

1876年の大統領選で勝っていた民主党候補のサミュエル・J・ティルデンはニューヨーク基盤で、アイルランド系やヨーロッパ移民の票に支えられていたから、南部側の利益代表ではなかった。

(4)これは危機には当たらないのだが、1888年には、民主党のグラヴァ・クリーヴランドが一般投票で9万1000票の僅差で勝ちながら、選挙人票では233対168で共和党のベンジャミン・ハリスンに敗れた。双方で相当な不正が行われたのに、結果についてはあまり問題視されなかった。

コラム3

副大統領ラプソディ①「JFKとLBJ」

「2008年危機」から回復の兆しはほの見えるものの、アメリカの雇用は深刻で、オバマ大統領の再選はよくてすれすれと見られている。そこで、間欠的に打ち上げられる観測気球が、バイデン副大統領とクリントン国務長官との「どんでん返し（スイッチャルー）」だ。外交通のバイデンは、「1度は国務長官をやってみたい」と強く希望しているし、ヒラリー・クリントンも2016年への再出馬は心中深く期するものがあろうから、おあつらえ向きの話なのだが。

思えば、副大統領職は、今日では、リベラル側にとって「スイッチャルー」のような期待をかきたてる存在にまで格上げされた。いや、オバマもバイデンには、かなりの任務を与えてきた。さらには、ブッシュ息子もビル・クリントンも、それぞれの副大統領（チェイニー、ゴア）を大いに活用してきた。

ところが、副大統領はアメリカ政治では辛酸の歴史をなめてきたのである。

「政府という自動車のスペアタイヤ」

まずは、副大統領がどういう地位だったかを、著名政治家の語録から紹介しよう。

「副大統領の肝心要《かなめ》な点は、副大統領でなくなることにある」（ウドロウ・ウィルスン大統領）。自身は副大統領職の辛酸をなめていないから、冷淡な語録。

これに対して、自身、副大統領として「私はアイク（アイゼンハワーの愛称）の尻拭い役（プラット・ボーイ）だった」とぼやき、涙まで滲ませたニクスンは、のちに大統領になれたため、「副大統領職は、大統領としての職務について完璧なオン・ザ・ジョブ・トレイニングを提供してくれる

副大統領ラプソディ①「JFKとLBJ」

唯一の職務だ」と、あまり冴えない語録を残した。

第2代大統領ジョン・アダムズは、「彼らは私に最低の役目を押しつけた」と、しっかり者の妻アビゲイルに嘆いた。のちに大統領になれた点ではニクスンと似ていたものの、アダムズは副大統領時代、もっと冴えた表現をした。「私は副大統領だ。つまり、私はナッシングだ。しかし、エヴリシングでもある」。

フランクリン・D・ローズヴェルトの副大統領だったジョン・N・ガーナーは、副大統領を定義して、「政府という自動車のスペアタイヤ」と言った。ガーナーは著名とは言えないが、政治的黒衣《くろこ》としては出色の政治家だっただけに、この定義は黒衣に徹した彼の悲哀を感じさせる。

ちなみに、最初は選挙人獲得数が2位の候補が副大統領になる決まりだったが、1804年、「憲法修正第12条」で正副候補に分けて立候補する今日のかたちになった。1800年の選挙で、きわめて有能だがきわめて悪評高いアーロン・バーという、いわば後世のリチャード・ニクスンのような人物が、トマス・ジェファスンを差し置いて危うく大統領に選ばれかけたのが改正の原因だった。

人間の「先見の明」も知れたもので、思いがけない事態（多くは大統領の暗殺や急死）が生じて、後追いで手当てするしかない。その後もたびたび補足・改正がなされたが、1例だけあげると、「1886年の大統領継承法」は、後継者候補が野党であってはならないとした。

歴代大統領が副大統領に重要な任務を与えないできたのは、副大統領が任務に挫折しても大統領に解任権限がないのと、逆に副大統領がやり手すぎると自分が霞んでしまうことにも起因していた。

ケネディの副大統領としてのジョンスン

テキサスの無名大学出のリンドン・ジョンスン

は、「東部エスタブリッシュメント」への劣等感では、デューク大ロースクール出のニクスンを凌いだ。ジョンスンは副大統領時代、「ジョン・ケネディの面前に出ると、彼の肩先をホヴァリングする鳥になった気分だった」とぼやいた。

大統領との面会許諾は首席補佐官を通すわけだが、それがハーヴァード出のケン・オドネルだった。オドネルはジョンの実弟ロバート・ケネディとハーヴァードの同窓で、同大フットボールのティームメイトだった。だが、オドネルは正式の首席補佐官でなかったし、ケネディがついに彼を正式任命しないで通したのは、「アイリッシュ・マフィア」と煙たがられた、あまりにも個人的な秘書集団に頼らざるをえなかった、史上初にしていまだに唯一のアイルランド系カトリック大統領の疎外感ゆえか。すなわち、正式の首席補佐官に任命するには、あまりに「私的要素」が強すぎるとの思いがあったのか？　映画『13デイズ』（2000）では、ケヴィン・コスナーがオドネル役を演じた。

ジョンスンが副大統領として感じた「大統領の肩先をホヴァリングするだけの鳥」の焦りは、歴代副大統領が共通して抱いた以下の疎外感の生な表現だった。副大統領とは「強硬症状を起こした人間みたいな存在だ。動けないくせに（中略）周りで起きていることはすべて見てとれる」（トム・マーシャル。「副大統領の要は副大統領でなくなることだ」と言った、あのウドロウ・ウィルスンの副大統領。飄逸なユーモアで有名）。「強硬症」とは、統合失調症（精神分裂症）患者によく見られるもので、命じられた姿勢で長時間じっと動かずにいる症状を指す。ジョンスンくらい政治の修羅場をくぐり抜けてきた人間には、大統領執務室や閣議室では「周りで起きていることはすべて見てとれる」が、陣頭指揮をとらせてもらえない以上、大統領執務室や閣議室では「硬直」しているしかなかったのである。

アイクがニクスンを嫌っていたことは第21章で

コラム3
副大統領ラプソディ①「JFKとLBJ」

触れたが、ケネディはジョンスンには好意を持っていた（テキサス基盤の彼を副大統領に立てたおかげでケネディは、南部で勝てたのだ）。たとえば、ジョンスン以前の副大統領は、議事堂で執務した。ドアを閉めると窒息感が来るのでいつも開け放しておいたほど狭い執務室だったが、ケネディはジョンスンに、ホワイトハウス西隣の「行政府ビル」にうんと大きな執務室を与えた（おかげで、上院議員給与や大統領行政府から金を用立ててもらって、副大統領としては史上初めての秘書を20名も雇えた。レーガン政権では、副大統領としてのブッシュ父は、年間予算200万ドル、スタッフ70名を抱えるまでになっていた）。

　このビルは地下道でホワイトハウスとつながり、大統領の定例記者会見はこの地下道で行われる。この行政府ビルという名称、この地下道での記者会見、そして議事堂（立法府）からまさに行政府に移されたことによって、副大統領に機能的な拡大の可能性が出てきた。トルーマン大統領は、すでに副大統領を「国家安全保障会議」に出席させ始めていた。さらに1976年、中央での政治に疎かったカーター大統領は、連邦上院議員を10余年務めて首都の政治に通じたウォルター・モンデイル副大統領にホワイトハウスのウェスト・ウィングの一角に執務室を与えた（レーガン大統領も、ブッシュ父に対してこれを実行）。

　とはいえ、ケネディはジョンスンに何一つ重要な役目は与えなかった。それでもジョンスンは、ケネディの好意は感じており、こう漏らしている。「ジャック（ジョン）・ケネディは、会議の席でも、できるかぎりこちらに配慮してくれた。しかし、彼の洟《はな》垂れ小僧の弟がこちらに剣突《けんつく》を食らわせやがるし、勿体《もったい》ぶったハーヴァード野郎どもはいるしで、もう」。

　「洟垂れ小僧の弟」とはロバート・ケネディ司法長官で、彼は兄がジョンスンとコンビを組むことに猛烈に反対し、兄が暗殺され、跡を襲ったジョンスンが主宰する閣議の席に居たたまれず中座したほど、前副大統領を唾棄していた。「勿体ぶったハーヴァード野郎ども」とは、前記のオドネルよりも、ハーヴァード芸術科学部長職から史上最年少の34歳でケネディの国家安全保障アドヴァイザーに転身したマクジョージ・バンディや、外交の長老ディーン・アスン（ともにイェール出）のような「WASP上流」のことで、彼らに対してはアイルランド系カトリックのケネディ自身さえ疎外感を感じていたのは皮肉だ（拙著『ブッシュ家とケネディ家』）。また、ジョンスンがケネディの幕僚をほぼ全員引き継いだ経緯は、デイヴィッド・ハルバースタムが名著『ベスト&ブライテスト』（1969）で活写している。つまり、ジョンスンは首都に移して国政を切り盛りさせられるだけの幕僚をテキサスに持っていなかったのである。

ニクスンに次ぐ複雑な性格のジョンスンは、副大統領時代の屈辱感は和らげられず、自分の副大統領ヒューバート・ハンフリー（ルイジアナ州立大出）に八つ当たり的に報復して溜飲を下げた（「ホヴァリング鳥」にさえしなかったのだ）。以下はハンフリーのぼやき。「ブリザードの只中を、素っ裸で進む――マッチ1本の暖もない。それが副大統領だ」。

さらにジョンスンはもとより、アメリカにとって不幸だったのは、映画『13デイズ』で見せたケネディの「キューバ・ミサイル危機」へのみごとな対処が、ジョンスンには「慎重にすぎる」と映ったことだった。つまり、ジョンスンの北ヴェトナムへのエスカレイションは、ケネディ政権の副大統領で冷や飯を食わされた恨みへの反動だったことになるのだ。

8

「統治」に対する安全装置

★「人間が天使であれば、政府など要らない」★

国民は「君臨すれども統治せず」

選挙人制度を発案した「建国の父たち」の、自分たちが創立した新生共和国（アメリカ合衆国）に対する安全装置作りへの腐心ぶりに触れておく。

本章のサブタイトルは、合衆国憲法の生みの親、第4代大統領ジェイムズ・マディスンの発言だ。「人間が天使でない」ことは、誰もが自分の胸に聞いてみればわかることである。とくに第1章で触れた南部白人は、少数の例外を除いて「天使」とは正反対の極北に位置した。だから「政府が要る」わけだが、マディスンも以下のような「スプリッティング（本能切断）」をしてのけた。「政府は国民によって統治される」（オイオイ、あの南部白人に統治されていいのかよ?）。今日でも、オバマを追い詰める「ティー・パーティ」に共和党は「統治」されており、ついにオバマが2012年に再選されなければ、アメリカ全土が最低分子に「統治される」はめになるのだ。

ところが、マディスンは続ける。「この国民への依存こそ、間違いなく、政府に対する最優先の統治形態である」。ここでは、支配階層に属するマディスンは、一般国民に「自由」を認めたリンカーンと違って、その国民に「統治権」さえ認めている。民主主義の利他主義的「奇跡」だ。スプリッティングの度合いが、さらに高められている。

しかし、スプリッティング（本能切断）を「接続」するトリックは、「代議制民主主義」である。無知蒙昧な分子が多い国民に、じかに「統治」させるわけではない。「国民は君臨すれども統治せず」なのだ（エリザベス女王など立憲君主制での君主の立場と酷似）。

民主主義のこの「奇跡」をありていに言えばこうなる。

ジェイムズ・マディスン
（作画：John Vanderlyn）

代議制民主主義で選出された政治家は「強者」、政治家に「統治」される国民は「弱者」だ。この両極分裂の狭間で、代議制民主主義の切実なトリックが行われる。「強者」は「弱者」に仕える「公僕」として、一転、「弱者」に変容する。他方、「弱者」は「公僕」に仕えられることによって「強者」に変容する。

ちなみに、「公僕」だけに給与は安い。大統領の給与は２００１年から年俸40万ドル（プラス経費5万ドル）になったが、その前は20万ドル（プラス経費5万ドル）、１９６９年以前はトルーマン大統領から10万ドル、その前はタフト大統領から7万５０００ドル、グラント大統領から5万ドル、初期はワシントン大統領以来ずっと2万５０００ドルだった。閣僚は現在19万１３００ドル。ブッシュ政権の財務長官としてリーマン・ショックの「２００８年危機」に対処したヘンリー・ポールスンの場合、閣僚就任前にゴールドマン・サックスのＣＥＯとしての２００６年度の年収が１６４０万ドルだったが、閣僚就任で１００分の1強に落ちた（前掲拙著『ニューヨークからアメリカを知るための76章』）。

つまり、国民は「君臨だけで統治できない」が、政治家も任期中はある程度は統治できても、落選すれば舞台から消える。いずれも相手を完全には統治できない。この仕組みをマディスンは、「野心は野心を中和するために使う」と説明した。要するに、「毒をもって毒を制する」のである。これが突き詰められるのが、「三権分立」「抑制と均衡」によるがんじがらめとなる。

「人間の、不正を行う傾向ゆえに、民主主義は不可欠」

これを、民主主義に批判的だったプラトンはこう表現している。「父親が息子の立場に慣れ、息子を恐れること。他方、息子は父親の立場に慣れて、両親の前で恥じたり、彼らを恐れたりしないことに慣れる」（『リパブリック』Ⅷ）。「父親」が政治家で、「息子」が国民である。プラトンは、民主主義のこの「切実な欺瞞《ぎまん》」を忌避し、民主主義に反対した（つまり、「衆愚政治」と見なした）。

プラトンの単純な民主主義忌避を乗り越えるためのスプリッティングは多々あるが、筆者が納得いくのは、以下の例である。「人間の、正義を実践する能力ゆえに、民主主義は可能となる。しかし、人間の、不正を行う傾向ゆえに、民主主義は不可欠となる」（ラインホルド・ニーバー）。

前半が理念、後半が現実主義だ。ニーバーは常に最悪の事態を想定しながらもシニシズムへの転落を断固拒否し、希望や理念の高みへと飛翔を図ろうとする。彼の神学の強靭さゆえに、ヒラリー・ロダム・クリントンは彼の信条に帰依している。歴代大統領の中で、ニーバーがマディスンを高く評価したのもむべなるかな。マディスンは、「人間の、不正を行う傾向」を見通して、憲法草案の作成に邁進したのだ。

9

富裕層と民衆

★「建国の父たち」が抱いた疑念★

かつては民衆からの孤立を恐れたアメリカ富裕層

第4代大統領ジェイムズ・マディスンは、国民を「法」とはせず、憲法を「法」とした。大統領選でも、国民の直接投票だけでは危険とみて、「選挙人」を各州に割り振った。大統領その他から「統治権」を奪い、「指導権」に限定した。

「統治」と「指導」の違いは何か？　前者は独りよがりでもやれるが（ルイ16世のように、民衆にギロチンにかけられてもよければ）、後者は相手の顔色を見てステップを踏まないといけない。これこそが、アメリカで最初に世論調査がビジネス化した背景である（拙著『アメリカ合衆国の異端児たち』２００９、日経プレミアシリーズ、第7章のジョージ・H・ギャラップを参照）。

フランス貴族アレクシ・ド・トクヴィルは、１８３０年代、建国半世紀後の合衆国を探訪して『アメリカの民主政』（１８３５、４０）を書いた。その彼によれば、「アメリカ連邦では、最も富裕な市民たちは民衆から孤立しないようにたいへん気を配っている。それどころか、彼らは絶えず民衆に接近し、民衆の意見を傾聴し、いつも民衆に話しかけるのである。民主国家の富者が常に貧乏人を必要としていること（中略）を、富者たちは知っている」。

これは、今日のアメリカでは必ずしも当てはまらない。レーガン以後の共和党が「富裕な市民」たちをつけあがらせ、アメリカの安定を護持する中流層を破壊に追いやった。この背景がわからないアンポンタンが南部白人や「ティー・パーティ」で、彼らこそがまさに破壊されたその中流層である！　彼らは、「富裕な市民」を敵視できないほど眼力がねじれている。

この異常事態は、やっと２０１１年9月17日に始まった「ウォールストリート占拠運動」によって、食い止められかけている。この運動に参加した者の多くが「本書のねらい」で触れたミレニアルズで（１９８０年以降生まれ）、「富裕な市民」たちにトクヴィルが指摘した「民衆への配慮」を取り戻させようとしつつある（ウォールストリート占拠については、時事通信のウェブマガジン『週刊 e-World』の拙連載「アメリカ政治経済文化解剖学」および『イングリッシュ・ジャーナル』２０１２年1月号の拙稿を参照）。

アレクシ・ド・トクヴィル

「舵輪を最初に握る人物はいい人間だろう」

さて、この「富裕な市民」は、民衆どころか同じ富裕階層にも不信感を抱いていた。たとえば、フィラデルフィアで憲法制定会議（１７８７年）はたけなわのとき、ベンジャミン・フランクリンは

憲法制定会議（作画：Howard Chandler Christy）

大統領選出制度についても、最長老として独裁者の出現を極度に恐れていた。「舵輪を最初に握る人物は、いい人間だろう。その後に続く人物がどういう人間であるかは、誰にもわからない」。年下とはいえ、独立戦争を辛酸の果てに勝利に導き、重厚かつ慎重な人物ジョージ・ワシントンを初代大統領候補として評価しつつも、以後このポストに座る人物への警戒心が公然と口にされたのである。

ちなみに、フランクリンこそ独立戦争の「影の主役」だった。すでにヨーロッパ社会で得ていた科学者としての高い知名度とその飄逸《ひょういつ》にして老獪《ろうかい》なキャラクターをフル回転させ、駐仏大使として仏宮廷の懐柔を断行し、独立戦争勝利の契機となる「仏カリブ艦隊」のチェサピーク湾来援を実現。あまつさえ英来援艦隊の司令官の借財を支払う代償に到着遅延を呑ませる奇策によって、ついにヨークタウン決戦でワシントン軍に勝利をもたらしたのである。たいへんな実績から言って、初代大統領の資格十二分だったが、このとき彼は81歳の最長老だった。

富裕階層の同じ階層への恐れは、大統領職設置をめぐる紆余曲折に象徴的に表れたと言えよう。最初は「執政官（イグゼキュティヴ）」と呼ばれていた大統領職は、⑴「弱い執政官」、⑵議会に「抑制と均衡」を加え得る「より強い執政官」、(3)憲法によって権限を付与された「最強の執政官」の３つで検討された。マディスンは、(1)を主張し、おまけに複数の執政官制をと言いだした（「ヴァージニア・プラン」）。ヴァージニア・プランは、のちに「権利の章典」となる「人権条項」で連邦政府に箍《たが》をはめるジョージ・メイスン主導によるものだったから、当然の要求だった。ヴァージニア・プランの思い描く執政官らは連邦議会で選ばれ、州知事団か州議会団に罷免権を握られたがんじがらめの存在だったのだ。まさに「人間が天使ならば、政治は要らない」を地でいく人間観、すなわち「人間性悪説」が大統領職に反映されかけたわけだ。

ところで、「人間性悪説」（荀子）とか「人間性善説」（孟子）に当たる特定の一語は欧米にはないようで、たとえば英語だと、「人間性は生まれながらに善（or悪）」と意訳されている。おそらく欧米では、「人間の内面はジャングルだ」と見なし、しかるがゆえに信仰によって神にすがるべきとしたカトリック、自力で自らの内面を監視し、悪魔が入り込むのを防ぐプロテスタントから見て、「人間は天使ではない」とする常識が根本にあると見られる。

他方、アレグザンダー・ハミルトンは、(3)を唱えた。執政官は民選または代議員によって選ばれ、終身職もＯＫで、議会法案に対する絶対的な拒否権を行使できるという、至高の執行権限を付与するものだ。「建国の父たち」が唱えた統治権限の中では、最も英国王の諸機能を参考にしていた（拙著『なぜアメリカ大統領は戦争をしたがるのか？』２００８、アスキー新書）。統治権の強度にこだわる彼の場合、富裕層への恐れは最も希薄だったか？　いや、逆に富裕層を恐れればこその「最強執政官」案だったのである。

10

「ミスター・プレジデント」

★大統領と民衆にはめられた箍《たが》★

「抑制と均衡」の揉み合い

大統領職設置をめぐり富裕階層、つまり「建国の父たち」の多数は国民の主権（君臨権）というまったく新しい理念に則した執政官、つまり前章の(2)を選ぶのである。憲法制定会議は、主な検討委員会を3つ創り、実にさまざまな箍、つまり「大統領が国王に変身してしまえない箍」の構築にとりかかった。その1つが、「延期事項検討委員会（CPM）」と名づけられていたことは、大統領職という世界史上でも前代未聞の執行官職の創出に委員らがいかに頭を悩ませたか、「ああ、これは先送りにしよう」という事項がいかに多かったかを物語っている。

2週間目で、執行官は複数ではなく単独でいくと決まり、中心的な委員会だった「細目委員会（CD）」はそれに「プレジデント」の呼称を与えた。次々と今日の大統領職機能が決められた。なかでも早々と大統領の軍最高司令官機能が決まったのは、生々しい独立戦争の記憶と初代大統領がその戦争を率いたワシントンに擬せられていたからだろう。

国王への変身を阻止する策としては、大統領の拒否権を議会が「無効化」できる箍（上下両院の3分の2の賛成）をはめた。

早くも大統領の弾劾項目が加えられた（CPMが関与）。

他方、大統領権限の弱体化にかまけて、本当に無力化されてしまわない配慮が不可欠となった。まさに大統領職の討議過程自体が、「抑制と均衡」の揉み合いだったのだ。たとえば、「合衆国の執行権限は合衆国大統領に付与される」は、議会が大統領に個々の立法で箍をはめられないよう、その権限が憲法に淵源すると明記したものだった。条約締結の特権をめぐっては、それを上院に委ねるCDの動きにマディスンが異議を唱え、大統領専断事項にと主張したため、事後の処理はCPMに回され、CPMは間をとって「上院3分の2の賛同で大統領が締結」とした。CPMは判事任命権も上院から大統領に回し、上院は忠告と承認権だけとした。

任期は7年案から4年案が有力となり、再任は無制限の線で討議が続けられた。7年案否定としては、その長さから再選は難しくなるため、「再選抜きでは大統領がお行儀よくできなくなる」とか、「7年もやれば大統領はモンスター化して、権限を濫用して独裁化する」（アレグザンダー・ハミルトン）などの意見が出された。

議会による大統領選出は民選に変わってきたが、選挙人案は二の次だった。しかし、CPMは、ついに選挙人制を憲法の最終稿に明記したのである。選挙人不一致の場合、上院による選出案は、民選である下院が民意を代表するとして、下院に変更された（1913年の憲法修正第17条までは上院議員は州議会が選んだ）。

総じて、予測不可能な新生共和国の舵取りゆえに、各委員会は「連邦政府」の概念と同じく、大統領機能にも、「遊び（プレイ）」の余地を残した（第45章）。これがのちの「戦時大統領」と「帝国的大統領」の登場を可能にすることになる(最上の例がフランクリン・D・ローズヴェルト、最悪の例がニクスンとブッシュ息子)。

当然、この「遊び」に対しては、各州での批准段階で轟々たる非難が相次いだ。「この大統領職だと、簡単に王位につける!」(独立戦争に際して、「自由を! さもなくば死を!」と叫んだ、激しやすいパトリック・ヘンリー)。仏大使として討議に加われなかった焦りか、ジェファスンは「ポーランド王の劣悪版だ」と切って棄てた。再任を妨げないことと軍最高司令官の機能に苛立ったのだ。

任期については、ヴァージニアとノースキャロライナが「16年以内で8年」という期限を出した。これは法制化されなかったが、初代のワシントンが2期8年で引退し、以後これにならって8年で推移する。そしてローズヴェルト(FDR)が戦時大統領として4期12年(4期目の初年に死去)務めたあと、憲法修正第22条により2期8年と定められ(「本書のねらい」)、「大統領が大統領以外の何かに変身する積年の恐れ」は形骸化された(その恐れが歴史の暗闇から閃光を放ちかけたのが、ニクスンのときだ)。

軽やかな呼称の背景と「理神論」

なお、大統領への敬称を「ユア・ハイネス」や「ユアレクサランシー」はおろか「オナラブル」ですらない「ミスター・プレジデント」という前代未聞の軽やかなものにしたのは、ジェイムズ・マディスンと連邦下院だった。ワシントンが最初、「ヒズ・ハイ・マイティネス、プレジデント・オヴ・ザ・ユナイティッド・ステイツ・オヴ・アメリカ」としていたのに、マディスンらが異議を唱えて

「ミスター・プレジデント」を主張すると、ワシントンはあっさり了承した。副大統領のジョン・アダムズは、「あまりに軽すぎる」と難色を示したが、無視された。

マディスンらは、国家の最高官職である合衆国大統領は、一定額以上の資産を有する白人男性たちだけが有権者だった時代とはいえ、王侯貴族ではない一介の「ミスター」たちから選ばれた事実を重くみたのである。

この軽やかな敬称にこそ、大統領職に封じ込められた強権がいかに王権からほど遠いかが強調されていた。ところが、以後登場する「帝国的大統領」には、ベンジャミン・フランクリンらがあれほど恐れた王権の亡霊が揺曳し続け、それがニクスンやブッシュ息子において「脇噴火口」のように小噴火を続けてきているのだ。

とはいえ、「建国の父たち」が、このように前代未聞の共和国と大統領制を創出できた背景には、彼らの一部が「理神論（ディーイズム）」と呼ばれた特殊な神のイメージを持っていたことがあげられる。

ここでは詳述しないが、理神論はユダヤ教の神をその典型とする特徴、すなわち事ごとに人事に介入し、人間を常時「試練」と称する一大混乱に巻き込む特徴を排除している。そして、理神論の神は、世界を創造したのち、世界という「装置」を放置したとする。そのため、「時計じかけ造りの神《ウォッチメイカー・ゴッド》」とも呼ばれる。

17世紀末のイギリスで興り、ジョン・ロック、デイヴィッド・ヒュームらが関与。仏ではヴォルテールが有名だ。理神論は、仏独で啓蒙思想の契機となり、三位一体を否定するユニテリアンをも生んだ。つまり理神論は、神学から科学への傾斜としての近代化の契機となったのである。なおユニテリアンは、ハーヴァードの建学に関わり、エマスンはこの宗派の牧師だった。

建国の父たちでは、フランクリン、ワシントン、ジェファスン、マディスンらが理神論者で、ハミルトンもそうだったと言われる。世界を創造したのち、それを放置した神とあれば、あとは「創造された人間」の手で世界を無事に運営していくしかないではないか！

理神論は、建国の父たちが礎石を築いた「信教の自由」にも如実にうかがえるが、これにも以下の政治力学が働いていた。つまり彼らは、宗教戦争に明け暮れてきたヨーロッパに愛想をつかして、民主共和制と、国民の合意によってそれを統べる大統領職の創出という2点によって「政治を一元化」し、他方で、信教の自由によって「宗教を多元化」した結果、宗教に対する政治の絶対的優位性を確立したのである。

憲法制定会議が、単なる新国家の独立を超える神韻を感じさせるのは、それが理神論で言う「放置された世界」の運営法をめぐる「天使ではない人間」たちによる必死の談合だったからだろう。

ただし、建国の父たちの営為は、人事に介入しない「時計じかけ造りの神」の冷やかさに反発した、猛烈に人事に介入する「熱き神」を求める後世の「福音派・根本主義派」の反発のうねりにさらされる。数回の「信仰復興運動」が主に南部から沸き起こり、今日では「キリスト教右翼」として、これまた「バイブル・ベルト」という南部を中心に活動を続ける。この勢力はレーガン政権を誕生させ、共和党の大票田となるのである（この勢力については、第23章以降の大半の章で触れる）。バイブル・ベルトが奴隷制と黒人差別の土壌に深々と根を下ろしている事態こそ、「アメリカの呪い」なのだ。

ハミルトンの恐れと選挙人

さて、建国の父たちは、民衆も恐れ続けた。いや、政治家として知れたものだ。前述のように、アレグザンダー・ハミルトンは、アーロン・バーの恨みを買って決闘で殺されたではないか。そのハミルトンは、憲法制定会議中にこう書いている。

「同じく望ましいのは、直接選挙は大統領職に付与された特質を十分に分析できる男性たちが行うことである。さらに彼らは、候補者の選択において慎重さ、しかるべき理性と動機が求められる状況で行動できる人物でなければならない。一般大衆の代表者たちから選ばれた少数の人々ならば、そのように複雑な調査活動を行ううえで必要な情報と洞察力を最も備えている可能性が高い。さらに、とくに望ましいことは、騒乱と無秩序が発生する機会を最小限に食い止めることである。合衆国大統領として統治機構の中で重要な裁量の任務を担う行政官の選出においては、右の害悪の発生を恐れざるをえない。しかしながら、目下考慮中のシステムにおいて、かかる幾多の予防策が相互にみごとに総合されれば、この害悪を有効に阻める見込みが立つのである」

まず、「騒乱と無秩序」という言葉をハミルトンが使う場合、「人民は巨大な野獣だ」という彼のむきつけの言葉が浮かんでくる。いや、暴徒化した国民への恐れは彼に限ったことではなかった。「建国の父たち」は、世界で最初の民主主義を国是とする憲法制定会議中にも、彼らが手のひらの中で弄《もてあそ》ぶ「民主主義」という観念が、国民の「騒乱と無秩序」への恐れというフィルターを通すたびに、一瞬、「巨大な野獣」にも見えてきた。

憲法制定会議から半世紀弱後ですら、トクヴィルがこう書いている。「アメリカで私はアメリカ以上のものを見た。私は民主主義そのもののイメージを、その性向、その偏見、その激情とともに捜し求めた」。彼は貴族の家系ながら、母国の革命とナポレオン統治下で貧困と暴力にさらされてきた。その彼にとってアメリカは、「これらの『害悪』を防止する『幾多の予防策』を講じれば、民主主義が治安力と民意尊重とが均衡できる制度たりうるか?」を見届ける唯一の実験場だったのである。「その『民主主義の性向、偏見、激情』を、ほぼ常にプラスに転じる手だてはあるのか?」。

ハミルトンの手だては、民衆を「直接選挙」から遠ざけることにあった。彼の言う「一般大衆の代表者から選ばれた少数の人々」が選挙人も含み、「目下考慮中のシステム」が選挙人制度を含んでいたことは確かだろう。

ところが、ハミルトンも、「人間が天使であれば、政治など要らない」と言ったマディスンも、「騒乱と無秩序が発生する機会を最小限に食い止めるシステム」の1つである選挙人をこそ最も恐れていた。〈国民に代わって大統領を選ぶ選挙人の一部が密かに結託すればどうなるか?!〉

では、彼らはどうしたか? この2人と建国の父たちは、「選挙人団」が主に大統領選出後に選ばれ(つまり4年に1度)、おまけに自分の州内でしか集まれないように仕組んだのである。これが、選挙人が、これから触れる「代議員」よりはるかに「影武者」めいて見える根本的な理由なのだ。

11

アイオワ・コーカス

★全米予備選挙に先駆けて開かれる党員集会★

「党員集会（コーカス）」と「プライマリー」の違い

「選挙は国民が執政候補者に統治権限を委譲する生臭い儀式」という点では、「代議員」は、⑴その種類の多岐にわたること、⑵したがって選出過程の多様さ、⑶それも選挙人のように新大統領が選ばれてから選出されるのではなく、まさに予備選の渦中で選出されていく同時進行性、⑷また彼らの選出や予備選や「党員集会（コーカス）」を切り回す集会担当者（「基礎選挙区〈プリーシンクト〉キャプテン」など）の八面六臂の大活躍など、大統領選を含めたアメリカ型選挙の花形だと言える。

つまり、統治権限を候補者らに委譲する前の、民衆側の政治的祝祭なのだ。この祝祭には、権限委譲しようとする相手への威喝と同時に、相手が自分たちに幸運をもたらしてくれることへの祈念、その条件を満たせる候補を試練にかける等々の意味合いが盛り込まれている。

さて、「予備選（プライマリー）」には、⑴両党候補が激突する本選挙に対して、両党基盤で行われる自党の本候補を決める選挙、⑵「党員集会」との対比で言われる選挙方式の両義がある。以後、混乱を避けるべく、⑴を「予備選」、⑵を「プライマリー」と分けて表記する。

プライマリーは単純に1人1票の投票で、候補は得票数に応じて代議員を獲得する（むろん、「1人数票〈同じ投票者が複数回投票〉」とか、「墓場からの投票〈死者による投票〉」などが「違反の主役」になる／第19～20章）。

2008年1月8日、アイオワ州の次に行われたニューハンプシャー州のプライマリーでは、党員集会という方式が苦手なヒラリー・クリントン陣営も、涙の猛烈戸別運動で11万2404票（39・09％）と、オバマの10万815票（36・45％）に競り勝てた。

クリントンも可能なかぎり戸別訪問して回った。アイオワで3位の事態を思い詰めたあまり、ある女性の質問に、「現状は容易じゃないわよ」と答えたとたん、声が詰まり、目がうるみかけた。彼女はこれを懸命にこらえたが、メディアはすかさず「鉄の女」の「まさかの涙」、つまり「鰐の涙」として報道した。これが潜在的クリントン支持層の感情に火をつけ、票数では1位になり、「カムバック・キッド」と呼ばれた（ちなみに1992年の大統領予備選では、夫のビルがニューハンプシャー州で3位となり、同じ呼ばれ方をした因縁がある）。

確かに一般投票ではクリントンの勝ちで、彼女も世間もメディアも祝祭気分だった。ところが、最終的に割り振られたニューハンプシャー州の「全国代議員」数では彼女もオバマも9名ずつでタイだった（3％弱の差ではこうなってしまうのだ）。しかも党大会では、ジョン・エドワーズは自身獲得の代議員4名をオバマに進呈したので、オバマは13名となった。

とにかく、一般投票は票差が少ないと糠喜びとなる。それだけ1票の価値が低く、肝心なのは代議員数なのである。

さて、プライマリーに比べて込み入った党員集会は、〈1人1票の投票だけであっさり権限委譲？そうはいかんぜよ！〉という選挙民側の力みが感じ取れる。引き分けになると、コイン投げ、籤引き(例のカウボーイ・ハットから両候補のいずれかの氏名を書いた紙を引く）で決める。民主党の場合、支持候補の氏名を発声して意思表示する。

選挙民側が候補者らを振り回す、その「力み」ぶりの具体例として、日本でも知られるようになってきた、大統領予備選の嚆矢《こうし》、アイオワ党員集会の光景から入ろう（2008年度を中心に、他の年度の党員集会の挿話も少しは触れる)。代議員制度はそのあとで扱う。なお、面白いのは民主党の党員集会のほうなので、本書ではこれに限定する。

「さあ、コーカスしちゃおうぜ」

党員集会は、単に選挙民が投票すれば、ハイそれまでよ、というプライマリーと違い、主に大都市から離れた州の農民の間で、候補者らに対して〈お前らの勝手にさせてたまるか！〉という動機により始まった。アイオワで最初に行われたのは1846年で、農民たちが州政治、ひいては連邦政治にもの申すべく案出した「準直接民主主義」である。

とはいえ、かつては政治好きによる私物化も目に余り、よそ者には口をはさませない狷介《けんかい》さがあった。そのため、民主党の党員集会は実に煩雑で、一糸乱れずなどとは無縁、もう乱れっ放しの、半分お祭りである。ルールが複雑すぎてアイオワ州自体が音を上げ、1916年、普通の「プライマリー」に変えたが、1972年、予備選の嚆矢として全米で真っ先に行われるかたちでコーカスに戻した（最初は1月24日）。

これを断行したのが、ジョージ・マッガヴァンのアイオワ選対を率いていたノーマ・S・マシューズだった。この御利益《ごりやく》か、マッガヴァンはアイオワで2位となり、そのまま突っ走って、マイアミでの党大会で指名をもぎ取る（ところが、「とんまドンキー」の最たる彼の指名は、ニクスンの大勝を招いた／第24～25章）。

ちなみに、この予備選での各州の先陣争いは常に揉め事の種で、党本部には頭痛の種となる。後述する「スーパー・テューズデイ」のような、同日に24もの州が一斉投票する候補者泣かせの選挙日程も、党本部と各州の確執を収めるための妥協の産物だ（第15章）。

お祭りだから家族連れで来る者が多い（選挙権があるかどうか紛らわしい年ごろの若者が紛れ込む）。だから「コーカスする」という動詞形は、「おれも大統領選に一枚嚙んだぜ」と、お祭りに参加したことを意味する。ニューヨークやシカゴのような大都市へ出て住み着いている者の中にも、わざわざ郷里アイオワ州に戻って「コーカスする」者が結構いる。年に1度の、いや4年に1度の、郷土のお祭りに帰郷するようなものだ。

コーカスの語源には、インディアンの「首長会議（カウカウアスー）」説とラテン語の「酒壺（カウクス）」説がある。合衆国議会は、イロクォイ・インディアンの首長会議「ホーデナショニー（ロングハウス）」を模倣したから、前の説のほうが信憑性がある。「征服者」は必ずと言っていいほど、「被征服者」の文化まで失敬するのだ。

　全米に先駆けて行われるアイオワ党員集会が、その勝利者に金的（大統領職）をもたらした典型は、ジミー・カーター大統領（民）だ。ジョージア州知事を務めはしたが、全米規模ではまったく無名で、大統領選でおなじみの「フラリ戸別訪問」で、「ハーイ、アイム・ジミー」と声をかけると、そこに座っていた住民から「ジミー・フー？」と切り返された逸話が有名だ。彼はジョージアからアイオワに引っ越したと言ってもいいくらい常時この州に張り付いて、1位とは大差の2位となり、それでも世間をびっくりさせて、以後、ホワイトハウスまで突っ走った。１９７７年のことだ（正確には76年秋）。２００４年には、アイオワ党員集会まで大いに出遅れていたジョン・ケリー（民／連邦上院議員）が、一転、一切の選挙資金をこの州に投入して勝利し、以後、連戦連勝の末、ついに党指名を勝ち取った（本選挙でジョージ・W・ブッシュに敗退／拙著『ジョン・F・ケリー――次期米国大統領候補「新ＪＦＫ」の素顔と野望』２００４、宝島社）。

アンクル・サムを描いた陸軍の勧誘ポスター
（1916～17年、作画：James Montgomery Flagg）

　党員集会が候補者と選挙民のスキンシップの場であることは、候補者らが汗みどろで選挙民の大群と握手して回る生臭い光景が証明している。２００８年の党員集会では、ヒラリー・ロダム・クリントンはキンキラキンの紙を帽子や胸に貼り付けて、「アンクル・サム」に扮した夫ビルと一緒にこの大群にもみくしゃにされた(「アンクル・サム〈US〉」は、イギリスを擬人化したジョン・ブルに当たる、擬人化されたアメリカ〈US〉およびアメリカ人)。また、童顔の法廷弁護士ジョン・エドワーズ元上院議員はジーンズのベルトを背後から引っ掴まれ、俳優なみのもて方だった。エドワーズは、２００４年、ケリーとコンビを組んで副大統領候補となり、08年は2度目の挑戦だった。

このように、予備選で競合した候補の下位者を副大統領候補にピックアップする傾向があり、近くはビル・クリントンによるアル・ゴア選び、そしてオバマによるジョー・バイデン選びがあげられる。

12

民主党アイオワ・コーカスの現場

★支持者集めに呼び込み屋台と化す候補者ブース★

午後7時キッカリに投票会場閉め切り

コーカスにおいてこそ、「平等ゆえに孤立したアメリカ市民を結びつけるのが選挙だ」（本書冒頭の引用）としたトクヴィルの説が最も生きる。以下の事例はその典型だ。

アイオワ州は99郡、その下部で郡を細分化した「ウォード」、さらにそれを細分化した「基礎選挙区（プリーシンクト）」に分かれている。プリーシンクトは1781区（2008年）あり、これらすべてを候補者らが回れればいいのだが、とても無理だから1年以上前から代理人を入れて、すべてのプリーシンクトで党員と顔なじみになっておくのである。

党員集会は1月3日だから、クリスマス休暇が主体のアメリカでは、戸別訪問も含めた各候補の選挙運動は事実上、前年の12月20日ころに終わっていないといけない。後述のようにコーカスは、単に投票をすませれば帰っていいという仕組みではないし、夜の7時きっかりまでに投票場入りしないといけない不便さから、猛烈に勧誘しないと来てくれない。だから、党員集会の常連出席者への戸別訪問は執拗を極める。その彼らに、新たな集会参加者の動員も懇願するのである。クリスマス休暇が明けて、1月3日の党員集会はこの州では新年度の事始めに当たるのだ。

プリーシンクト自体が細分化されていたから、コーカス会場は3500を超えた。場所は選ばない——体育館、図書館、教会、学校、農場の納屋、個人の邸宅その他。

筆者の場合、日本での投票所は自宅から徒歩3分の公民館で、そこに選挙管理委員とその部下らが陣取るだけ。しかし、コーカスの投票所には各候補の選挙対策委員（選対）が候補の氏名を掲げて陣取っている。有権者は支持候補のブースへ集まる（民主党の党員集会は、共和党と違って秘密投票ではない）。

普通、投票を終えて出てきた者たちに対して「出口調査」が行われる。ところが、民主党のアイオワ党員集会では支持候補のブースへ行かされるから、「入口調査」になるわけだ。

投票開始は午後7時、遅刻すると投票できない。1月初旬のアイオワは雪道で、降雪や道路の凍結もあって集まりはきわめて悪い。夜勤で勤務中の者も多い。そこで候補者らは、除雪装置つきの車や降雪用チェーンをどっさり用意するなどして、しぶる選挙民らをかき集める。弁当やベビーシッターまで用意するから、「便宜供与」だらけになる。だから半端な人数では対応できない（エドワーズ候補は運動員1000名、電話バンク50を用意）。つまり、有権者サマサマなのだ。不在投票はだめ（勤務中の者への配慮ゼロ）。当然、投票に来るのは州有権者のほんの一部にすぎない。ここが、投票時間の融通がつくプライマリーとは大違い。

とにかく、以上の光景こそ、〈ヤワなことでは権限委譲はしてやんないぞ〉と候補者をいびる光景だが、これぞまさしく「〈民が主〉主義」だとも言える。要するに、「お客さまは神様です」、いや、

「投票者は神さまです」なのだ。有権者がこれだけいい気になれる「権限委譲」儀式は、コーカスにしくはない。

また、入場時間には厳しいくせに投票資格は大甘で、オハイオ居住者であることは自己申告にすぎない。居住期間も10年だろうが10日だろうがお構いなし。とくに学生にはこの手合いが多く、オバマはこれらの若者票で勝てた。

「15%最低基準」と「口説き落としタイム」

こうなると、各候補のブースはいわば呼び込み屋台だ。いきなり当日開店ではおぼつかないから、事前に入念なリハーサルで運動員らに手順を確認させる。また、「党員集会前夜祭」を開いて食事など供応し、集まってきた相手の氏名・住所を控え、ドッと勧誘攻勢をかける。さらに知り合いを連れて来させようとする。

ある小学校の会場では、オバマ・ブース前には10列の席が用意されたが、アッという間に満杯になった。ブースに集まった支持者の人数勘定は、「1回目の点呼」で、起立させて「支持表明者のコーナー」に囲い込んでから、「基本選挙区役員団（プリーシンクト・チェア）」が数える。1回の点呼で5回は数え直す。公開投票のおかげで支持者らはおたがいに面が割れてしまい、おしゃべりも喧嘩もやる（「野郎、裏切ったな！」といった具合に）。

トクヴィルが言ったように、「アメリカ人はその平等性ゆえに隣人が何を考えているのかわからず、選挙のときにこそそれがわかる」という光景が現出するわけだ。

2008年民主党アイオワ・コーカスのオバマ・ブースに集まった支持者たち（1月3日）

ちなみに、トクヴィルは隣人が何を考えているかわからないアメリカ人が「世論」を非常に頼りにすると書いて、この国で最初に世論調査が企業として成立する可能性を予示する結果になったことは前に書いた（第9章）。世論調査の草分けジョージ・H・ギャラップは、アイオワが基盤である。時代の先端を先取りした人物が、ニューヨークでも首都でもなく、中西部の片田舎の州出身であることは、「ニューヨークその他、中央都市での成功者の大半が中西部出だ」と書いたスコット・フィッツジェラルドの説（『華麗なるギャッツビー』1925）を裏付けている。

さて、1回目の点呼で、出席者総数の15％の人数に達しなかった候補sは切り捨てられる（だからキッチリ7時に入場者を閉め切るのだ）。この「15％最低基準」のルール（共和党にはない）を満たすと、その候補は「生き延びた（ヴァイアブル）」と判定される。

ただし、このパーセンテージが全プリーシンクトに適用されるわけではない。そうなると、この煩瑣なルールに通暁したプリーシンクト・キャプテンを抱えた候補が、先の先を読んで運動を展開できるのだ。

なお、「15％最低基準」はプリーシンクト選挙段階以降もあらゆる選出レベルで適用され、弱小候補を「除草」していく。狙いは、全国党大会が弱小候補乱立で収拾がつかなくなることを防ぐべく、党大会前に本命候補者に絞り込むことにある。

30分後になされる「2回目の点呼」で、15％の最低基準を割った候補の支持者は、「生き残り候補」支持に鞍替えしていないと「棄権」と見なされる。特定候補への変わらぬ忠誠もへったくれもない、弱いやつは見捨てろ、だ。

だから、この「2回目の点呼」までの30分が、アイオワ党員集会での勝敗を決めるのである。この30分の間に、生き残り候補の選対は、「生き残れなかった候補の支持者狩り」によって、奪えるだけの人数をかき集める。もっとも、生き残れなかった候補の陣営に派遣される選対は原則として各1名。だから説得でもたついた選対が負けだ。これを「口説き落としタイム」と言い、かつては賄賂が飛び交った。「口説き落としマニュアル」もある。

2008年選挙で初めて大統領選に参加したという若者がきわめて多かった。その1人がこの口説き落としタイムに興奮し、「イッツァ・ファン・ゲイム！（もうワクワクしちゃう）」と叫んだのは有名になった。ところが、彼はクリントン選対で、オバマ選対に「生き残りそびれ候補」の支持者をゴッソリ奪われたクチだった（ワクワクしてる暇があったら、しっかり脱落者を口説き落とさんかい！）。

超リベラルなデニス・クシニチ候補（クロアティア系）は、2004年はエドワーズ陣営と、08年はオバマ陣営と、「党員集会で生き残れなかったほうが支持者を供出する」手筈をつけておいた。主張に類似点があったからだ。アイオワ方式を呑み込んであらじめ手を打っておけば、「口説き落とし」

は別の落ちこぼれ候補の支持者らに対してやればいいわけで、手間がはぶけて勝機が摑みやすい。むろん、２００４年にエドワーズがケリーから副大統領候補に一本釣りされたのも、一部はこの事前調整のおかげだったろう。オバマはアイオワでの勝機すら摑めた。

この段取りがないと、「生き残りそびれ候補」の支持者同士で喧嘩になり、「裏切ったな！」と生涯口もきかない仲になる。こうなると、トクヴィル説も裏目に出るわけだ。

ちなみに、主要候補も全戦全勝ではありえない。「生き残りそびれプリーシンクト」が出てくる。２００４年の勝者ジョン・ケリーなどは、38％の代議員を獲得したが、「生き残りそびれプリーシンクト」は２２２に及んだ。着々となんてものではなく、完全に運否天賦の世界なのである。

２０１２年の民主党アイオワ党員集会では、オバマは98％もの票を得た。残る２％を分け合った泡沫候補は、パフォーマンス・アーティストなど常連で、ニュース・ヴァリューもなく、大手メディアにはまったく報道されない。

一方、チャレンジャーである共和党集会は、よく報道された。党中央のおぼえめでたい穏健派のミット・ロムニー候補が僅差で勝った。ところが、票の数え間違いだったため、数え直しによりティー・パーティなどが推す超保守のリック・サントーラム候補が2週間後に逆転勝利した。得票数と代議員数への換算間違いか（次章参照）。ロムニー陣営はこれを受け入れた。

党員集会の票数計算のもたつきは、２０１２年2月11日のメイン州でも発生した。このときは、ワシントン郡の集会が雪で延期されたのが原因だった。ミット・ロムニー候補が辛勝したが、同州共和党委員長は、ワシントン郡の票数を計算に入れずにロムニー勝利を公表した。党員集会では、選挙民は候補者らに投票しながら、実は5月に行われるメイン州党大会に選ぶ代議員を選んでいるのであり、ここで選ばれた代議員は州党大会で全国党大会に送る最上級の代議員24名を選ぶ。したがって2月11日の党員集会は、ロムニーらの候補にとっては人気投票や「美男コンテスト」と変わらない(「美女」は候補から消えた)。しかし、「コンテスト」に勝てば、選対に弾みがつくので、各候補の陣営は躍起になるのである。

コラム4

オバマは若い運動員、ヒラリーは初老の運動員

たとえば、オバマ、ヒラリー人気にあおられた2008年は、アイオワ・シティの学校の体育館には600人が押し寄せた。慌てて用意した別室にも収容し切れず、廊下も押し合いへし合い。この狂騒の最中に「口説き落とし」を成功させられるのは、群衆の間を素早く敏捷に動ける若い運動員しかいない（オバマ選対はこの体育館で300名と、半数を獲得）。また口説かれる側も若いほうが切り替えが早い。つまり、敗れた特定候補へのウジウジした忠誠心は少ない。オバマの運動員は若手中心、ヒラリーの運動員は初老が大半、これがオバマ勝利（37・6％）、ヒラリーがエドワーズ（29・7％）にすら抜かれて3位（29・5％）転落の原因だった。

事前のCNN調査では、ヒラリー33％、オバマ31％、エドワーズ22％だったことからも、党員集会の狂騒ぶりと不可思議さがうかがえる。

2008年は、前述の「もう、ワクワクしちゃう！」青年を含めて、後述するミレニアルズ（1980年以降生まれ／本書のねらい、第9章、第51章）の多くが初めて経験した大統領選だった。アイオワ大学の調査では党員集会初参加者（参加年齢は選挙権を取得する18歳から）が46％、その30％が仲間から誘われたと答えている。当時46歳のオバマはこの若い波に乗り、当時60歳のクリントンは乗り損ねた。

「2回目の点呼」の結果が公表されるまで、それが何時間かかろうと、党員集会参加者らは会場を後にできない（普通は2時間、午後9時には解放される）。これもまた、コーカス参加者を減らしてきた原因だった。

13

代議員割当

――★「リベラル」な民主党、「弱肉強食」の共和党★――

首をひねる割当計算法

肝心の代議員はどうか？　基礎選挙区（プリーシンクト）ごとに人口比によってあらかじめ「プリーシンクト代議員」という最下級の代議員数が割り振られているのだ。この点は、選挙人が各州に割り振られているのと呼応する。会場での得票数を比率化し、それによって導かれた代議員枠を候補らに割り振るのだが、その計算法がまるでチンプンカンプン。光景としては、野球帽姿の初老の男らが、厚手のシャツにジーンズ姿で、壁に書かれた得票数や、首にかけた画板に止めた得票表を睨んで、お喋りしながら計算をやっていく。

たとえばある会場では、得票数がオバマ192名、エドワーズ83名、ヒラリー55名だったのに、オバマ獲得の代議員数は5名、ところがあとの2人は各2名ずつ。エドワーズとヒラリーの28名の差はどうなったのか？

普通なら獲得票数を党員集会出席者総数で割って比率を出し、それにプリーシンクトに割り振られた代議員数を掛けるはずだ。ところが、得票数に割り振られた代議員数を掛けて、今度は党員集会出席者総数で割るのである！　むかし農民が間違えた計算法がそのまま固定してしまったのか？　しかし、農民ほど計算にうるさい人間はいないはずなのに。

もっと訳がわからないのは、プリーシンクトごとに割り振られた代議員が４名、党員集会参加者２００名、うち１００名がある特定候補支持の場合、こうなるのだという。１００×４＝４００、４００÷２００＝２。その候補への代議員割当は２名。

さらにわかりにくいことに、アイオワ州の「プリーシンクト代議員」の獲得総数が、たとえばオバマ９４０、エドワーズ７４４、ヒラリー７３７名で、これが「全国代議員数」に換算されると、オバマ16、エドワーズ14、ヒラリー15になるのだという。もはや数学の常識を超えている！（ちなみに、プリーシンクトの党本部から州の党本部への報告では、獲得票数は伏せられ、代議員比率だけがメイルではなく封書によって連絡される）。

さて、ヒラリー・クリントンがアイオワ州での代議員数でエドワーズに7票負けていたのに、「全国代議員」数で1名、彼を上回ったのは、こう説明される。クリントンは、同州の第5議会選挙区（割当全国代議員数４名）で圧勝し、別の議会選挙区でも４名を獲得していたので、プリーシンクト代議員総数ではエドワーズに負けていたのに1名追加配当されたのだ。おわかりいただけるだろうか？

要するに、一種のご祝儀なのだ。代議員割当でも、積年、民主党候補に投票してきた「忠誠度」が加算される。最も民主党に忠実だったのは黒人だから、彼らが多数の選挙区には党本部から多めの代議員割当がなされる。これは、長年の差別を埋め合わせる申し合わせ、「アファーマティヴ・アクション」の一環でもあり、代議員その他にマイノリティや女性への優遇措置を民主党は実践してきた

（前記のクリントンへの1名余分配当は、それとは異なる）。

民主党の場合、各州への代議員割当は、⑴過去3回の大統領選で州民が民主党候補に投じた「忠誠度票数」、⑵各州の「選挙人団」の人数、を基になされる。しかし、比率的には小州が得するかたちになる。

「全国代議員1人につき一般投票者数7万5000名」

プリーシンクトで選ばれた代議員は、99ある郡大会（アイオワの民主党郡大会は2008年3月15日）に出てそのレベルの代議員を選び、選ばれた代議員は「議会選挙区大会」（4月26日）に出てそのレベルの代議員を選出、同じ操作で州大会レベルの代議員を選ぶ。州大会（アイオワ州は6月14日）では、全国党大会（08年8月25～28日）に送り出す代議員を選出した。

郡大会でオバマが得た代議員は1299名（51・96％）、これが全国代議員25名に換算された。クリントンは802名（32・08％）で全国代議員14名、エドワーズは388名（15・08％）で6名だった。全国代議員は合計45名。

議会選挙区大会では、オバマが議会選挙区代議員16名（55・17％）、これにエドワーズ支持の4名が両候補の申し合わせで追加され、オバマは20名となった。これが全国代議員28名に換算され、クリントンの9名（31・03％）は全国代議員14に換算された。ここがよくわからないところだが、エドワーズには全国代議員が3名おり、三者の合計で議会選挙区代議員総数は29名、全国代議員総数は45名となる。

右の数字で、1月3日の党員集会、3月15日の郡大会、4月26日の議会選挙区大会、6月14日の州大会に共通しているのが、各レベルでの全国代議員の総数が45名になっている点だ。これがアイオワ州への割当人数である。この45名に12名の別枠全国代議員が加算され、合計57名がアイオワ州割当全国代議員数となる（次章参照）。

一概には言い難いのだが、民主党の場合、全国代議員1名につき一般投票の7万5000名に相当する。共和党だと、これも概数だが、連邦下院選挙区ごとに3名割り振るので全国代議員1名につき21万5000票、連邦上院選挙区ごとに5名割り振るので各州の上院議員定員2名、最小の州で代議員1名につき4万5000票、ところが最大州では代議員1名につき20万名と、1票の格差はお話にならないほど大きい。

08年のアイオワ党員集会参加者総数は、民主党が22万7000人——この州の総人口は292万6324名だが、これでも参加者は「予想外に多い」。例年は、有権者登録者総数の6％程度だ。ジョン・ケリーがトップに躍り出た04年ですら、民主党12万4000人だった（共和党はこの年は開催せず）。

それでも、大都市のニューヨークやシカゴ住まいで、郷里の党員集会に戻って来る者ばかりでなく、同程度に田舎のアリゾナ州からアイオワ州都デモインに引っ越し、初めて「コーカスした」男性は、「生きて動いている政治に参加したのは初めてだ」と興奮して述懐した。

共和党の場合は、民主党のような「15％最低基準」も「口説き落としタイム」その他の煩瑣なルールもなく、方式はプライマリーと同じ単純さ。おまけに民主党のように得票数が獲得代議員数に反映されるかたちよりも、本選挙における選挙人の場合と同じく「勝者丸取り」となる場合が多かった。共和党の選挙参謀いわく、「民主党はリベラルだよな、2番手にも代議員をくれてやる。共和党は弱肉強食、代議員は勝者丸取り、2番手を罰する」。ここで、「リベラル」には、「革新派」と「気前がいい」の両義がかけてある。

ところが、2012年の共和党予備選挙では、民主党の予備選と同じく一般投票の票数で代議員を割り振る州が増えた。これが共和党予備選に混迷をもたらし、フロントランナーのミット・ロムニー候補がなかなか独走態勢に入れない大きな原因の1つになっていた。

共和党側も無造作という点ではドッコイドッコイで、投票用紙の代わりに候補者の氏名も何も書かれていないただの紙切れがあるだけ。投票所が学校なら机があるが、そうでなければ投票をすませた者の背中を借りてそれに候補者名を記入する。綴り間違いも問題なし、姓抜きでファーストネイムだけでもOK。元ニューヨーク市長ジュリアーニのような綴りが厄介な候補は大助かりだ。「ルーディ」とあるだけで有効票になる。

14

代議員制度

★ 選挙人制度より複雑で階級制もある ★

代議員に選ばれるには

党員集会やプライマリーでは、前述のように選挙民は候補者以外に肝心の「代議員」も選んでいるのだ。州によっては、代議員候補が短いスピーチをやる（メイン州では1人10秒）。一般の選挙民は代議員を選び、その代議員らが候補者の得票数によって候補者に割り振られていく。したがって各候補には、得票数より代議員数のほうが肝心という本末転倒が起きる。どういうことか？　かりにあるプリーシンクトで500票あればそこに割り振られた代議員4名がとれる場合、たとえ5000票を獲得しても代議員数はやはり4名しかとれないのだ（再び一般投票の弱さ）。

代議員になりたければ支持政党の地元支部に届け出る。同時に支持候補を明らかにする。代議員は将来の政治家への登竜門になるが、最下級の代議員は「床屋政談」の域を出ない人物のほうが多い。それでも、プライマリーや党員集会で現実政治の一環としての選挙には関与できるから、床屋政談よりは従うべきルールや責任ははるかに多い。代議員は階層制で、最下級がプリーシンクト・レベルの代議員、次いで郡レベルの代議員、議会選挙区レベルの代議員と階層が上がり、州レベルの代議員が最高で、彼らの晴れの舞台は最終の大統領候補を決める全国党大会である。

人口稠密なプリーシンクトにより多くの代議員が割り振られているため、候補者らには大事な標的である。大プリーシンクトの27％が、代議員総数の半数を選出することになる。したがって、小さなプリーシンクトになると、党員集会に出てくるのがたった1家族きりなんてこともある。しかし、これはえらいことで、この1家族によってそのプリーシンクトに割り振られた代議員の帰趨が決まるのだ。会場に1名しか現れず、その人物が決着をつけたことすらあった。それどころか、出席ゼロのプリーシンクトまであり、むろんこれでこの選挙区に割り振られた代議員はパーになった。

候補者らの得票がタイの場合、コイン投げと籤引きで決めるが、ネヴァダ州ではサイコロで決めた。さすがラスヴェガスのある州は違う。

理想的には、そのプリーシンクトの票の85％を取得すれば、競合候補ら全員を「生き残りそびれ（ノンヴァイアブル）状況」に追い込み、そのプリーシンクトに割り振られた代議員を全員かっさらうことができる。言い換えれば、相対多数で勝者丸取りできる場合がある共和党に比べて、民主党側のルールの厳しさの表れでもある。

また、大プリーシンクトだけに山を張るよりも、全プリーシンクトを遊説できればそれに越したことはない。

代議員の階級制

なお、基礎選挙区（プリーシンクト）でのプライマリーや党員集会で選ばれる代議員は、前述のようにいわば最下級の代議員で、州民主党大会で党大会に出る「誓約代議員（ＰＤ）」を選ぶ。ＰＤは「特定候補を支持する」と意思表明させられるが、本選挙の選挙人同様、支持候補が敗退すれば鞍替えは「良心の呵責抜きで」認められる。ＰＤとは別に、「非誓約代議員」（後述のＰＬＥＯ。別名「スーパー代議員」）というのがいる。彼らは、主に党役員や議員など政治経歴のある者たちで、支持候補を決めるのは当人の判断と意思により、ついに最後まで支持候補を明確にしないで終わる者たちもいる。

ＰＤすら全州一律ではなく、たとえばメイン州の代議員はＰＤではない。

要するに、前述のように代議員は階級別になっている。また、アイオワ州の場合、全国民主党大会に出る代議員は前章92頁に書いたように総計57名である。煩雑ながら以下のようになる。⑴誓約代議員（ＰＤ）の内訳は、「議会選挙区代議員」29名、「全州代表（アットラージ）」10名、これに「誓約したスーパー代議員」６名を加えた合計45名。⑵非誓約代議員の内訳は、スーパー代議員11名、「アッドオン代議員」１名の合計12名。⑴と⑵を合わせて57名となる。「議会選挙区」（基礎選挙区〈プリーシンクト〉や郡選挙区の上部構造）には合計29名が割り当てられている。その内訳は、第１議会選挙区にＰＤ６名、第２議会選挙区に７名、第３議会選挙区に６名、第４議会選挙区に６名、第５議会選挙区に４名、合計29名。彼らはそれぞれ独立に、自身の議会選挙区を代表する（つまり、州の党大会の掣肘《せいちゅう》を受けない）。アイオワ州の「議会選挙区党大会」は、２００８年４月26日に開催された。

他方、「州の党大会」（08年６月14日）には、16名のＰＤが割り振られ、候補者らの得票数で色分けされた。このうち10名は「全州代表（アットラージ）ＰＤ」、６名は「党幹部・選挙職（ＰＬＥＯ）代議員」、すなわち「スーパー代議員」である。ＰＬＥＯは、普通、「誓約」に縛られないのでＰＤではないのだが、この6名は縛られ、「全州代表ＰＤ」とともに州を代表する。党幹部には元幹部が含まれるように、選挙職も連邦上下両院議員、州知事などの現職はもとより、元政治家も入る。右の29名とこの16名とで、ＰＤは合計45名となる。この45名に、前述の12名の非誓約代議員が追加され、合計57名がアイオワを代表して全国党大会に出る。「アッドオン代議員」というのは、民主党大会全体では75名、アイオワ州は1名で、州大会で議長が幹部と相談して決める。

アイオワ州では、08年は、1月3日のコーカスから、3月15日の郡選挙区党大会、4月26日の議会選挙区党大会、州党大会（6月14日）と代議員のレベルを上げていき、8月25～28日の全国党大会で最高レベルの代議員が本番を迎えて、オバマを代表に指名した。

デンヴァで開催された全国党大会で、オバマは、代議員総数４０５０名のうち、ＰＤが１８２１・５名（51％）、ＰＬＥＯ（スーパー代議員）４７８名（66％）、合計２３０６・５名（54％）を獲得した（すでに6月3日、必修条件の代議員数２１１８名を獲得していた）。一方、クリントンは１７２６名（49％）、２４６・５名（34％）、合計１９７２・５名（46％）を獲得した。アメリカ史上最初の女性大統領候補は、アメリカ史上最初の黒人候補に肉薄したのである。

なお、「０・５名」という端数があるのは、「海外在住民主党員」には党大会出席の代議員割当が11名なのに、22名が出席するため、1名が０・５票と換算されるからだ。これにより08年の全国党大会では、票が割れた結果、オバマとクリントンがそれぞれ０・５票を獲得した。

党大会に先立つこと約3ヵ月の6月7日（土）、１８００万票を得ながら痛恨の予備選撤退に際して、ヒラリー・ロダム・クリントンはこう演説していた。「私たちは今回、最も手が届き難い、最も堅い〈ガラスの天井〉を打ち砕くことはできませんでした。しかしながら、みなさんのおかげで、あの天井に約1800万ヵ所のひび割れを入れることができました」。

「ひび割れ」は、代議員票でも「ガラスの天井」に「1973ヵ所」打ち込まれた。第13章の全国代議員1人につき7万5000名という概算とはずれるが、ここでの数値でみるかぎり、代議員1人が約1万人の一般投票者という比率になるわけだ。

15

スーパー・テューズデイ

――★多くの州・自治領で同じ日に予備選が行われる理由★――

前に「ヒラリー・クリントンは大州狙いだった」と書いたが、２００８年の民主党予備選を振り返ると、必ずしもそうではなく、彼女は大小取り混ぜて20の「プライマリー」に勝っている（オバマは24の「プライマリー」で勝利。双方引き分けは２）。両者大接戦の印象はプライマリーに関するかぎりで、党員集会だと、ヒラリーはネヴァダ、サモア諸島の２ヵ所で勝てただけ、グアムでタイだった以外、14の党員集会でことごとくオバマに敗れているのだ。

アイオワ党員集会で見せたクリントン選対の無能さが、他州での党員集会でも繰り返され、これが大きな敗因となった。傲慢な有権者たちに柔軟かつ俊敏に対応できたオバマ選対は、「〈民が主〉主義」の権化、党員集会のリズムに適応しやすい特徴を持っていたのに対して、クリントン選対にそれが欠けていたわけだ。

「ミニ・スーパー・テューズデイ」（２月９日、12日、３月４日、３月17日の４日間）では、クリントンは４勝10敗だった。この中に党員集会が４、プライマリーが７あった。代議員数90台から１００余名の４州以外、中規模から小規模の州ばかりであ

2日後に迫ったスーパー・テューズデイを睨みながら演説を行うヒラリー
（2008年2月3日、ミネソタ州ミネアポリス、撮影：Caleb R. Williams）

る。それでもオバマは代議員２８７・５名を稼ぎ、１６６・５名のクリントンに１２１名の差をつけた。筆者も、これでクリントンはだめかと思った。ところが、以後もプライマリーでは、クリントンは9州を制し、他方、オバマは7州に止まっている。伯仲の印象は尾を引き、クリントンの断念は6月7日（土）まで持ち越された。

さて、党員集会かプライマリーかは州政党が決めることだが、たとえば日本でも知られるようになった「スーパー・テューズデイ（ＳＴ）」（２００８年は2月5日〈火〉）のように、たった１日になんと20余もの州や自治領で予備選が行われるのはなぜか？　アイオワ州が党員集会の、ニューハンプシャーがプライマリーの、それぞれ先陣を切るので知名度が猛烈に高まり、党指名を獲得できる候補を自州予備選で決めようと焦った結果、各州が我先に予備選日程を前倒ししたためである。前へ前へ出ようと焦る州政党本部に対し、これを交通整理するのが全国政党本部の務めで、民主・共和両党本部が加えた前倒し制限の日程がこの日に当たったため、これだけの州がこの1日にひしめき、かえって特異性を失ってしまった。

最初のSTは、1988年3月8日だった。なお火曜日に固定されたのは、広大なアメリカでは投票所までの道のりが長く、安息日の日曜日は遠出しないため、月曜日に投票所まで出向いて火曜日に投票したという過去の慣習による。

アイオワ州は、共和党がまず予備選の嚆矢《こうし》となる動きを見せ、民主党が追随した。ニューハンプシャーは、州務局長がミシガンとの競合で自州のプライマリーを相手の前に移し、州法でいかなるプライマリーよりもせめて1週間先に投票すると規定したのである。

STに先行するのは、前記2州以外だと、ネヴァダ（08年は1月19日）とサウスキャロライナ（1月26日）だけである。これも党本部が、ネヴァダは僻地への配慮で、サウスキャロライナは人種的配慮（黒人多数）で前倒しを認めたのだが、後者はそれ以外に共和党が1月19日へ前倒しを認めたので、民主党はそれまでより3日遅れの26日に繰り下げたという事情がある。

前述のように2月5日（火）以前の開催が御法度《ごはっと》となっても、州民主党本部は勝手に前へ飛び出す。たとえば2008年は、ミシガン州（1月15日）とフロリダ州（1月29日）が勝手にST群から前へ飛び出して、全国党本部は、(1)各候補に両州での遊説を控えさせ（クリントンは従わなかった）、(2)両州代議員の党大会への出席停止処分で干しあげた。クリントンは、両州で獲得した代議員を数に入れなければオバマを凌駕できないので躍起になったものの、かりに全国党本部が妥協してもオバマの獲得代議員数を超えられないとわかって、以後は両州のために制裁解除を強く全国党本部に要請した。党本部は、最初は代議員1名を0・5名扱いで党大会への出席を認め、最終的に1名扱いに戻した。

ミシガン州が無茶をしてのけたのは、前述のようにニューハンプシャーに先を越されたことへの恨みが動機になっていた。

なお、選挙日程は当該年によって異なる。たとえばSTだが、2012年は3月6日で、この日に集中する州の数も共和党10州（6日から10日まで党大会が続くワイオミングを入れると11州）、民主党は8州に激減した。08年のSTは2月5日で、共和党21州、民主党22州だったから、文字どおりスーパー・テューズデイだった。

Ⅱ

暴れ象 vs とんまドンキー①
「南部戦略」

16

「とんま象」から「暴れ象」へ

★アメリカ史を貫く暗黒の断層★

「南部戦略」と「レーガノミクス」

この第Ⅱ部以降、今日の民衆を蒙昧化させて延命を図る共和党右派をのさばらせた真因をニクスンvsケネディ以後、8回の大統領選を通じて掘り下げていく。まずこの部では、1960年のニクスンvsケネディの大統領選を独立に扱う。

しかし、以下の一連の大統領選では、それらを貫いて、ニクスンが礎石を敷いた「南部戦略」が踏襲され、今日の共和党の劣化・無頼化と「文化戦争」と呼ばれる国論の分裂を引き起こした経緯を略述、個々の選挙は詳述しない。すなわち、以下の5つである（これは第Ⅱ部から第Ⅴ部にまたがる）。

(1)ケネディへの敗退、その2年後、カリフォルニア州知事選ですら敗退という政治的自滅のあとで、ニクスンがホワイトハウスを摑んだ1968年の大統領選、1972年の彼の再選（ウォーターゲイト事件で自滅。以上が第Ⅱ部）、(2)1980年のカーターvsレーガンで勝った後者がニューディール政策の破壊と「レーガノミクス」路線を確立した経緯、(3)1988年のブッシュ父、2000年と04年のブッシュ息子が展開したネガティヴ・キャンペインの一端と、1992年のブッシュ父を倒したクリントンに襲いかかった共和党お得意の無頼戦法（以上が第Ⅲ部）、⑷それを敢然と「膨大な右翼の陰謀」呼ばわりして、「とんまドンキー」化されてきた民主党がやっと反撃に転じたヒラリー・ロダム・クリントンの奮闘、同時に南部生まれ南部育ちゆえに敵の繰り出す攻め手を知悉、それを中和すべくビル・クリントンが案出した「トライアンギュレイション（「第三の道」路線）」（以上が第Ⅳ部）、⑸オバマ当選後のニューディール政策の回復努力（これが第Ⅴ部）。

大掴みでは、「ニューディール（民主党）vsレーガノミクス（共和党）」の対立図となる。前者は、フランクリン・D・ローズヴェルト民主党政権が1930年代の大恐慌に挑んだ壮大な政策で、爾後、民主党の党是となって今日に至る。オバマが年収25万ドル以上の階層への増税を打ち出したのも、この路線である。「ニューディールvsレーガノミクス」は、単なる政策論争ではなく、それぞれの支持層を巻き込んだ「文化戦争」で、別名「第二の南北戦争」と呼ばれる。ヒラリーが、「大統領の夫に対して『膨大な右翼の陰謀』が企まれている」と言ったのも、その一環である（本書のねらい）。

さて、⑴と⑵は「文化戦争」の基本構造なので紙数をとる。⑶はブッシュ陣営のネガティヴ・キャンペインを「負の文化」として披露し、⑷と⑸は民主党の反撃が奏功したポイント、そして⑸は一般には「レーガノミクスvs『オバマノミクス』」の対立軸で見られる傾向がある。

「文化戦争」が「第二の南北戦争」とも呼ばれているのはなぜか？　つまり、アメリカ史を貫く大断層は黒人奴隷制で、それは今日も姿を変えて「アメリカの呪い」となっているのだ。世界大恐慌の最中にあってもフランクリン・D・ローズヴェルトは果敢にその「呪い」の清祓《せいばつ》に挑戦し、以降、民主党がその暗黒を晴らそうとしては、共和党がその努力を無に帰してきた。そしてバラック・オバマの登場と

メイシー百貨店のショーウィンドウに描かれた共和党の動物アイコン「象」（2004年、ニューヨーク市、筆者撮影）

いう光芒で暗黒が晴れるどころか、共和党は彼をすら暗黒に引きずり込もうとしているのである。黒人奴隷を解放したリンカーンの政党がこの体たらくだからこそ、アメリカの呪いと言うしかないのだ。

「象」と「ドンキー」の由来

この部のタイトルは、象が共和党のシンボル、ロバが民主党のシンボルであることに由来している。

１８２８年、最初の民衆派（ポピュリスト）大統領アンドルー・ジャクスン（民）は、「民衆をして統治せしめよ」と主張した。「建国の父たち」は、「民衆は君臨」、「彼らに選ばれた政治家が統治代行」という、デモクラシーの苦肉の策を案出したことを想起されたい（第8章）。ジャクスンは、デモクラシーを「衆愚政治」に戻そうとしたことになる。当時の民主党は、奴隷制支持の保守反動政党だった。

これを危険とみた政敵が、ジャクスンを「雄ロバ＝間抜け＝ばかな頑固者」に見立てた。民主党のジャクスンは、国立銀行に頑強に反対した点で反連邦主義の今日の「ティー・パーティ」（共）の源流だった。今日では、共和党が保守反動である。

第16章

「とんま象」から「暴れ象」へ

『ハーパーズ・ウィークリー』に掲載された風刺漫画「第３期パニック」
（1874 年、作画：Thomas Nast）

ポピュリズムとは民主主義の行き過ぎで、国民が無責任になり、政治家がそれにおもねる状況を指す。今日では共和党がポピュリズムだが、当時は民主党がポピュリズムだった。これはアメリカ史最大の捩れ現象「南北入れ替わり」で（第4章）、ニクスンが引き金を引いた。一方、ジャクスンは逆手に出て、雄ロバを自分のトレードマークに利用してみせた。

これを1870年に漫画化したのが、有名なドイツ系の政治風刺漫画家トマス・ナスト。寄稿誌はこれまた有名な『ハーパーズ・ウィークリー』だ。ナストは今日のサンタクロース像、さらには「アンクル・サム像」を確立したことでも知られている。前述のようにアンクル・サムは、イギリス男性の典型像としての「ジョン・ブル」に当たる、アメリカ男性の典型像である。

両党の動物アイコンを決定したナストの漫画は、「第3期パニック」（1874年）と題され、南北戦争の英雄として大統領に選ばれたユリシーズ・グラント将軍（共和党）の３期目出馬の動きに恐慌を来した雄ロバがライオンの皮をかぶって「奴はシーザーになろうとしている！」と荒れ狂い、あおりを食らった象が「インフレ」と「混沌」と書かれた歴青穴に落ち込みかけている。ロバには象を非難する「シーザー主義（独裁君主制）」の名札、象には「共和党票」と書かれている。

いずれも自党には有り難くない逸話から両党がそれぞれの自党のアイコンを選んだのは、せめて両党のやぼなユーモアか。今日、オバマの民主党はこのマンガの象のように小回りが利かず、共和党のほうが頑固一徹の雄ロバ並みに暴れ回っているのまで、「南北入れ替わり」に似ているのは皮肉だ。ともかく、「暴れ象」（今日の共和党）vs「とんまドンキー」（今日の民主党）のお話の始まりイ。

17

【ニクスン vs ケネディ――1960年大統領選】

ずる狐ディック

――★シェイクスピア的「悪王」候補ニクスンの悲劇★――

筆者は、アメリカ大統領ではニクスンが最もシェイクスピア的な隈取りを持つ人物としてかねがね注目している。むろん欠点だらけで、「公人」には向かない、権力欲だけの人物だった。

けっして無能ではないことは、以下の世界史上でも希有な連続外交の手際でもわかる。⑴国内では１９４０〜５０年代「赤狩り」で名をなしたくせに、⑵１９７２年、「米中復交」で自国民はもとより世界をアッと言わせ、⑶それによって中ソに楔《くさび》を打ち込み、⑷ユダヤ系のキッシンジャーを国家安全保障アドヴァイザーや国務長官に使ってイスラエルを抑え込ませてアラブ諸国を手なづけ、⑸それらをソ連から引き剝がし、丸裸にしたソ連を「雪解け（デタント）」（１９７２年）に引きずり込んだのである。これも最初は、ヴェトナム戦争終結という選挙公約を果たそうと、ヴェトナムと不仲な中国を軟化させる戦略に端を発していたから、机上プランから出たものではない。

この手際は、仮想敵・ソ連相手に発揮されたので自由世界の喝采を浴びた。同じ手際は、20余年前の１９５０年、国務省高官アルジャー・ヒスを対ソ協力スパイとして告発に追い込み、有罪とした際に世間が舌を巻くほどみごとに発揮され、ニクスンの存在は全米に「トリッキー・ディック（ずる狐ディック）」の異名で知られた（1950年の上院選時点、カリフォルニアで民主党が「『ずる狐ディック』ニクスンの共和党での記録を見よ」という広告を流したのが最初）。しかし、この手際が合衆国民主党相手に発揮されていれば、その悪辣さは、「本書のねらい」で触れた、今回の国家債務上限引き上げと均衡予算をドッキングさせた罠でオバマを締め上げている今日の共和党の悪辣さといい勝負になったろう。

ところが、ニクスンには妄想症（パラノイア）があり、その端的な表れがホワイトハウス内に盗聴装置を張り巡らせ、巨大マンション、ウォーターゲイトにある「民主党全国委員会（DNC）」本部にも盗聴装置をしかけさせようとして墓穴を掘る。露顕したとき、ニクスンはしぶとく白を切り続けるが、肝心のホワイトハウスの盗聴装置にバッチリ密議が録音されていて御用となり、連邦下院での弾劾議決寸前に辞任した。弾劾逃れに辞任した全米史上最初の大統領となったのである。

赤狩りでアルジャー・ヒスを追い詰めて仕留める鮮やかさは、右の鮮烈な「連続外交」同様、この人物の天賦の才能だが、パラノイアゆえにしくじるときの拙劣さは唖然とするほど稚拙だ。この激しい落差を、筆者はシェイクスピア的だと感じている（この戯曲家の悪王ものの典型『リチャード3世』の主人公で15世紀後半の英国王と名前まで同じ。「リチャード」は古ゲルマン語で「強い主」とか「苛酷な統治」の意味）。

ニクスンの性格に露呈したこの激しい対照は、⑴クエーカー教徒という峻厳な清貧の宗教を深く信じる貧困家庭に生まれた「馬鹿正直ディック」のくせに、⑵政界という信仰を裏切らないとやっていけない世界に身を置いた結果、「ずる狐ディック」になるしかなかったことに由来する。これは序

第17章
ずる狐ディック

の部で触れた「スプリッティング（本能切断）」（第1＆2章）によって乗り越えるしかない「大矛盾」だった。つまり、ニクスンの内面で、⑴と⑵をいかに巧みに「切断」して共存させるか？　それをしくじったからこそ、シェイクスピア的大矛盾を抱え込んだまま大統領になってしまい、ウォーターゲイトで自爆するしかなかったのである。

２人のニクスンの分裂、いや彼自身が「２人のニクスンのスプリッティング」にしくじったことこそ、以後の共和党とアメリカ史の劣化の元凶となるのだ。さらには後述する彼の「南部戦略」がもたらした「南北入れ替わり」とレーガンの「保守革命」と「レーガノミクス」こそがその元凶の主役となるのである。

２人がともにカリフォルニア基盤の大統領であることは偶然ではない（拙著『カリフォルニアからアメリカを知るための54章』２０１２、明石書店を参照）。この２人の「悪王」としての個性は、「東部エスタブリッシュメント」への敵意抜きには形成されなかった。たとえば、なんとかして東部エスタブリッシュメントの中に入り込みたかった若き日のニクスンは、ニューヨークに移り住むが、エスタブリッシュメントきっての法律事務所「サリヴァン＆クロムウェル」に手ひどく撥《は》ねつけられ、カリフォルニアに戻って、１９３７年に地元で弁護士資格をとり（アメリカの法曹資格は州単位）、冴えない故郷ウィティアーの法律事務所「ウィガート＆ビューリー」に勤めるのだ。

したがって本書は、共和党の大統領たちによるアメリカの劣化の物語であり、同時にそれに抵抗してきた民主党の大統領たちの懸命な防戦の物語でもあるのだ。

副大統領ラプソディ②「ニック vs ディック」

フルシチョフが合衆国大統領にさせまいとした男

他方、ニクスンは、自身がアイクの「尻拭い役」だったことで結構、副大統領の機能を増大させていた。「東部エスタブリッシュメント（EE）」に担がれたアイクは、「反EE勢力」を慰撫する、共和党本流の伝統的流儀から、その反EE勢力の出色の若手だったカリフォルニア基盤の上院議員ニクスン（39歳）をコンビに選んだ。ニクスン自身、自分の役割を知悉《ちしつ》していたのだ。こう言っている。「対決には常に超然という姿勢を維持したい元帥だけに、副大統領には喧嘩ならお任せ、それも勝てる喧嘩が十八番という人物がお呼びだったのだ」。「赤狩り」の猛者《もさ》としてのニクスンの喧嘩上手の評判は、鳴り響いていたのである。

「喧嘩」の出色は、天才的な外交政治家ニクスン副大統領がモスクワでフルシチョフ相手に繰り広げた「冷戦時代のホット・キチン論争」（1959年）だった（以下、保守派の名政治評論家ウィリアム・サファイアが2009年7月24日付『ニューヨーク・タイムズ』に書いた記事を参照）。

この「キチン論争」は、時給3ドルのアメリカ労働者が月100ドルのローン返済で買える1万4000ドルの住宅のキチン部分で繰り広げられた。モスクワのソコロニキ公園に展示されたいくつかのアメリカ製品のお披露目役を務めたニクスンは、内心〈いかにも副大統領に割り振る「役不足」な任務だ〉と不満だった。ところが、「舌戦」の名手フルシチョフとの鍔迫《つばぜ》り合いで相手を仕留め、世界に〈副大統領こそ大統領への跳躍台だ〉と思い知らせる意外な成果につながったのだ。舌戦は「ニック vs ディック」として後世に残された（ニックはフルシチョフのファーストネイム、ニキータの縮小辞）。

副大統領ラプソディ②「ニック vs ディック」

この恐るべき副大統領が1年後に大統領選に立候補したとき、フルシチョフは「あらゆる諜報網を駆使してニクソン落選を仕組んだ」とのちに述懐している。ソ連国内での敵との鍔迫り合いで強権を握り、神聖不可侵のスターリン信仰を打ち砕いたこのソ連首長は、その鍔迫り合いで自分を打ち負かした相手が、合衆国の「最高司令官」となる危険は何としても回避すべきだったのである。

さらに後日談あり。その恐るべきニクスンを打ち負かして当選したケネディとのウィーン会談で、若い新大統領を品定めすべく舌戦を挑んだ「ニック」は、相手を振り回した（ケネディの敗北宣言は、「完全にサンドバッグにされた」）。〈新大統領弱し〉と勘違いしたフルシチョフは、ベルリンの壁建設、キューバへのミサイル搬入と悪押しして自ら墓穴を掘るのである。

つくづくニクスンとケネディは因縁のライヴァルだった。

アメリカ合衆国副大統領、ここにあり！

さて、「ニック vs ディック」のハイライトの1つが「キチン論争」で、副大統領がアメリカ史上最も華々しい活躍を演じた舞台としては、「スペアタイヤ」にふさわしいマイナーなものだった。しかも、この住宅の宣伝員だったウィリアム・サファイアは、のちにニクスンの屈指のスピーチライターとなり、13年後に大統領となったニクスンに随行して再訪したモスクワで、かつてキチンにフルシチョフの伴揃いの1人として居並んでいたレオニード・ブレジネフと再会するのである。

ニックはディックに対して事ごとに喧嘩腰だった。「ソ連によって奴隷化された国民」と書いた米メディアに反発し、いきなり手近の労働者の肩を抱いて、「この男が奴隷に見えるかね？」とニクスンに挑んだ。ニクスンは、即座に「これらの展示館はソ連とアメリカの労働者の共同作業で建てられた」とかわし、「おたがい足らざるを補い合いましょう。結局、片方だけでは知識が不足だ」と応じた。ニックはたちまち、「知識不足と言うなら、そちらこそ何一つ共産主義のことを知らない――共産主義を恐れることしか知らないじゃないかね」。ニクスンはすかさず、こう切り返した。「この対話を牛耳ろうとするあなたのやり方を、合衆国上院で使ってご覧なさい――たちまち議事妨害で非難されちゃいますよ」。

この段階で、ニクスンは、両国メディア陣が居並ぶ只中でのソ連首長との鍔迫り合いが、国際政治と合衆国内での自身の政治生命に致命的なインパクトを持つことにやっと思い至った。〈大統領制度の「スペアタイヤ」である副大統領の双肩に自由世界の威信がかかっている!〉。これに気づくまでのニクスンは、儀礼的な応対をしない相手に機嫌を損ね、むっつりした顔つきになっていた。しかし、サファイアや随行記者たちがこのやりとりの重要性を認識したときには、ニクスンは例のキチンに迷い込んでおり、それを舌戦の修羅場に活用するホゾを固めていた。

ニクスン(N)――「これは普通のカリフォルニアの住宅のキチンです。備え付けの冷蔵庫が見えるでしょ?」。フルシチョフ(F)――「あんなのソ連にもあるよ」。N――「狙いは主婦の暮らしを楽にすることにある」。F――「ソ連では女性に対して資本主義的な態度はとらない」。傍聴のソ連記者らが、「こりゃあタージマハールだ」と、キチンが展示用の特別製だと揶揄し、前述のニクスンの住宅価格への言及と論駁《ろんばく》が続いた。

ソ連側の分厚い護衛陣に邪魔されて、2人のやりとりが随行メディアに聞き取れない。それに気づいたサファイアは、随行メディアでロシア語がわかる『ニューヨーク・タイムズ』の名記者ハリスン・ソールズベリーが逞しいソ連護衛陣のスクラムを突き抜けようと焦っているのを、「ああ、彼は冷蔵庫の説明員だ。通してやってくれ」と言い、ソールズベリーをキチン内に入れてやった。

N――「弾道ロケット競争より洗濯機競争のほ

うがよかないですか?」」。F――「そりゃそうだ。しかし、ロケット競争に固執してるのは、あんたたちの将軍連中じゃないか。どうせ勝つのは、強いわが国だがな」。

この時代、ミサイル競争は、大型化路線のソ連が小型化路線のアメリカを凌駕していると、世界中で勘違いされていた。大型ミサイルは飛距離が伸びず、1962年秋、キューバへ据えつけるしかなくなって、小型で飛距離が伸び、文字どおりの「大陸間弾道弾」として米本土からソ連へと発射できるアメリカ側こそ優位に立っていることがやっと判明する。

さて、ニクスンは、「ロケット競争は無意味だ。戦争になれば双方が負ける」と、のちの「相互確証破壊（MAD）」論を繰り出した。そしてなおも武力差を誇示する相手の反論を封じて、「その論法をいくら繰り返しても平和は来ない」と、相手の胸元を指で突き刺しながら言い募った。

副大統領が天下のソ連首相をやっつけた確証

相手を言い負かすときのアメリカ人おなじみの「指差しジェスチャー」を、サファイアは〈これだ!〉と、随行のAP通信カメラマンに撮らせようとして、「ああ、彼は生ゴミ・ディスポーザーの説明員だ。通してやってくれ」と護衛陣に頼んだが、彼らはすでにサファイアのトリックに気づいていた。困ったAPカメラマンは、舌戦真っ最中、2人の頭越しにカメラをサファイアへ渡してよこした。写したと思ったサファイアがカメラを返すと、カメラマンは「このドアホ、レンズに指がかかってたじゃないか!」と怒鳴り返す。またもや2人の頭越しに受け渡されたカメラで、サファイアは肝心の洗濯機を入れて、論争の2人とソ連のお歴々を射程距離に入れてシャッターを押そうとした。すると、がっちりしたソ連高官が偶然、洗濯機を隠す位置に割り込んできた。〈くそツ!〉と呪いながらシャッターを切った瞬間、その高官が目を閉じた。〈ざまあ見ろ!〉。その高官こそ、13年後に再会するブレジネフだったのである。

ニクスン（手前右）とフルシチョフ（手前左）のキチン論争（1959年、撮影：Thomas J. O'Halloran）

この写真は、その前に撮られていたテレビ画像ともども、ソ連側の検閲寸前、「ニックvsディック」対決で「アメリカ副大統領が天下のソ連首長をやっつけた確証」として、世界を駆け巡るのである。「相互確証破壊（MAD）」ならぬ、ニクスンの「一方的確証破壊（OAD）」というわけだった。

この後、モスクワのアメリカ大使公邸で副大統領に紹介されたサファイアに対して、ニクスンは、「2人してきみのキチンを地図に載せたよな」と語りかけた。「アメリカ製キチンを世界に知らしめた」という意味だが、むしろニクスンは「スペアタイヤ扱いされてきたアメリカ副大統領の存在や官職をこそ世界に知らしめた」と言うべきだったろう。

筆者は2000年のモスクワでの国際ペン大会で、アメリカ・ペンの招待でこの公邸（スパソー・ハウス）に入った。1913年に建てられた、傷み果てた古い建物にしみ込んだ冷戦の歴史とともに（拙著『ブッシュ家とケネディ家』『アメリカン・

エスタブリッシュメント』参照)、このときのニクスン副大統領の得意満面の姿も浮かんだのである。

選挙の洗礼を受けない大統領と副大統領の出現

だからニクスンは、自身の副大統領スパイロ・アグニューをも「尻拭い役」で使った。これは「ナッシングでエヴリシング」な副大統領より、はるかに実用的な使い方だった。ただし、「米中復交を副大統領に知らせたか?」と聞かれると、ニクスンはいかにも心外そうに、「アグニュー? アグニューにだって? 知らせるはずがないよ」と切って棄てた。

そのアグニューが脱税で辞任し、後を襲ったジェラルド・フォードは、ニクスンの辞任で一挙に大統領の高みへと駆け上り、ネルスン・ロックフェラーを副大統領に選んだ。つまり、大統領選挙の洗礼を経ない国家元首と副元首が出現するという異例の事態となった。そのロックフェラーは、副大統領の職務を聞かれて、「葬儀に出る。地震現場にも行くな」と答えている(スペアタイヤに逆戻り!)。

いずれにしても、フォードとロックフェラーのコンビは、選挙の洗礼を経ていなかった点では、アメリカ大統領制の危険性をむきだすことになった(たまたま無難なコンビでよかったわけだが)。これは、「憲法修正第25条」(1967年)で、大統領が職務を継続できない場合、副大統領が後を襲い、自ら後任副大統領を指名できるとする条項に従って断行された。

この措置は、フランス大統領制を独裁制に近いものに仕立てあげたシャルル・ドゴールですら差し控えた危険な領域で、ドゴールは後任大統領を25日以内の選挙で決めるとした。そして、ケネディ暗殺で大統領になったジョンスンこそ、「第25条」の推進者だったのである。

ゲームにまでなったニクスンvsケネディの競り合い

コラム6

『1960：大統領の誕生』（2007）は、ニクスンvsケネディの大統領選をチェスのようなゲームにしたもので、選挙のプロまで太鼓判を押す、ハラハラドキドキの作品になった（制作はクリスチャン・リオナードとジェイスン・マシューズ。Z＝マン・ゲームズ社発売）。

90分から120分かけて、91枚の選挙カード（これに実際の選挙過程の経緯が組み込まれ、経緯が両候補にとって上首尾だったのなら有利なカード、不首尾ならば不利なカード）を駆使して、赤（共和党）と青（民主党）のキューブを取り合うものらしい。相手の有利なカードを避け、不利なカードにこちらの有利なカードをぶつけるには、この1960年の大統領選の細部を、前もって熟知していないといけない。

原則として、各州はキューブなしだが、両党が強い州（たとえばマサチューセッツ）には青キューブが2個あてがわれているとか、オハイオやイリノイははなから赤キューブが置かれているが青はなしという具合。最後は、獲得選挙人数で勝負が決まる。カード次第でキューブを州に置けるし、敵のキューブを奪って要所で攪乱作戦に使えるのは将棋に似ている。

このゲームを創った1人、ジェイスン・マシューズは、19世紀の大統領選にも接戦は5回ほどあったが、当時は候補者は遊説しなかったので、ゲーム性が出し難いと言っている。1901年に暗殺されたウィリアム・マッキンリーもまったく遊説しなかった。そこで、ゲーム化に耐える20世紀の大統領選はこれと2000年のゴアvsブッシュ（第5章）だが、後者には合衆国最高裁が絡み、9人の判事ではゲーム化するには蓋然性が低すぎてだめだとのこと。また、民主党支持層はゴアの運命にくやしさが先に立ち、ゲームとして楽しむどころではないとのこと。という次第で、ニクスンvsケネディこそゲーム化に耐える大統領選だったことになる。なぜか?

オリヴァ・ストーンの映画『ニクソン』（1995）で、ニクスンの選挙参謀が候補者にこう告げる場面がある。「納得しづらいでしょうが、奴らはこの選挙を盗み取ったんですよ、間違いっこなし」。「奴ら」とは、ケネディ陣営である。「盗み取った」とは、死者や空き家の人間（不在）に投票させたことを指す。「盗み取った」州は、テキサスとイリノイ、当時の2州の選挙人総数51——これでケネディは勝てた（第18〜22章）。

このときニクスンは、ケネディ陣営に嚙みつくことを潔しとしなかった。

これが1960年の「伝説」である。

18

【ニクスン vs ケネディ――1960年大統領選】

盗まれた大統領選

――★ 半分以上の州で勝ちながら敗退した米史上初の候補 ★――

ヒス断罪の10年後、１９６０年の選挙では、ニクスンはケネディに対して「馬鹿正直ディック」の稚拙さを丸出しにした。この弱さこそ、生涯彼に取り憑き、ウォーターゲイトでの墓穴へと導いた元凶だった。

事の起こりは、勝ったとされたケネディのニクスンへの票差が11万２８２７票（投票総数、６８３２万９０６８万票の０・１６％）と、１９１６年の大統領選（ウドロウ・ウィルスン再選）以来の僅差だったことにあった（ただし、勝者丸取りの選挙人数では、ケネディ３０３、ニクスン２１９）。勝ち取った州の数では26と、ニクスンはケネディを凌駕していた（過半数の州で勝利しながら敗れた史上最初の大統領候補になる）。

２００８年の場合、オバマとマケインの票差は８９０万票余、これなら「盗み取った」などとは言われずにすむ（ここに予備選の代議員票や本選挙の選挙人票によって「冷遇」されてきた一般投票の票数の重要性がある）。

また、アメリカ人にも、得票数と選挙人数で錯覚を起こす者がいる。「３０３対２１９なら圧勝ではないか」とだまされるのだ。

ゴアvsブッシュの個所で触れたように（第5章）、ニクスンvsケネディの場合も選挙速報は二転三転した。故郷のカリフォルニア州ウィティアーで投票後、ニクスンは側近と国境の南、ティファナへ赴き、メキシコ料理を食った。ロスに戻る途中、カーラジオでの選挙速報をわざと聞かなかった。これは側近らの前で恥をかきたくなかった弱気（すでにパラノイアの初期症状）によるものだったろう。子分の眼前で屈辱をいかに沈着に受け止めてみせるかが親分にとって統率力の最大の試練なのに、彼はそれを逃げた。そして、ロスの有名なアンバサダー・ホテルに戻って1人になった午後5時、すぐさまテレビをつけた。

このロスで最も由緒あるホテルでは、８年後の１９６８年、カリフォルニア予備選を制したロバート・ケネディが暗殺される（映画『ボビー』２００６）。ホテルは２００５年９月10日に取り壊されるが、その最中、映画は残存部分で撮影を続けた。

リチャード・ニクスン
（撮影：White House photo）

さて、西部の午後5時は東部では午後8時だから、すでに彼はケネディに負けていた（と思われていた）。その1時間後、開票率わずか8％、西部の開票が始まったばかりなのに、ＣＢＳはケネディ勝利の速報を出した。当時の人気スター・キャスター、エリック・セヴァライドは視聴者にこう告げた。「あらゆるコンピューターは、ケネディと言っております」。反赤狩り、のちには反ヴェトナム戦争の旗手となるこのキャスターにしてみれば、ニクスンは絶対に葬り去るべき候補だった。ニクスン選対本部長レナド・ホールは、画面に向かって怒鳴った。「コンピューター？ 全部廃棄しろ。このキャスター野郎も土壇場にはくたばりやがれ」。

映画『ニクソン』の冒頭で、「この選挙は盗まれた」と主人公に告げたのはこのホールである。

しかし、次いでNBCがケネディの地滑り的勝利を予報した。ところが、状況がおかしくなると、予報を引っ込めた。代わりにオハイオはケネディと報道、すぐさまニクスンと訂正した。

真夜中前、『ニューヨーク・タイムズ』は、一面横断の大見出しで、「ケネディ、大統領に」と掲げた。ところがニクスンは追い上げを緩めず、その大見出しを出させた編成局長ターナー・キャトリッジは「不安のあまり、『中西部のある市長が、票を盗んで何とかケネディを男にしてくれるのを願うしかない』と思い始めた」と、のちに回顧録に記した。

「ある市長」とは、シカゴで長期市政を確立していたリチャード・デイリーのことで、ケネディと同じアイルランド系カトリックである。

ちなみに、ニクスンもレーガンもアイルランド系だが、前者は前述のようにクエーカー教徒、後者は「ディサイプルズ教会」信徒（信徒数68万）と、いずれもプロテスタントだ。ケネディは選挙戦中、アメリカで圧倒的多数派のプロテスタントから、「あいつが大統領になったら、アメリカの国益なんかそっちのけで、ローマ教皇の言いなりだ」と言いふらされ、苦しい選挙戦を経ていた。

つまり、肝心なのはWASPよりも、AS（アングロサクスン）を抜き取ったWP（白人プロテスタント）なのだ。ヒラリー・ロダム・クリントンは、ウエールズ系のメソディスト、夫のビルはスコッチ＝アイリッシュのサザン・バプティストで、ともに民族的にはＡＳでなく、ヨーロッパではＡＳよりはるかに古くから存在していたケルトである。両者はまったく人種系統が違う。それでもプロテスタントなら、「準ＷＡＳＰ」と見なされるのだ。

それはともかく、圧倒的にプロテスタントのアメリカでは、ニクスンもレーガンもアイルランド系のくせにカトリックでなかったから大統領になれた。ケネディは、父親ジョーの莫大な資産で勝てた。とはいえ、きわめて不利なアイルランド系カトリックのケネディに敗れたことは、それほどニクスンが清新な魅力とは縁遠かったことの悲しい証拠となる。

19

【ニクスン vs ケネディ――1960年大統領選】

早すぎた敗北宣言

★ ケネディ家の闘争本能と財力にひるむ ★

「奴さんの出所進退は拙劣（ノー・クラス）だ」

前述のリチャード・デイリー市長のシカゴが属するイリノイ州では、意外やニクスンが進撃を続け、ケネディ陣営は恐慌を来した。ボストン西東郊外の高級カントリーハウス地帯、ハイアニス・ポートのケネディ宅で推移を見守っていた選対本部では、イリノイの前線指揮官だったサージェント・シュライヴァが最も窮地に立たされた。

筆者は2004年、陸からは高い板塀で中が見えないこのケネディ邸（兄弟の両親の邸。同じ囲いの中にジョンとロバートの邸宅あり）へ船で接近して、芝生が八重葎《やえむぐら》と荒れ果てているのを目撃し、「ケネディ王朝」の没落を目の当たりにした。陽光の下、ケネディ大統領が電気カートにたくさんの甥や姪を乗せて走り回ったあの芝生が、荒れ果てて夏の強い日差しを浴びていたのだ。

シュライヴァはケネディの妹ユーニスと結婚し、1972年、ジョージ・マッガヴァンの副大統領候補となるも敗退。2人の娘マリアは、俳優でのちにカリフォルニア州知事となるアーノルド・シュウォーツネガーと結婚するが、夫の隠し子が露顕し、２０11年に離婚した。

　選対仲間とニクスンがリードする様子をテレビで見ていたシュライヴァは、「もうとことん落ち込んで、打ちのめされた。おれの不手際でジャック（ケネディ）に大統領職を棒に振らせちまった。いたたまれなくなって寝室へ逃げ込み、死ぬほど泣いた」。２０００年、シュライヴァ85歳の感慨である。「やがて、誰かが寝室のドアをノックして怒鳴った。『サージ、イリノイ票が大逆転だよ！』ってね」。「サージ」はサージェントの短縮形。慌ててテレビ室に戻ると、イリノイで流れが完全に変わってケネディがリードしていたのだ。

ハイアニス・ポートのケネディ邸（2004年、筆者撮影）

　この状況をニクスン側から見ると、「御大《おんたい》のリードで開票がだいぶん進んでから急に開票が遅れ、再開されると、どっとケネディ票が湧いて出た。これは怪しい！」。
　真夜中（東部時間だと午前3時）までには、ケネディの獲得選挙人数は２６５、あと4名獲得すれば勝てる段階になっていた。ここでニクスンの奇妙な弱気（パラノイア初期症状）が出る。選対の階下ロビーに集まった支持者らのためにと、「この開票の流れが続けば、ケネディ上院議員が次期大統領になる」と告げた。この光景をハイアニス・ポートでテレビで見ていたケネディは、「なんで今、負けを認めるんだ。おれならあんな真似はしない」と苦々しげに吐き捨てた。カトリックとして痛めつけられてきた彼には、敵の弱気までがまんならなかったと思われる。

選挙運動中、ケネディは女性からハイボール入りのグラスを投げつけられた。むろん相手は、カトリックを唾棄する人間だ。ケネディはグラスをキャッチし、濡れた顔を拭って、「あなたのグラスはここにありますよ」と言ってその女性に差し出した。

まさに「『君臨する民衆』にジッと我慢、『統治代行』の権限をわが手に握るまでは辛抱だ！」を絵に描いたような光景だった。

とはいえ、アイルランド系カトリックはもとより、イタリー系や東欧系、そしてラティーノらのカトリック全員がいっせいにケネディに投票したので、不利な形勢は解消された。事実、アイルランド系カトリックは南北戦争において南北双方で大きな戦力として血を流し、その後の人口増加もあって、アメリカ社会への主流化まであと一歩のところだった。

カトリックの地力のほどは、ニクスンとともに赤狩りで名を上げたジョーゼフ・マッカーシー上院議員（共）がアイルランド系カトリックで、彼がアルジャー・ヒスのような上流WASPを槍玉に上げたことに如実に表れていた。つまり、アイルランド系カトリックが従来のアメリカ支配層（WASP）に楯突けるだけの勢力を確保してきていたのだ。その「あと一歩」こそ、同信者の間から大統領を生み出すことだったのである（拙著『ワスプ（WASP）――アメリカン・エリートはどうつくられるか』1998、中公新書）。

さて、ところが、ケネディ勝利を早々と認めて2階の自室へ引き返したニクスンの眼前で、テレビ

第19章
早すぎた敗北宣言

画面ではケネディが自分につけた票差がみるみる縮み、80万票から60万、ついには50万票になった。ニクスンは、西海岸のワシントンとオレゴンを取った。問題のイリノイは、カリフォルニアとミネソタ同様、票差が小さすぎて判定できなかった。これらを取れば、ホワイトハウスはニクスンのものだった。疲労困憊の果て、彼は午前4時ころ眠り込む。2時間ほどたって、娘のジュリーが父親を起こして敗北を告げた。

ニクスンがアイゼンハワーに電話し、大統領が不正投票の調査を求めたのはこのときである。早朝からまたぞろケネディへの敗北容認電話をする気になれず、ニクスンは祝賀電報を認《したた》めて送信させ、報道陣に対しては電文を側近に読み上げさせた。

これは潔い敗北者《グッド・ルーザー》の作法にもとる手抜きで、ケネディはこう批判したと言われる。「奴さんの出処進退は、いかにも奴さんらしい。拙劣だ（ノー・クラス）」。この場合の「クラス」は「品格」を意味する。つまり、作法ができていないと言うのだ。

思えば、赤狩りで名をなしたこと自体、政治屋（ポリティシャン）風で、政治家（ステイツマン）の作法ではなかった。

「午後の影（アフタヌーン・シャドウ）」の悲哀

1960年の大統領選は前記（コラム6）のゲームになるほどハラハラドキドキが多かったのだが、選挙が終わったあとも、たとえばニクスンの地盤カリフォルニア州は、本選挙ではケネディが奪ったのに、投票日から1週間後の11月17日になって、不在者投票でニクスンが奪還した。大激震後も地盤

ニクスンとケネディのテレビ討論
（1960年9月26日、出所：Images of American Political History）

が不安定化しているような印象である。

　前述の映画『ニクソン』の場面は、実際にはワシントンへ戻る機上で選対本部長のレナド・ホールがニクスンを物陰に呼んで「この選挙は盗まれた」と告げたのだ。ホールは開票初期、テレビのエリック・セヴァライドに向かって、「コンピューター？　全部廃棄しろ」と怒鳴った人物である。

　ところがホールによれば、ニクスンは疲労困憊して無反応だった。選挙公約どおり50州全部を回って、3日間ろくに眠っていなかったのである。これまた、「トリッキー・ディック（ずる狐ディック）」の異名にもとる馬鹿正直さで、「クエーカー教徒的側面」が邪魔したのだ。ケネディは、効率よく人口と選挙人の多い州を重点的に遊説していたのである。

　この馬鹿正直さゆえにニクスンは一敗地にまみれたのだが、有名な大統領選史上初のテレビ討論でも、初回はこの遊説で消耗しきった姿が画面に出てしまい、失点となった。「画面映りも爽やかなダークスーツを瀟洒《しょうしゃ》に着こなし、休養たっぷり、ドーランのおかげで汗もかかず涼しげで、少年を思わせる若々しい笑顔のケネディ」vs「疲労困憊、背景に紛れてしまうグレイのスーツ、ドーランを拒否したための大汗でひっきりなしにハンカチをあてがい、おまけに〈午後の影〉とで白黒テレビ画面では病人としか見えなかったニクスン」というわけである。

「午後の影（アフタヌーン・シャドウ）」とは、朝剃った髭が午後生えてくる状態を指す。これが白黒テレビではひどく目障りで、ニクスンをいっそう悪党面に見せた。そのうえ、せわしなくハンカチで汗をぬぐう様子に、何か後ろ暗いところがあるのか？　と勘違いされた。こんなニクスンを唾棄した１人が、一代で上流ＷＡＳＰにのしあがり、アメリカの中央銀行、「連邦準備制度（ＦＲＢ）」の礎を築いたネイサン・Ｗ・アルドリッジ上院議員（共）だった。そして議員は、アイルランド系カトリックでも上流のマナーに輝くケネディを気に入っていたのだが、「民主党で、おまけにカトリックじゃなあ……」と投票しなかった（前掲拙著『ワスプ（ＷＡＳＰ）』）。

１９６０年までには90％のアメリカ家庭にテレビがあり、両者の初回の討論は７０００万人が観たと言われる。医師は疲労はなはだしいニクスンが「心臓病では？」と言い、彼とコンビを組んだヘンリー・キャボット・ロッジは、「あのろくでなし《サナヴァビッチ》のせいで選挙はパーだ」とぼやいた。ロッジは、マサチューセッツの名家の御曹司で、ケネディ一族を見下してきた上流ＷＡＳＰだった。

共和党こそ上流ＷＡＳＰの牙城で、カリフォルニア閥のニクスンやレーガンは、この勢力を副大統領候補に指名して後ろ楯にするしか手がなかったのだ。レーガンは、ブッシュ父を選んだ。ニクスンは、「東部エスタブリッシュメント」への憎悪をたぎらせ、奇跡のカムバックをとげる１９６８年には、自分と同じく東部エスタブリッシュメントから疎外されてきた「非ＷＡＳＰ」、ギリシャ系のスパイロ・アグニューを副大統領候補に選ぶのである。

さて、以後のテレビ討論ではニクスンが持ち直し、筆者の印象では論旨、発声（ケネディはボストン訛りがやや聞き苦しい）、男らしい笑顔や容姿（ケネディは常に顎が上がっていた）ともに、ニクスンに軍配を上げたい。ラジオで聞いた者は、大半がニクスンが勝ったと感じていた。

ところが、2回目以降の視聴者は5000万人に減っていたのだ。政治の専門語が機銃掃射のように繰り出され、おまけにたがいに相手の主張を否定し合う両者の論旨と、それに情報量的についていけない視聴者が大半で、ネクタイの柄など外面的な印象しか効果がないことも証明され、以後、テレビ時代の有権者に対する蒙昧化が定着してしまう。つまり、期待された「テレビによる啓蒙化」はなし崩しとなるのだ。

なお、ニクスンの弱気について。「ニクスンの選挙運動自体、幾多の点で彼らしさを欠いていた」。つまり、「ずる狐ディック」らしさがなかった。「どんな場合でも、どんな敵でも、がっちり受け止める性根が据わっていたニクスン氏は、ケネディ上院議員とその一族を畏怖していた。ニクスン氏の支持者の大半にとって、これは不可解だった。氏は、ケネディ一族の闘争本能、その財力、そのステイタスに敬服していた。なぜか氏は、いつものど根性を引っ込め、今回の敵に対しては必殺の反撃を1度として繰り出さなかったのである」（ジョン・ハーバーズ「第37代大統領――その30年」『ニューヨーク・タイムズ』1994年4月24日付ニクスン訃報記事。数あるニクスンの訃報記事中の白眉）。

なぜか？　アイルランド系カトリックという絶対的に不利な宗派に固執し、一族が打って一丸となったケネディ家の姿に、アイルランド系クエーカーながら、一匹狼のニクスンがどうしてひるむ必要があったのか？

20

【ニクスンvsケネディ――1960年大統領選】

大統領とエロス

――★普通の政治的エロスが身につかなかったニクスン★――

「ケネディ、ケネディ、ケーネディ！」

政治は、善悪以前にまずエロスである。戦後文学のヒーロー、武田泰淳の『花と花輪』（1962）は、政治家の父親の急死で急遽、後釜に立候補した女性を参謀として助ける右翼の美青年が主人公だが、大まじめで国民のためなどとおためごかしを言わず、ひたすら権力をめざす右翼のほうがエロス度が高い。

筆者は、この作品は選挙運動の舞台裏を活写した希有な作品として好きなのだが、作者自身は「読み物小説」として恥じたか、全集から外したという。

さて、右翼のほうが政治的エロス度が高いと言えば、赤狩りニクスンのほうがエロスだらけなはずなのに、圧倒的にケネディに軍配が上がった。選挙運動歌にしても、ケネディ側は「♪ケネディ、ケネディ、ケネディ、ケネディ、ケーネディ！」のリフレインがポップ調でやたら明るく、アップビートで繰り返される。「♪若いけどとことん見抜けるケーネディ、臆せず戦う勇気も保証つき。彼を選ぶのは100％あーなた次第」。

2008年は、このメロディと歌詞で「♪オバマ、オバマ、オバマ、オバマ、オーバマ！」という選挙運動歌が巷で作られ、

You Tubeに流れた。

ニクスンも、「ディックとクリック」という選挙運動歌は悪くなかった。語呂合わせになっている題名の意味は、「♪ディックと意気投合、なめたらあかんぜよ、アメリカ引っ張るのはこの男」。ただピッチはポップ調とはいかない。また、同じカトリックとしてケネディに肩入れしていたイタリー系のフランク・シナトラが、持ち歌の「ハイ・ホープス」を「どでかい夢をケネディと」と選挙運動歌に作り替えたから、ニクスン側はたまったものではなかった。「♪投票は誰もがジャック、誰にもないもの持つ男、どでかい希望があるからさ」。こちらはシナトラ調で、テンポがややスロウで、前記のポップ調のほうが後世オバマの替え歌ができるほど人気だった。

エロスは声、芳《かぐわ》しさでも発揮できるが、テレビで視覚化して撒き散らされると絶大な効果を発揮する。ケネディ以前でエロスにあふれていた民主党大統領は、フランクリン・D・ローズヴェルト（FDR）だった。彼の時代はニュース映画しかなかったが、「炉端談話」（ラジオ）で伸びがあって響きのいい声で国民にじかに語りかけたのはエロスのいかんなき発露だった。ケネディもFDRも、上流の御曹司が持つグラマー（輝き）がチャーム・ポイントだったのである。これに対して、クリントン夫妻のエロスは、カウンターカルチャーの余光を担う「ファースト・カップル（大統領夫妻）」に似つかわしい魅力だった。

それを言うなら、ケネディのエロスは1950年代のビートの光芒であり、その代表的作家ノーマン・メイラーは「ケネディはヒップだ」と言った。「ヒップ」とは「五感を超越している」という意味で、ビートは自分らを「ヒップスター」と自称していた。「ヒッピー（ヒップスターのひよこ）」は、

60年代にドッと登場してきた自分らの「真似しっ子たち」をビートニクスが見下した呼称だった。しかし、クリントン夫妻は、自前の輝きを発散していた。

オバマの場合は知性のエロスで、これは国民に理解され難い。むしろジョンスンのように、FDRのニューディールという民主党の本流にアメリカを連れ戻そうとする誠実さが、オバマの場合も前面に出る。

組んだ脚の線がビシリと決まっていたレーガン

共和党の場合、高齢のレーガンがエロスを独占していた。彼の柔らかく響きのいい声はアメリカ国民をやんわり包み込み、「大いなるコミュニケイター」のニックネイムをメディアから付与された。視覚的には、たとえばニクスンと向かい合って片膝組んで座ると、レーガンは膝から靴先までの曲線がビシリと決まっていたが、ニクスンの場合はその曲線がヨレヨレだった。映画俳優として鏡でポーズを1つひとつ確かめ、練習し尽くした結果と思われる。俳優ではなかったヒトラーも、等身大の姿見で演説のジェスチャーを何度も工夫し実演しては飽きることがなかった。

また、レーガンはブッシュ父よりやや背が低かったが、立ち姿の優美さではグンと勝っていた。

ニクスンには、そういう直截なエロスは無縁だった。ブッシュ父の大統領時代、フォード、カーター、レーガンを加えた5名がオーヴァル・オフィスで横並びになって写した写真では、ニクスンだけがズボンの裾や肩にぶら下がる上着がピシリと決まっていない（1968年や72年の大統領選では若かったのと、着付け係がいたのか、もっと決まっていた）。

クリントン夫妻は、ニクスンの類まれな才能を知悉していたので、世間に幅のあるところを見せつける効果と、老いた失意の元大統領を慰める目的のため、相手をホワイトハウスに招いた（むろん、自身が弾劾にさらされる前の話で、第1期政権中の1993年のこと）。ところが、客をルクスの低い照明の部屋で遇したのである。これはニクスンのダークさ、エロスの欠落を強調する結果となり、客（ニクスン）は逆恨みした（第47章）。

ところがこのニクスン、「ずる狐ディック」になると別人のように精彩を放った。彼の鮮烈なカムバックを画した2度の大統領選では、「ずる狐ディック」に磨きをかけ、それ自体を彼なりのエロスに変える。

もっとも、それはケネディやクリントンやレーガンのそれのように視覚的なものではなかった（米中復交やデタントは、視覚的興奮をもたらしたが）。ニクスンのは、共和党の政治的な指す手引く手という視覚化できないエロスである。それは以後、レーガン、ブッシュ父子へと受け継がれて今日に至っている。

しかし、「馬鹿正直ディック」になると手もなく負けてしまう——この矛盾はクエーカー信徒でありながら、最も権謀術数に満ちた政界に入った矛盾へと集約される。1968年と72年、ニクスンはいかんなく「ずる狐ディック」に徹して、民主党候補を完膚なきまでに撃破するが、パラノイアゆえにウォーターゲイトで墓穴を掘るのである。

21

【ニクスンvsケネディ――1960年大統領選】

票の数え直し

★ 目くそ鼻くその不正選挙 ★

「御大《おんたい》は何も知らない」

１９６０年大統領選のニクスンのように不眠不休が続くと、人間は眠れなくなってしまう。彼は首都の自宅でも眠れず、暖炉に火をおこしてそれを見つめ、潔い敗者《グッド・ルーザー》となる決意をして、翌日、家族とフロリダ州のキービスケインにある別荘へ飛んだ。首都で湧き起こっていた共和党首脳らの「盗まれた大統領選」騒ぎを尻目に、ニクスンは選挙の３日後、報道担当にこう発表させた。

「副大統領は選挙戦を戦い抜き、有権者の下した決定に甘んじる。火曜日に下された決定は有効である。これと敵対すれば国家に百害をなす」

カムバックを策して書かれた自伝（文章力も相当なもの）『６つの危機』（１９６２）では、「大統領職が投票操作で盗まれたと非難すれば、アメリカの国際的威信にもとる」ことを理由にあげた。ウォーターゲイトで辞任後出して好評だった回顧録『ＲＮ』（１９７８）ではもっと正直で、「『往生際が悪い人物《バッド・ルーザー》』の汚名を着ると、カムバックできないから」としている。

ニクスンがケネディ陣営に噛みつくことを潔しとしなかった

のは、むろん演技である。前述のずば抜けた外交戦略をやれた男が、本当に不正選挙糾明を潔しとしないほど間抜けであるはずがない。筆者は彼の演技は当然だと思うし、それを嘲笑うほど筆者もナイーヴではない。彼を副大統領として冷遇してきたアイゼンハワーですら、最初は「嚙みつけ」と勧めた。ニクスンは、すぐさま「大統領に勧められたが、アメリカを世界の笑い物にしたくないので断った」と言った。〈いい子ぶって!〉と機嫌を損ねたアイク(アイゼンハワー)は、すぐ何も言わなくなった――よほど副大統領が嫌いだったのだ(ところが8年後、大統領の孫息子デイヴィッドがニクスンの次女ジュリーと夫婦になる。まさに人生いろいろだ)。

ニクスンが「高潔な政治家」然と構えていても、共和党のほうは11もの僅差州へ弁護士団を送り込んだ。いや、ニクスンの側近たちも動き回り、一番怪しいシカゴに「ニクスン票数え直し委員会」を立ち上げようとした。彼らはこぞって、「御大はこの騒ぎを何も知らない」と言い張った。これはニクスンに「往生際が悪い奴」のレッテルを貼らせないための部下の心得としては当たり前だ。彼らは、数え直し、大陪審、FBIなどの関与を引き出し、証拠をかき集めたが、結局ものになりそうだったのが前述のテキサスとイリノイだった。

テキサスは、ケネディが土壇場で彼なりの「南部戦略」の要《かなめ》としてコンビを組んだリンドン・ジョンスンの地盤で、有権者4895名を擁する郡では、なんと6138名が投票し、うち4分の3がケネディ支持票というように、かなりの違反が摘発された。ところが、この州の選挙管理委員会は完全に民主党構成で、数え直しを断固拒否した(テキサスは、後世、ブッシュ息子の知事時代ですら民主党の天下)。選挙人24名を割り振られたテキサスの両候補の票差は4万6000票で、ニクスン側は早速訴えたが、判事は担当外として投げ出した。

残るはイリノイ（選挙人27名）。州全体の票差はわずか9000票だったが、シカゴ市を含めたクック郡ではケネディが45万票も差をつけていた。怪しい！　大統領選から21日後の11月29日、数え直しが開始された。12月9日にそれが終わって、893の基礎選挙区（プリーシンクト）で数え間違いが出てきたものの、ニクスンの追加票は943、これでは逆転勝利に不可欠の4500にはるかに及ばない。実を言うと、数え直したプリーシンクトの40％でニクスンの票数が数えすぎとの結果が出た。泣きっ面に蜂。

40年後に出たシカゴ市長リチャード・デイリー（第18章）の伝記では、市長は「シカゴの民主党側の違反なんて、州南部の共和党の違反に比べりゃ問題じゃない」と発言している。これでは「目くそ鼻くそ」ではないか。

ケネディとブッシュが「ずる狐」、ニクスンとゴアが「間抜け」

これを不服として、共和党は連邦裁判所に訴え出たが、12月13日、民主党員の判事がこれを投げ出した（ケネディはのちにデイリー市長の推薦でこの判事を連邦判事に任命し、馬脚をあらわした）。それではとした共和党員がいる「州選挙委員会」に訴えたものの、共和党側がこの件について宣誓供述書を1つも取れないことを理由に却下された。ついに12月19日、選挙人団がケネディを新大統領に選出し、共和党は引っ込まざるをえなかったのである。

この経緯は、ゴアvsブッシュの場合を連想させるではないか。むろん、ニクスンvsケネディでは連邦最高裁が割り込むことはなかった。ともかく、ゴアとニクスンが「間抜け」、ケネディとブッシュが「ずる狐」で、それが両党で役所《やくどころ》が入れ替わっていたのがミソだった。逆に言えば、ケネディからジョンスンまでは民主党が強く、ニクスンが奇跡のカムバックをとげた1968年以後、さらにカーターがレーガンに敗れて以後は共和党が強いこと——つまり、「暴れ象」vs「とんまドンキー」現象の如実な表れでもある。

さて、この1960年の大騒ぎが、ニクスンにとってさらなる泣きっ面に蜂だったのは州昇格後最初の大統領選となったハワイだ。同州の選挙管理側やメディアの速報の不慣れから、最初はケネディ、次いでニクスンとコロコロ勝敗が入れ替わっていたのが、数え直しの結果、12月28日、控訴審判事が再びケネディ勝利と裁定したのだった。

リチャード・デイリー
（1970年、撮影：Robert L. Knudsen）

まだ納得しない共和党側の圧力で任命された特別検察官が、クック郡で若干の選挙違反を摘発し、680名が告発され、3名が収監、残りは放免された（ただし、判事は違反容疑の大黒幕、シカゴ市長リチャード・デイリーの親友だった）。

つまり、テキサスとイリノイで勝っていれば、ニクスンは大統領になれた。それを阻んだのが、ジョンスン上院議員

（副大統領候補、テキサス基盤）とシカゴ市長デイリーだったから、後者の場合、いわば大都市とはいえ一介の市長がケネディを大統領にしたことになる。議員内閣制の日本では考えられないことだ。思えば、1960年の大統領選は、デイリーのような大都市の首長が集票組織を駆使して大統領を生み出せた最後のものだった。

つまりデイリーは、大統領予備選の代議員制度上では一介の「スーパー代議員（PLEO）」（第14章）なのだが、実態においては「スーパー代議員をひきまとめるスーパースーパー代議員」だったと言える。さらに彼は、「誓約代議員（PD）」、いや末端のプリーシンクト代議員から頂点のスーパー代議員のすべてに威令を徹底できた。理由は、「マシーン」と呼ばれる集票組織に市政関連の利権や仕事を流し込み、鉄壁の政治機構と化してきたからだ。威令はシカゴからイリノイ全域に及び、マシーンに絡む利権の広がりによっては州外にすら及んだ。彼に睨まれれば、五大湖周辺では生きていけなかったろう。マシーンは、もともとアイルランド系がWASPへの対抗策で生み出したものだった。ボストンでは、ケネディの祖父が同じものを創っていた。

カトリックゆえに長年の差別に呻吟してきたアイルランド系は、1928年、最初の同胞大統領候補でニューヨーク州知事のアル・スミスが偏見の前に葬り去られた光景を忘れなかった。デイリー自身、「何としてもおれがケネディを！」と息巻いていた。

同胞から大統領が出ることは、たとえば、『駅馬車』（1939）などの名監督ジョン・フォード（アイルランド系と英系の混血）がケネディ当選に際してこう発言したことでも推し量られる。「これでやっと一人前のアメリカ人になれた」。

22

【ニクスンvsケネディ――1960年大統領選】

ニクスン敗北の理由

――★「共和党にはジョンスンとデイリーがいなかっただけ」★――

1960年の不正選挙の脇役で名高いのは、『ニューヨーク・ヘラルド・トリビューン』(1966年廃刊)の首都担当政治記者アール・メイゾウだ。選挙後、シカゴの知り合いの記者たちからジャンジャン電話がかかり、不正選挙の調査を急き立てられた。「おれたち地方記者を泥沼にほったらかして、自分だけ首都でお高く構えてるつもりか!」。そうまで言うのならと、シカゴへ出向き、有権者登録名簿の写しをもらって調べたところ、「住所が墓地、氏名が墓石にある人間が有権者登録ときたね。かと思うと、完全な空き家から56人も登録していた。どちらもケネディに投票さ」。

〈これの暴露本を書けばピューリツァ賞間違いなし!〉と張り切ったメイゾウ記者は、民主党側から、例の目くそ鼻くそで、「州の南部で共和党も調べろ」と強要され、言うにゃ及ぶ、と勇んで行ってみると、「要するに、どっちもどっちだが、共和党が競り負けた。共和党には、デイリーとジョンスンがいなかっただけさ」。

では、テキサスは? ここでも不正を摑んで、メイゾウは勇んでトリビューンに12部の長尺記事を連載し始めた。12月半ばには第4部まで公表し、『ワシントン・ポスト』にも転載されたとき、メイゾウにニクスンから電話がかかってきた。メイゾウ記者はニクスンの伝記（1959年）を書いた人物だったから、共和党シンパである。副大統領のオフィスに出向いたメイゾウと閑談後、相手から「実はきみの連載を止めてほしいんだ。冷戦の最中に憲法危機を招来しかねないんでね」と切り出された。「はじめは冗談だと思ったけど、本気とわかって、〈こいつはアホか！〉と思ったな」。

ピューリツァ賞をと意気込んでいるメイゾウが承知しないと、ニクスンは記者の上司らに電話して強引に連載を中止させた。

J・エドガー・フーヴァ
（1961年、撮影：Marion S. Trikosko）

FBIディレクター、J・エドガー・フーヴァは、イリノイではニクスンが勝っていたと信じていた。また、元検事の著名なジャーナリスト、シーマー・ハーシュ（今日も活躍）も同様だった。フーヴァがとくに事を構えず不問に付したのは、上司の司法長官がロバート・ケネディになったからである。

ケネディの実弟の長官就任は、クリント・イーストウッドの『J・エドガー』（2011）にも描かれているように、フーヴァとFBIへの封じ手だった。選挙違反以外にも、実父ジョーの蓄財のあら捜し、大統領自身の「荒淫」と呼ぶしかない身持ちの悪さ〈背骨の鎮痛剤がヴァイアグラの役目を果たした〉等々、高官の弱みの掌握で悪評高いフーヴァは、こうして押さえ込んでおく以外に手がなかった。なお、この兄弟の例で懲りた議会は、以後、大統領の近親者の閣僚登用を禁止する法律を作った。

むろん、ニクスンは「この選挙は盗まれた」と思い込んでいた。１９６０年のクリスマス・パーティでは来客に、「勝ってたけど、盗まれちゃって」と挨拶した。「盗んだケネディが名大統領と言われるのなら」とばかり、ニクスンはウォーターゲイトへ突っ走ったという俗説まである。つまり、「イリノイでの経緯がなければ、ウォーターゲイト事件はなかったかも」という結論だ。

ゲームが創られたほどの１９６０年大統領選だけに、翌年、シカゴ大の教授３名が、後年さらに１名の同大教授が、それぞれこの選挙を調べ、若干の違反は発見できたが、ニクスンに逆転勝利をもたらすほどではなかったとの結論に達した。

23

【ニクスン復活――共和党戦略の礎を築く】

ジョンスンの不出馬宣言

――★ 残った強敵は第三政党のジョージ・ワラス ★――

「これでわが党は1世代の間は南部を失った」

ケネディの暗殺後、副大統領職から政権を引き継いだリンドン・ジョンスンは、かねてから、「ニューディール（新規巻き直し）政策」のフランクリン・D・ローズヴェルト（FDR）を政治的師匠と仰いでいた。したがって、南部人でありながら、黒人の公民権運動への理解では北部人のケネディを凌駕していた。上院でみごとな手腕を発揮していた1957年、早くも「再建期」（南北戦争以後、連邦政府による南部占領時代。1865～77年）以来最初の公民権法を60対15で上院通過にこぎつけ、共和党のアイゼンハワー大統領に署名させた。

その結果、自身が大統領になると、「貧困との戦争」を中軸とする「偉大な社会」構想でFDRのニューディール政策と張り合い、低所得層のための公営団地（プロジェクト）を各都市に建設し、「公民権法」（1964年）、「投票権法」（1965年）に署名した。投票権法は、南北戦争後、黒人男性に認められていた選挙権を連邦軍の占領行政以後に南部白人が骨抜きにしていたものを、約90年後に回復させたのであ

1964 年の公民権法に署名するリンドン・ジョンスン
（撮影：Cecil Stoughton, White House Press Office）

る（むろん、黒人女性も選挙権を得た）。

　またジョンスンは、オバマがなしとげた国民健保の前段階、「低所得者・身障者医療補助（メディケイド）」、「高齢者医療保障（メディケア）」にも、１９６５年に署名した。「オバマケア」は、収入が多すぎ、年齢が若すぎて両者に加盟できない階層（４０００万人弱）を対象にしている。オバマがいかに、ＦＤＲやＬＢＪ（ジョンスン）の正統な民主党路線に戻そうとしているかの証拠である。

　さて、ジョンスンは黒人たちの愛顧と感謝の対象となったが、公民権法に署名を終えてペンを置くとき側近に、「これでわが党は1世代の間は南部を失った」と述懐したのである。「1世代」は約30年だが、すでに43年が経過してなお、南部は民主党に戻ってきたとは言えず、いまだに共和党の金城湯池であり続けている。

　かくして、ジョンスンの予測はまさに的中した。それに真っ先につけ込んだのがニクスンだったのだ。政治的生命は終わったと本人も思い込んでいた矢先、彼は１９６８年の大統領選をジョンスンの立派な政策と実績を自身のカムバックの天佑神助に切り換えたのである。

　この年、ジョンスンはヴェトナム戦争の「エスカレイション」が祟って、再選を辞退して世間を

第23章
ジョンスンの不出馬宣言

驚かせた。1つには、反戦候補のユージーン・マッカーシー上院議員に予備選緒戦のニューハンプシャー州のプライマリーで得票率42%と追いすがられて（ジョンスンは49%）、意気阻喪したのだ（彼は心臓失陥を抱えてもいた）。

ジョンスンは暗殺されたケネディの残任期間が2年未満の14ヵ月だったので、「憲法修正第22条」によって彼の政権1期と計算されず、以後2度、立候補する権利が認められていたのである。1968年の大統領選は、2度目の立候補となるはずだった。

ヴェトナム戦争当時、政府や軍側はメディアの好意を得ようと報道管制を緩め、記者たちは最前線まで出ていた。これが裏目に出て、報道される戦場の悲惨さに国内の民心が離れ、それに併せて報道のアングル自体ますます政府や軍に不利になっていった（この教訓から湾岸戦争以降、軍は味方の戦死者を写させないなど、きわめて厳しい報道管制を敷いた）。極めつけは、ヴェトコンがいっせいに主要都市にしかけた「テト攻勢」（1968年2月）の報道で、サイゴンではアメリカ大使館にまで侵入され、その敵を皆殺しにしていく生々しいテレビ報道でジョンスン大統領の支持率は35%まで低下した。反戦運動は高まり、マッカーシー議員に対してはハリウッドの有名俳優ポール・ニューマン、バーブラ・ストライサンド、バート・ランキャスターや名監督のビリー・ワイルダーたちが支援していた。

ジョンスンの不出馬宣言前に、マッカーシーの躍進に刺激されたロバート・F・ケネディ上院議員が出馬して革新票が分裂、ニクスン有利になってきた。マッカーシーの支持層はロバート・ケネディを、「丘の上で日和見していて、勝ち目が出るとみるや割り込んできた！」と非難した。ジョンスンには不仲な宿敵だったロバート・ケネディは、カリフォルニア予備選を制した夜、前述のアンバサ

ホワイトハウスでニクスンと面談するジョンスン(右)
(1968年7月26日、撮影:Yoichi Okamoto)

ダー・ホテルでパレスティナ人男性に暗殺された(この2ヵ月前にキング牧師が暗殺されていた)。

革新側のシンボル2名が非業の最期をとげたうえに、シカゴでの民主党大会は「新左翼」の若者が大会を揶揄《やゆ》し、自分たちの候補に豚を押し立て街頭で乱痴気騒ぎ。お膝元を荒らされたデイリー市長は、大会では本命候補の副大統領ヒューバート・ハンフリーを押し立てる一方、市警を総動員してデモを鎮圧、流血の惨事を繰り広げた。彼は、1960年、ケネディを大統領にしたように(第21~22章)、今回はハンフリーを自力で大統領にする気でいた。

新左翼学生とシカゴ市警の戦い(1968年のシカゴ騒乱)は、デイリーのような政治ボスの時代を終わらせるための戦いだったが、結果的には相討ちになり、ハンフリーはニクスンに敗れる。

つまり、民主党は新左翼を組織内に取り込めず衰退が始まる。これに対して、共和党では「新右翼」が新左翼のあこぎな闘争方法を横取りし、同時に共和党を乗っ取って、この政党のあこぎさに磨きをかけていく（レーガンとブッシュ父の政権を支えた「キリスト教右翼」、ブッシュ息子の政権を動かした「ネオコン」、オバマ政権を攻めたてるばかりか共和党を内側から揺さぶるティー・パーティ）。「南部戦略」はそのあこぎさの精華である。

第三政党で民主・共和両党に「選挙人割れ」を引き起こす戦略

１９６８年の大統領選までは方式が今日と異なり、候補者は各州を遊説しなくとも、代議員と誼《よしみ》を通じて彼らの票固めをするだけでよかった。とくにプライマリーを開催しない州にはこの手が有効で、すなわちシカゴ市長デイリーのような各州の政治ボスと誼を通じればすむ古いやり方だった。本命候補のハンフリーはこの方法をとり、ろくに遊説をしなかったのである。代議員制度重視の悪弊で、以後、一般投票をかたちだけでも重視し始めて今日に至る。

ロバート・ケネディ暗殺時点（6月5日。死亡は翌朝）で、各候補の獲得代議員数はハンフリー５６１名、ケネディ３９３名、マッカーシー２５８名。これに対して一般投票の得票率は、マッカーシー38・７３％、ケネディ30・６３％、ハンフリーはわずか２・２１％。本命候補の一般投票得票率２・２１％というのは、今日では考えられない数字である。暗殺後、ケネディの代議員はマッカーシーへの鞍替えを拒んだ。民主党側の分裂は、以後のこの政党の弱さの出発点になった。「とんまドンキー」としての民主党の始まりである。

そして、ただでさえ影の薄いこの本命候補ハンフリーは、予備選での遊説だけが頼りで気合いが入っていたマッカーシーやケネディらに脚光を奪われっ放しで、せっせと集めた代議員数とデイリーの決然たる肝いりで勝って党指名は獲得できたものの、海千山千のニクスンに本選挙で敗退するのである。

もっとも、共和党側予備選ではロナルド・レーガンが名乗りをあげていたが、ニクスンの強敵は第三政党、「アメリカ独立党（AIP）」を結成したアラバマ州知事ジョージ・ワラスだった。「今日も差別分離、明日も差別分離！」をスローガンに、南部に止まらず、全米の若者（むろん白人）に超人気で、大学での講演に引っ張りだこだった。

ジョージ・ワラス
（1968年、撮影：Marion S. Trikosko）

この奇異な現象は、数年前のマルカムX人気に似ており、保革にかかわらず割り切れた鮮烈な主張の持ち主を好む若者の傾向にマッチしていたと思われる。南部の差別分離は、連邦政府の軍事警察的介入抜きには破砕できず、アイゼンハワー、ケネディ、ジョンスンと保革政権の別なく連邦軍を送り込んで差別的暴徒を鎮圧した。州権意識の強い国だけに、連邦政府の強権発動ぶりに全米の若い白人たちの心も揺れていたのだろう。

また、この他にワラスを支持した北部

人には、ブルーカラー層がいた。70年代に加速する工場の海外逃避はすでに60年代に始まっており、ブルーカラーは憤懣と不安を抱えていて、公民権法によってますます黒人に仕事を奪われると思い込んでいた。

ワラス自身は、トマス・ジェファスンが創った「州権」と奴隷制護持の「民主共和党」の伝統を受け継いだ「南部民主党」（同じ民主党の分派で、のちに「ディクシークラッ」と呼ばれる）に属していた。その彼が民主党を割った真意は、「AIPが南部と一部の北部や西部州の選挙人を奪うことによって両党に選挙人不足を引き起こし、政策協定に持ち込んで政権の一角に食い込む」という遠大なものだった。副大統領候補には、キューバ・ミサイル危機でケネディ大統領にキューバへの核攻撃を迫ったカーティス・ルメイ空将を立て（映画『13デイズ』にその場面が描かれる）、ここにいずれ劣らぬ無頼漢的コンビが出現した。ルメイは選挙戦たけなわでワラスに「ヴェトナムで核を使え」と迫って、さすがのワラスもクレイジー度ではこの「核将軍」に顔負けした。

ワラスも政治に関わる前は差別反対だったが、南部で政治的成功を収めるには無頼漢に徹するしか手がなかったのである（政治家は選挙民の正体に自分を合わせるしかない。ワラスは、南部白人の正体を自身に具現してみせた）。きわめて優れた頭脳という点では、ケネディやニクスンに迫るワラスにとって、致し方ない話だった。

24

【ニクスン復活――共和党戦略の礎を築く】

ワラスの選挙戦脱落

★「南部戦略」最大のネックを排除★

「南部戦略」とは？

ワラスの作戦はズバリ的中した。本選挙の結果は、ニクスン43・4％（選挙人301名）、ハンフリー42・7％（選挙人191名）のきわどいものとなった。51万1994の票差は、ケネディとの票差よりは大きくとも、ゴアが2004年、ブッシュにつけた票差に近く、大きいとは言えない。この僅差の原因は一にかかって、ワラスが奪った13・5％（選挙人46名）にあった。

南部に限定すれば、都市部の中流票ではニクスン40％、ワラス32％、ハンフリー28％、都市部の下層票は同じ順で18％、25％、57％。農村部ではあらゆる収入層で30％、41％、29％。黒人とヒスパニックの票はハンフリーがほぼ独占した。ニクスンとワラスの票は奪い合いだったことがわかる。これにより、ニクスンの「南部戦略」の最大のネックが、ワラスであることが判明した。

ワラスの戦略の絶妙さは、(1)民主党に止まればハンフリーに勝てないから党指名を獲得できないが、(2)第三政党なら自在に本選挙に立候補でき、ニクスンが「南部戦略」で最も当てにし

第24章
ワラスの選挙戦脱落

ている票田が自分の票田と重なるから、ニクスンをきりきり舞いさせられると見切っていた点にあった。

「南部戦略」という言葉は、もともとはアメリカ独立戦争で大英帝国が、ニューヨークに限定されていた戦場を南部に拡大させた戦略を指した。これは英国側には裏目に出て、寡少兵力を分散させた結果、ヨークタウンの戦い（1781年）で敗退し、独立戦争の帰趨を決定した。

この縁起の悪い呼称を流行らせたのは、ニクスンの選挙参謀で練達の政治評論家ケヴィン・フィリップスである。彼は、ジョンスンの「投票権法」によって、共和党は黒人票は期待できないが、「ニグロ恐怖症の白人票を奪えるばかりか、連中を南部民主党から引き剝がして共和党に取り込める。そこにこそ票田がある。黒人への恐怖がなかったら、あの白人連中はまたぞろ民主党に逆戻りだ」と発言した。

これは「窮地こそチャンスの萌芽」という古来の原則を、いち早く見抜いたフィリップスの炯眼《けいがん》を証明している（もっとも、フィリップスの発言は1970年、ジョンスン自身の発言〈「1世代は南部を喪失」〉は1964年だから、この大統領はとっくに気づいていたのだが）。フィリップスの炯眼は、大統領選で鮮烈に「窮地をチャンスに一変」させてみせれば、南部の政治的下部機構はもとより、学校の教育委員会のような地元末端組織まで「南部戦略」が浸透していくと見抜いた点にあった。したがって、フィリップスが構築の端緒をつけた共和党による南部の票田化は、ボスのニクスンがウォーターゲイトで失脚後は、民主党のジミー・カーターが利用して当選するほど普遍的な南部票田を提供したのである。

ジョンスンとフィリップスの発言の時期のズレは重要だ。1964年、ジョンスンの再選に立ちはだかった共和党候補バリー・ゴールドウォーターは公民権法に反対し、南部以外では惨敗した（南部以外で勝てたのは、自分の地盤、南西部のアリゾナだけ）。ジョンスンのこのときの地滑り的勝利は、得票数ではこのあとで語る72年のニクスンの大勝を上回った。

これは、共和党の本流、「東部エスタブリッシュメント」と中西部の同党左派が、公民権法に賛同したためだった。たとえリンカーンの共和党ではなくとも、1964年時点での共和党には良識が残っていた重要な証拠になる。

全国規模の政党、共和党は、さすがにワラスほどあからさまに「差別分離」を言い立てられないので、「州権」という言葉で「差別分離」を暗示した。こういう婉曲語句を「コード・ワード」と言う。婉曲語でごまかす政治を、革新側は「犬笛政治」と揶揄《やゆ》する。人間の耳には聞こえないが犬には聞こえる高周波を発する犬笛に譬《たと》えた。南部白人、彼らを利用する共和党右派は、まさに「犬」なのだ。

「アラバマ計画」

ワラスの伝記作家ダン・T・カーターによれば、ワラスという障害の排除に際して、ニクスンはウォーターゲイト以上の荒技を使った。まず、(1)アーサー・ブレマーという人物に40万ドル渡して、州知事選でワラスの落選工作をやらせた。(2)それに失敗すると、マリ・チョトナーという人物にワラスの汚職探しをやらせ、(3)1969年7月、国税庁を動かして「特別調査スタッフ（SSS）」を結成させ、自分の政敵4000名のリストを作成させた。(4)その中にワラスの実弟ジェラルドがおり、彼の違法ビジネス契約を洗い出すべく、「アラバマ計画」を始動させた。本気であることを誇示すべく、ジェラルドの側近を4年間収監させた。(5)今度は郵政公社総裁ウィンストン・ブラウントを動かしてワラスと交渉させ、ワラスが第三政党を結成して「1972年の大統領選の攪乱をやらなければSSSの捜査を停止させる」ことになった。72年1月12日、司法長官ジョン・ミッチェルが「ジェラルド・ワラスの告発をしない」と発表すると、翌日兄のジョージ・ワラスは記者会見で「第三政党で立たない」と表明した。

ところが、民主党に止まったワラスは、卓抜な戦略で本命候補ジョージ・マッガヴァンの脅威になりおおせた。ここがなんともすごいところだが、5月15日、前述のブレマーがメリランドで遊説中のワラスを銃撃し、半身不随に追い込む。暗殺の元凶は手に取るように明らかなので、ワラスは遅まきながら第三政党で対抗しようとするが、銃創ゆえに選挙戦から脱落した。銃撃された翌日も、ワラスはミシガンとメリランドを手中に収めたというのに。

ニクスンは事件の90分後、暗殺未遂をマッガヴァン陣営の仕業に見せかける工作を汚れ役専門の側近チャールズ・コルスン（今日は説教師）と相談し、それが例のニクスン・テープに残されている。こうなると、「ずる狐ディック」どころか、先王の王子をロンドン塔に幽閉して王位を簒奪したリチャード3世より悪辣で、現代の政治家とは思えないではないか。だからこそ、ニクスンはシェイクスピア的なのだろう。

FBIのディレクター補佐マーク・フェルトが逐一、この「陰謀」をめぐるFBIの動きをニクスン側に知らせた。

フェルトはのちに、ニクスン政権のウォーターゲイト隠蔽工作を『ワシントン・ポスト』のボブ・ウッドワドとカール・バーンスタインに漏らす「ディープスロート」になる（2005年5月30日、90余歳になって自ら公表）。フェルトがワラス暗殺未遂では忠勤を励んでいたくせにニクスンを裏切るのは、FBIディレクターへの昇格が流れたためだった。

事件の翌日、FBIはブレマーの車から日記を発見し、「ニクスンかワラスかいずれかを暗殺するための日記」と書かれていたため、マッガヴァンが疑われることになった。

ニクスンはワラスの入院先へ見舞いに訪れ、夫人のコーネリアから「11月には夫があなたを撃破する」と言われた。

1974年5月、ミッチェル司法長官の妻マーサがワラスを訪れ、「暗殺未遂の4日前に、コルスンがブレマーと会った」と告げた。上手の手から水が漏れたか？

25

【ニクスン復活――共和党戦略の礎を築く】

「南部戦略」図に当たる

――★ニクスン大勝を呼び込んだ名軍師ビュキャナン★――

敵対する双方にいい顔作戦

1972年11月7日の大統領選で、ニクスンはなんと49州を制覇し、対するマッガヴァンはリベラルなマサチューセッツと首都でしか勝てなかった（地盤のサウスダコタですら敗退）。ニクスンが獲得した選挙人520名、マッガヴァンわずか17名。得票率はニクスン60・7%、マッガヴァン37・5%、票差1800万弱、これは大統領選史上4番目の大差だ。ニクスンは得票率ではわずかに1964年大統領選でのジョンスンのそれを下回ったが、票差は彼を凌駕していた。

南部で見れば、ミシシッピ、アラバマ（ワラスの本拠）、ジョージア、フロリダ、サウスキャロライナの深南部5州でニクスンは70%以上の得票率をあげ、残る旧「南部同盟」6州で65%と、ジョージ・ワラス排除の効果がもろに出た。

さらに、全米で36%もの黒人票がなんとニクスンに舞い込んだ。ニクスンには、ケヴィン・フィリップス以外にもう1人の名参謀がいた。この人物パット・ビュキャナンは、評論家として名を残したフィリップスと違って現実政治にこだわり、1992年、1996年は共和党から、2000年は「改革

パット・ビュキャナン
（1969年、出所：U. S. National Archives and Records Administration）

党」という第三政党候補として大統領予備選に名乗りをあげることになる。このビュキャナンが描いた「南部黒人・北部ブルーカラー層の民主党からの引き剥がし戦略」を、ニクソンはすでに1966年に実行に移し始めていたのだ（ケネディに惜敗した痛手から、ようやく立ち直りを見せつつあった）。

戦略の骨格は、(1)州権主義（「差別分離」のコード・ワードで、差別的白人票取り込みが狙い）、(2)「人権」（公民権の婉曲語で、黒人票狙い）、(3)「小さな政府」（連邦政府の弱体化派の票狙い）、(4)国防の強化（連邦政府は国防・外交以外不要。教育は各州で）、(4)露骨な差別主義はワラスのような輩に任せるというものだった。これらが、ニクソン以後、レーガン、ブッシュ父子と、共和党3政権の基本路線となった。

したがって、「南部戦略」には南部だけを標的にする狭義のもの（フィリップス）と、のちの「赤地域」を標的にする広義のもの（ビュキャナン）があり、後者が受け継がれていくのだ。

この戦略(2)が、ニクソンの黒人票取り込みで、ジョンソンが奮闘してアイゼンハワー大統領に署名させた前述の「1957年公民権法」には副大統領ニクソンも通過を助け、キング牧師から感謝されていた。つまり、「敵対する双方にいい顔作戦」だったのである。

ダントツ「とんまドンキー」の登場

ビュキャナンは、ニクスンが1972年に獲得した黒人票を全米で18％、南部で25％と見積もっている。一般に言われている、全米でニクスンが獲得した黒人票36％より低いのも、ビュキャナン説の信憑性を感じさせるではないか。

要するに、これらの施策でニクスンは「左派」の実績をマッガヴァンから奪い取り、相手をひたすら「極左候補」へと追い詰めることで、全米に自分自身を「穏健派」で通用させた。差別分離を「州権」という婉曲語句でごまかした南部戦略にだまされたと知った革新派はアッと驚き、前述の「犬笛政治」という非難をやっと声高に叫びだしたが、もはや後の祭りだった。

ワラスを排除した結果とはいえ、この大差はニクスンの隠された、もう1つの戦略ゆえだった。要するにニクスンは、1968年、民主党本流がやっとのことで排除した「新左翼」の反戦運動が、72年はマッガヴァンにおいて「本流」となるように仕向けたのである。

この遠大な戦略は、フィリップスやビュキャナンのような選挙参謀の智略の幅を示し、逆に彼らが大統領選に自分自身のありったけの智略を完全燃焼させることに、人知れぬ快感を満喫できる背景でもあった。

ニクスン陣営がこの戦略が奏功すると踏んだのは、マッガヴァンが民主党の候補指名方式を抜本的に改正する委員会を主導し、自らが指名を受けていたからだ。この委員会は、1968年の騒乱のシカゴ党大会（第23章）に対する危機感から結成され、とくにシカゴ市長デイリーを筆頭とするボス政治の介入を厳しく制限する方式に変えた。もう1つの大きな改変は、68年、ハンフリーが予備選を無視して代議員票のかき集めに専念したようなことを禁じ、あくまで予備選の勝利者が代議員を獲得して指名されるとした点だった（これが今日の方式）。

実権をもぎとられることになる民主党の政治ボスたちは猛反対し、マッガヴァンの選挙支援を拒否する者が相次いで、なかには党派をまたぎ越えてニクスン支持に回る者すら出た。糧道を自ら断ったかたちのマッガヴァン――しかし、これだけで勝てるとおっとり構えるほどニクスンは甘くなかった。ワラス暗殺未遂とウォーターゲイトを見よ。

１９６０年代のカウンターカルチャーは、政治的術策を超えた「意識革命」で、それを政治の世界でいくぶんなりとも実体化するにはニクスン、フィリップス、ビュキャナンを幾層倍する高度かつ精緻な術策に長けていなければならなかった。言うまでもなく、マッガヴァンには「意識革命」の理念はあっても、それを実体化していく術策は皆無だった。ケネディもジョンスンも、理念の実現に不可欠の手順と道筋を熟知していた。肝心なときに、民主党にはしたたかな指導者が居合わせず、共和党にはニクスンがいた。無念極まりない歴史の岐路――これが１９７２年の大統領選だったのである。

今日まで尾を引く民主党の衰退は、新左翼の活力を党内に取り込み損ねたことに起因するが、代わりに「新左翼もどき」のマッガヴァンを大統領候補に指名したことが、さらなる裏目となった。民主党の低迷の元凶の姿を以下のコラムで瞥見されたい。

コラム7

「鼠さえとれば、白猫も黒猫も関係なし」

キング暗殺（1968年）で全米に暴動が頻発すると、ニクスンはすかさず「法と秩序」を強調したが、返す舌先三寸で「暴動抜きでの公民権運動」を唱えた。ギリシャ系という、白人の被差別層のスパイロ・アグニューを副大統領に選んだのも、第25章で触れた「双方にいい顔作戦」を心得ていたからだった（もっとも、アグニューは73年秋、脱税で辞任。後任はジェラルド・フォード）。

ニクスンが環境保護庁を発足させたと言うと、アメリカ人ですら「ウソ!」と言う。彼の「双方にいい顔作戦」は、それほど徹底していた。また、赤狩りで名をなした彼が、中国との国交回復をしてのけるとは誰が予測できたろう?

さて、革新的な判事らの裁定（法律と同じ効力）によって強行された「強制バス通学（バシング）」は、公立校が白人生徒だけ、黒人生徒だけになりがちなのを「人種統合」させる荒技だった。しかし、白人父兄は黒人生徒を運んでくる通学バスに投石した。これを見てニクスンは、すかさず「暴動とバス通学抜きの公民権運動」を唱えたのである。

政権2期にわたって、ニクスンは以下のような黒人への配慮を見せた。(1)公民権執行関連の予算を800%増額、(2)黒人の大学予算を倍増、(3)連邦政府職（高い部署もあり）につけた黒人の数ではジョンスンを含めて歴代大統領を凌駕、(4)労組における黒人の役職割当の増加（「フィラデルフィア計画」。労組は黒人差別の巣窟として民主党支持組織の暗部であり、ニクスンはこれを突いた。ニクスンの「リベラルもどき戦略」は、パット・ビュキャナンの綿密な調査に基づき、常に民主党の急所を突く裏打ちがあった）、(5)大学における黒人研究者の割当増加、(6)「マイノリティ事業室（OMBE）」に「黒人資本主義」と銘打って黒人企業の製品購入予算を900万ドルから一挙に1億5300万ドルに増額、(7)黒人中小企業へのローンを1000%増額、(8)黒人銀行への政府預金額を4000%に増額、(9)差別分離から脱皮した南部の学校への助成を10%から70%に増額エトセトラ。これでは「リベラルもどき」どころか「リベラルそのもの」ではないか。

「合衆国公民権委員会(USCCR)」は、1975年にこう報告している。

「南部での差別事件が目に見えて減ったのは、ついー968年からである」。たとえニクスンが「人種を利用して共和党をひきまとめた」と「南部戦略」を批判されようと、鄧小平ではないが、「鼠さえとれば、白猫も黒猫も関係なし」ではないか。

ハンフリーにもマッガヴァンにも、これらの対黒人施策への対抗策が皆無だったのは、前者が「大統領のスペアタイヤ」(副大統領)、後者は完全なアウトサイダーだったからだ。むろん、ニクスンは1968年に政権を掌握して再選に臨んだから、自在にこれだけの対黒人施策が打てた。

コラム8

「政治的KY人間」マッガヴァン

マッガヴァンは選挙時点で54歳、ニクスンは63歳だった。名うての「KY（空気が読めない）人間」だった筆者も、還暦を迎えてやたら状況が深く見通せるようになったが、54歳の時点でもマッガヴァンほどしどろもどろになったことはない。

反戦候補とはいえ、マッガヴァンが唱えた徴兵忌避者への無条件恩赦、マリワナの緩和などは、もう少し条件をつけるべきだったろう。たとえばニクスンは、徴兵制廃止を打ち出して反戦票の切り崩しを図る現実的な手で報いた。

以下、マッガヴァンの「政治的KY人間」ぶりを列挙する。

⑴自分を密かに揶揄していた、つまり肝胆相照らす相手でないトマス・イーグルトン上院議員を副大統領候補に選んだ。イーグルトンは、ロバート・ノヴァクという政治記者に、「世間はマッガヴァンが『恩赦奨励、中絶賛成、麻薬容認』を唱えていることを知らない」とオフレコで告げていた。「恩赦」とは反戦運動の過激派、徴兵忌避者に対するもの、「麻薬容認」は主にマリワナ解禁を指す。知らぬが仏のマッガヴァンは、まさに獅子心中の虫とコンビを組む「とんまドンキー」ぶりだった（ノヴァク記者は、2007年夏、イーグルトンが死亡してやっと彼が「恩赦奨励、中絶賛成、麻薬容認」発言の張本人だったことを公表する）。⑵副大統領候補指名がもつれた末、党大会での指名受諾演説は午前3時にずれ込んだ。党大会後、イーグルトンに鬱病治療で電気ショック療法歴ありと判明。当初は「1000%、トムを支持する」と断言しておきながら、3日後マッガヴァンは、同議員の医師も含めて複数の医師に相談し、「万が一、同議員が大統領職を引き継いだ場合、国家が危機に瀕する」との回答でイーグルトンに

辞退を求めた。⑶慌てて代わりを当たっては6名に断られた。

⑷やっと、ケネディ一族のサージェント・シュライヴァ（元駐仏大使）を副大統領候補に選ぶ（1960年、イリノイ票の行方で最初絶望したあの「サージ」／第19章）。ケネディ大統領が存命ならば、この義兄を止めたはずだ。1956年、上院議員時代の大統領が、マッガヴァンのように超リベラルゆえに1952年の大統領選で敗れていたアドレイ・スティヴンスンからの副大統領候補打診を受けかけたとき、実父ジョー（元駐英大使）が「負け犬に乗る馬鹿がどこにいるか！　負ければ、ジャックがカトリックだから負けたと言われる。ほんとにあいつは目先しか見えない」と次男（大統領）を批判した前例がある（カトリックには負ける余裕がなかった。まず勝たなければ差別を突き破れなかったのだ）。

またシュライヴァは、エドワード・ケネディを差し置いて、義兄である自分が大統領選に関わることへの配慮に欠けた。おそらく、ケネディの姉妹では最も気丈で、父親ジョーに「この娘が息子だったら」と言わしめたユーニスは、夫が彼女の身代わりに副大統領になってほしかったのではないか？

マッガヴァンの「とんまドンキー」ぶりは、まだまだある。⑸副大統領入れ替え時点で、マッガヴァンの支持率は、41％から24％に急落した。

⑹マッガヴァンは、予備選で国防予算を40％削って子供も含めた国民すべてに1000ドル与えると発言。しかし、この措置の詳細な意味合いを説明できなかったうえに、その金額を消費した場合の国家予算へのコスト計算を示せなかった。どことなくわが国の民主党の「子ども手当」と似ているではないか。⑺本選挙段階では1000ドル手当て案を投げ出し、「完全雇用、税制改革、失業中の人々への妥当な収入の道を確保する、この3段階方式に変える。1000ドル供与はまずい案だった」と豹変した。⑻マッガヴァンの選挙

「政治的KY人間」マッガヴァン

参謀はゲアリー・ハート。1984年の民主党予備選で「ハート旋風」を巻き起こし、本命のウォルター・モンデイル候補を追い詰めながら、女性問題を暴かれて失速した、あの人物だった。

ジョージ・マッガヴァン
（1972年、撮影：Warren K. Leffler）

⑼イーグルトンの鬱病歴、ハートやクリントンの女性問題、これすべて共和党の汚れ役がほじくり出す。⑽選挙参謀ハートは、「マッガヴァンの右顧左眄《うこさべん》が命取りだ」と歯ぎしりした。

⑾マッガヴァンは「東南アジアから全面的に兵力を引き上げる」と主張していたが、予備選後半には「タイに兵力を残す」と言いだした。⑿『レクスプレス』特派員としてパリの平和会談取材に臨むピエール・サリンジャー（元ケネディ報道官、元連邦上院議員）に対して、「この件を北ヴェトナム側に伝える」ように言いながら、サリンジャーが帰国すると、マッガヴァンは自分の発言を否定した。

26

【ニクスン復活――共和党戦略の礎を築く】

ニクスン共和党の支持層

―★「新左翼」と「サイレント・マジョリティ」が分けた明暗★―

「チェインジに投票するな」

イーグルトン、1000ドル、サリンジャーの件（コラム8の(1)(6)(12)）は、7〜8月にまとめて起こった。こういう具合で、オバマの「チェインジ（変革）」と違って、マッガヴァンの「チェインジ」は「右顧左眄」の意味に変わり、「チェインジに投票するな」と言われるはめになった。

ギャラップ調査では、伝統的に民主党候補に投票するブルーカラーの57％がニクスンに投票した（マッガヴァン43％）。いや、1972年選挙で投票した民主党支持層票の37％がニクスンに流れたという。68年のキング暗殺以来、アメリカの諸都市では暴動が相次ぎ、若者を甘やかすマッガヴァンによって街頭が犯罪だらけになるという恐れが彼らを捕らえた。「法と秩序」を唱えるニクスンが、ますます「巨象」のようにドッシリ見えてきたのである（実際の彼は、ワラス暗殺未遂やウォーターゲイト事件など、まさに「暴れ象」だったのだが）。それどころか、共和党大会以後、甘やかされるはずの若者票までマッガヴァン支持は48％から31％に激減し、両候補支持の割合では30歳以下のニクスン支持が61％と出た（マッガヴァン36％）。民主党は、54歳の無分別で脇が大甘の候補のせいで、こうして新左翼やカウンターカルチャー勢力を民主党内に取り込めず、悲惨な自壊作用を引き起こしただけに終わった。

今日に続く民主党の弾力喪失、ケネディやジョンスン時代に放たれた光源の低下は、つまり「とんまドンキー」化は、このときに淵源すると言わざるをえない。

「サイレント・マジョリティ」の大鉱脈

ニクスンが打った手数で効き目があった有名な事例は、彼の「サイレント・マジョリティ演説」（1969年11月3日）だった。ウォーターゲイトの民主党本部への侵入と逮捕は、まだまだ先の1972年6月17日で、同年8月29日には、ニクスンは公式に侵入への関与を全面否定する。ただし前述のように、ワラスに第三政党からの立候補をさせない秘密工作「アラバマ計画」（第24章）は69年時点で進行中だった。むしろ、この時点でのニクスンは反戦運動で火達磨になっていたのだ。再選に躍起になっていた彼は、例の演説でこう訴えたのである。「そこで今宵――あなた方、大いなるサイレント・マジョリティであるアメリカ人同胞諸君、私はあなた方のご支援をお願いする次第でありますす」。

この演説は、反戦運動ゆえに50%あたりを低迷していたニクスンの支持率を、全米で81%、南部で86%にまで跳ね上げた。それまで「時の人」などもっぱら著名人を表紙に使ってきた『タイム』が、年明けの1970年1月、「ミドル・アメリカ」を代表する男女の絵（写真ではない）を掲げ、「1969年の出来事は特定の個人を凌駕した。国論分裂の時代にあって、最も衝撃的な新手の要因は、いわゆる『サイレント・マジョリティ』が合衆国社会において強力な自己主張を掲げて登場したことである」と記したのだ。

サイレント・マジョリティは、⑴反戦運動に参加しないアメリカ人、⑵何事にしろ「言挙げ」しないアメリカ人、⑶変革《チェインジ》には票を投じないアメリカ人、⑷主にヴェトナム戦争よりも第二次大戦の帰還兵、⑸しかし、中西部・西部・南部の場合はヴェトナム帰還兵、⑹ブルーカラー、⑺郊外の中流層などとなる。

これらはとくに「南部戦略」の標的というより、２００４年の大統領選で知られるようになった、全米に広がった共和党支持地域、「赤地域」の構成員に近い。

「赤地域」と「青地域」は州で分かれていると勘違いされているが、実際は郡内の居住区で2つの地域は隣り合わせになっている。選挙結果で共和党が勝てば、その州の選挙人は「勝者丸取り」ゆえに「青地域」は消されて「赤地域」だけになるから、こう錯覚してしまうのだ。各州で隣り合わせに、ただしおたがいに没交渉で存在する2つの地域は、住宅価格、レストランの料金その他で格段の差があり、むろん学歴差、趣味娯楽の違いが顕著だ。

「赤地域」の住民の趣味は、終末思想かぶれとNASCARという改造車レースがダントツに多い。車の後部窓に「携挙《けいきょ》（ラプチャー）に備えよ」というスティッカーが貼られていれば、レッキとした「赤地域」である。

「携挙」とは、キリスト再臨前に起きるハルマゲドンから「ほんもののキリスト教徒」を天空に緊急避難させることだ。宇宙服抜きで天空へ抱えあげられても大丈夫なのである！　こういうアホなことをまるで疑問抜きで信じ込んでいるのも、「中東で起こる戦争はハルマゲドンだ」と説教師から刷り込まれ、それが彼らの「国際的視野の代用品」にすり替えられているためだ（拙著『終末思想』はなぜ生まれてくるのか——ハルマゲドンを待ち望む人々』１９９５、大和書房）。こういう輩（「キリスト教右翼」）こそ、ニクスンの、いや彼以後も代々の共和党政治家にとっての、サイレント・マジョリティであり続けている。

(6)のブルーカラーという大雑把な分類は、以下の説明になる。グローバリズムで大工場が海外へ出ていく前は、「ブルーカラーの中流層」はちゃんと存在した。しかし、ニクスン政権とカーター政権の１９７０年代に起きた２度の石油危機が引き金となって、アメリカ人ブルーカラーに高い労賃を払えなくなってきたアメリカ企業がまず工場を労賃の安い海外へ逃避させ、以後は「多国籍企業」化した結果、アメリカ国内のブルーカラーの中流層はほぼ姿を消していく。また、ニクスンは黄金に固定させてきたドルを変動相場制に切り換えざるをえなくなる。

27

【ニクスン復活――共和党戦略の礎を築く】

「衆愚政治」と「暴民政治」

★「腐敗した民主主義」を操る共和党★

今日、アメリカその他の先進諸国に残る職業の大半が「モノ造り」(「物品生産」)ではなくなった(例外が住宅産業で、アメリカ人が存在するかぎり住宅というモノは国内でも建造するしかない)。あとは「情報サービス生産」の仕事ばかりで、大半は高学歴が要求される。つまり、「情報」分野は弁護士、メディア関係者、メディア出演者、医師、会計士、大学教師、「サービス」分野は芸能、健康産業その他次々と登場する流行の分野を先取りするなど、専門化が進んだホワイトカラーである。彼らは「普通の国際的視野」を備えていて、まあ「ハルマゲドン中心の贋国際観」を信じるニクスンや共和党のサイレント・マジョリティではない。

したがって、ニクスンのサイレント・マジョリティは、いくら彼から「支援」を求められ、いくらそれに応えても、報われることはない(前述のニクスンによる、どう見てもリベラルな施策も、サイレント・マジョリティが一念発起してブルーカラーからホワイトカラーに転換しないかぎり、御利益《ごりやく》に与《あず》かれない仕組みになっている)。これは次に語る「レーガノミクス」が「米系多国籍企業」だけを優遇するくせに、選挙ではサイレント・マジョリティを欺いて彼らの票をだまし取るかたちで、連綿と共和党の欺瞞政治として繰り返される。

サイレント・マジョリティは別名「忘れられた中流」と言われ、1980年代は「怒れる白人男性」(前述のニクスンの参謀ケヴィン・フィリップスに言わせれば「中心の過激化」。「携挙」の「キリスト教右翼」が中心)、1990年代は従来の郊外より都心から遠くにできた「外輪郊外」の住人、2000年代は「NASCARパパ」、2010年代は「ティー・パーティ」として、姿を変えて現れ続ける。彼らの共通項は、「彼らの心配をしてくれる民主党に背を向け、彼らを臆面もなくだまし続ける共和党にすがり続ける」哀しい姿なのだ。目下、彼らは自分を助けてくれようと差し伸べるオバマの手を邪険に振り払って得意然としているのである。民主政治は、彼らにおいてみごとに「衆愚政治（モボクラシー）」、いや「暴民政治（オクロクラシー）」にすり替えられた。

これら2つの「腐敗した民主主義」は、古代のアテナイ人を脅かしたので、民主主義は彼らの間では今日のように神聖化されていなかった。もともとアテナイの民主主義は、軽くて安価な皮革甲冑の発明により数多くの貧民が戦争に参加し、発言権を強めた結果の産物だったのだ。いつ何時、衆愚政治や暴民政治に変質するかわからず、貴族らの寡頭政治は油断なく衆愚や暴民を取り込んだ（向山宏）。今日の共和党指導者らは、ほとんど、衆愚らを取り込んだこのアテナイの寡頭政治を連想させる。

それもそのはず、「サイレント・マジョリティ」とは昔から「もの言わぬ死者」の意味で、それが1980年代から大いに「ものを言いだした」から、ゾンビに一変したわけだ。共和党はゾンビの群を操っている。その証拠に、元ネオコンの著名な評論家マイケル・リンド（ユダヤ系）はこう書いている。「われわれは、馬鹿を承知で連中を取り込んだ」(第58章、終章)。「連中」とは、キリスト教右翼であり、リンドの言葉を今日に還元すれば「ティー・パーティ」となる。

III

暴れ象 vs とんまドンキー②
「レーガノミクス」

28

【レーガン vs カーター──1980年大統領選】

1度だけのテレビ討論

★「象」に押し切られた「ドンキー」★

レーガンが現役大統領、カーターが挑戦者に見えた

ジミー・カーターは、ケネディやジョンスンには及ばなくとも、マッガヴァンに比べればはるかに政治的練達度が高かった。中東和平交渉、「キャンプ・デイヴィッド合意」（1979年）で見せた彼の粘り腰はその白眉である。エジプトのサダト大統領とイスラエルのベギン首相を大統領の別荘に缶詰にして、連日、膝詰め談判でねじ伏せる力業は印象的だった（拙著『秘密結社──アメリカの秘密結社と陰謀史観の相克』2005、ビジネス社）。

強いて言えば、弱い立場のサダトに同情する様子が、レーガンのようなしたたかな敵につけ込まれる予兆になってはいた。レーガノミクスに入る前に、カーターの長所と短所、そしてレーガンの何枚腰かの強さを2人の1度だけのテレビ討論（1980年10月28日）で見ておこう。

また、両者の対決は、以後の民主党大統領が正論を不器用に主張し、共和党大統領が詐術を巧みに正論めかして主張して、国民の多くが後者に軍配を上げてきた悲惨の典型例として見ていただきたい。

ジミー・カーター
（1977年、撮影：Official White House photographer）

ロナルド・レーガン
（1983年）

討論が1回だけになったのも、第三政党候補を討論に加えようとするレーガンにカーターがあくまで二者対決を要求したためだった。レーガンが副大統領候補に選んだジョージ・H・W・ブッシュも、予備選段階ではレーガンとの二者対決に固執したが、レーガンは「複数候補で賑やかに論議を」と主張した。ブッシュの二者対決への固執が強すぎて、複数候補はもとより肝心のレーガンすら現れず、ブッシュがただ1人舞台で生き恥さらすはめになった。この辺のレーガンは、にこやかに相手を窮地へ追い詰めるジャブの名手という印象で、相手はよけい浮き上がってしまうのである。

おそらく、ブッシュもカーターも、レーガンが巧みに他の候補を味方につけて自分を孤立に追い込むと恐れたのではないか。そうであれば、すでにして2人ともこの古狸の術中にはまっていたことになる。１９８０年当時で、レーガン69歳、カーター56歳だった。討論では、終始カーターがレーガンの核政策（北朝鮮に対する核使用など）その他の危険性、つまり外交折衝ではなく戦争によって問題解決を図ろうとする危険性、そして民主党のアメリカ運営の礎石となってきたフランクリン・Ｄ・ローズヴェルト大統領の「ニューディール政策」を、「レーガノミクス」という後述の実に奇怪な経済学によって突き崩す危険性を攻撃し続けた。

レーガンはカーターの攻撃を「あなたはまたそれを言う（ゼアリュー・ゴー・アゲイン）」といなすので、視聴者は「レーガンが大統領（横綱）で、カーターがチャレンジャーだ」と錯覚した。古希目前の古狸が現職大統領をあしらう光景に、民主党贔屓《ひいき》は嘲弄されたと怒り、共和党贔屓はもとより無党派層は伊達に歳をとらなかった政治家のお手本を眼前にした驚き、ハリウッド仕込みの「人に見られることに慣れた」立ち居振る舞い、老いてなお艶やかで明るい笑顔、伸びやかな声音、悠揚迫らぬ仕種などにエロスさえ感じた。それらがテレビ時代の政治のエッセンスを、国民の前に差しつけた。すでにして「偉大なるコミュニケイター」としての資質が、このテレビ討論でいかんなく発揮されたのだ。

スタイルと「いなし」に加えて効果的な突き

総じてカーターの総合的なアプローチに対して、レーガンは具体例を用いた効果的な突きや突き返しに長けていて、ほぼ常に「勝負あった！」という印象を視聴者に与えた。たとえば、以下の例だ。

⑴「富裕層への大幅減税が『トリクル・ダウン（おこぼれ）効果』で下層を潤す」というレーガノミクスを唱えながら、⑵国防費は大幅に増額という矛盾点、⑶おまけにレーガンはこのうえに均衡予算

をと欲張る矛盾点、以上の3点を、カーターは突いた。むろん、(1)〜(3)はありえない組み合わせで、レーガノミクスはアメリカ史上最大の「詐欺経済学」なのである。

ところが、いつのまにかカーターの攻撃はスルリとかわされ、レーガンはカーター政権の国防費37％削減にひっかけてこんな具合に反撃してきた。まず、レーガンは（おそらくわざと）「38％」と言い間違えながら、「削減艦艇60隻、B－1爆撃機製造停止、クルーズ・ミサイル生産延期、ミニットマンとトライデントなどのミサイル生産停止、トライデント搭載原潜建艦延期」などときわめて詳細な具体例で切り返したのである。抽象的な数値データに弱い視聴者には、非常にわかりやすい。

討論のルールではメモの持ち込み禁止だったから、一夜漬けにしても69歳では大した記憶力と言える（ただし、この後でもこれを念仏のように繰り返すから、こういう視聴者にわかりやすいデータを優先して頭にたたき込んでおいたわけだ）。

また、「1問題の討議が一定時間内に固定される」ルールだったから、その区間の終わりで突きか突き返しを入れないと、「勝負あった！」の印象を視聴者の目に焼きつけられない。その点もこの老獪《ろうかい》な政治家は心得ていた。

カーターが、カリフォルニア州知事時代のレーガンが十八番の減税でなく増税を3回やったと攻撃すると、すかさずレーガンは「大統領が州知事だった時代のジョージアに比べて、私が知事時代のカリフォルニアの州政府予算は6分の1にすぎなかった」とイタチの最後っ屁を食らわせた（これでこの論点はおしまい、別の論点に移るのである。誰が聞いても、レーガンが勝ったとしか思えない）。

29

【レーガン vs カーター──1980年大統領選】

最後の止《とど》めが甘いカーター

──★「喧嘩強い共和党、生ぬるい民主党」の予兆★──

以下、レーガンの手数の多さと変幻自在さ、カーターの一本調子な対応をもう少し披露する。これは以後の大統領選で共和党のブッシュ父子陣営が見せる喧嘩強さ、民主党のジョージ・デュカーキス候補、アル・ゴア候補らの生ぬるさの予兆となる。そのあげく、明らかにブッシュをかたなしにしてのけたジョン・ケリーの凄腕をもってしても、「国民」はブッシュを選んでしまう。２００４年は良識あるアメリカ人を暗澹たる思いに突き落とした。

ニクスン政権が１９６９年、ＳＡＬＴ（戦略兵器削減交渉）Ｉ、72年、ＳＡＬＴⅡをソ連との間で開始し、後者を同じ共和党のフォード政権、次いで民主党のカーター政権が引き継いだ。レーガンは、カーターが共和党大統領から引き継いだことを無視し、友党の大統領らを免責してカーターばかりをテレビ討論で以下のように攻撃する。

カーター政権がソ連の言いなりで、またぞろ「Ｂ−１建造計画中止、ＭＸ（ミサイル）延期、トライデント搭載潜水艦建造延期、クルーズ・ミサイル延期、ミサイルマン、ミニットマン・ミサイル生産ライン３本の閉鎖、その他予定の生産をすべて停止」と繰り返し、さらにこう押しかぶせた。「ソ連は、こちらが一方的に譲歩するばかりと百も承知で交渉のテーブルについていた。大統領、あなたは私がSALTⅡ条約を邪魔したと言われたが、上院が反対したんですぞ。民主党が多数を占める上院が。上院軍事委員会は10対0、棄権7でSALTⅡに反対した」。

レーガンは国防費削減37%を38%と言い間違えたように、「上院」と「上院軍事委員会」を、おそらくわざと、混同してみせた。カーターは今度はそこを突き、レーガンの友党、共和党の大統領2名（ニクスンとフォード）と自分が7年がかりで詰めてきたSALTを、一切認めずごみ箱に捨てるような人物が大統領をめざすのは、「きわめて危険かつ不穏当」と批判した。

しかし、レーガンは「カーター政権がソ連につけ込まれている」と引き下がらず、カーターは相手が「ケネディ政権以来、超党派で粘り続けてきた核制限路線を再び核兵器競争に引き戻すものだ」と切り返した。するとレーガンはこう反撃する。「時に思うのですが、大統領は自分より腕がいい医者が出てきて、有効な治療法を提示すると怒り狂う魔法医者みたいですな」。これが相手を怒らせる嘲弄戦術。そしてこう畳みかけた。「あなたが共和党大統領から引き継いだというのは、本当ではない。これはあなたが新たに始められたことだ。フォード大統領は、ソ連があと10%譲歩していれば相手側の言い分を受け入れられるところまで煮詰めた」。これはレーガンの詐術である。

前述のように、1主題で討論の1区間が終わる。今度はカーターがレーガンにイタチの最後っ屁をかませる番だった。現職大統領はこう答えたのだ。「ここまでの討論を、遠近感をつけて終わりたい。先日、娘のエイミーに『この討論で一番肝心な点は何か？』と聞いてみたところ、彼女は『核兵器とそれの削減だ』と答えた。10メガトンの威力がある核兵器は、たとえば1つの貨車にTNT火薬50トンを積み込んだ場合、10メガトン分を積み込むと貨物列車の全長が合衆国の東海岸から西海岸に達する。核兵器1発でそれだけになる」。

ここまではよかった。しかし、最後っ屁は竜頭蛇尾に終わる。「これほど恐ろしい核兵器の削減は、大統領のえり抜きの責任事項。それを単なる修正可能な特殊専門事項を楯にとってこの問題に対する歴代大統領の関与を投げ出してしまうのは、きわめて危険なやり方だ」。どうしてせめて「ためにする詭弁を弄して」くらい言えなかったのか。

しかも、レーガン自身、82年、START（戦略兵器削減交渉）を開始するのだ。もっとも、83年にはSDI（戦略防衛構想）を口にしだす。地表や人工衛星からレーザー光線や高エネルギー粒子ビームで敵の核兵器を迎撃するというもので、世間から「レーガンのスターウォーズ」と嘲笑われた。軍事技術的な裏付けがなく、レーガンの対ソ戦略が子供の恐怖心から出ていたことの証拠と見られたのだ。しかし、「国民」は彼を賛仰し続けたのである。この共和党デマゴギーに操作され続ける「国民」の蒙昧さこそ、アメリカの病巣として切開されなければならない。

SDIは、ソ連崩壊後の93年、まともなほうの「国民」が選んだクリントン大統領が公式に引導を渡して、ケリがついた。

カーターが自分の娘を引き合いに出したことは、いくつかの点で効果的だったものの、レーガンの詐術に引導を渡すほどの酷薄さに欠けていた。相手をやりこめるとは、たとえばこんな具合に水に落ちた犬を一発で仕留めるべきなのだ。

第29章
最後の止めが甘いカーター

「文化戦争」の厄介者、「キリスト教右翼」は、この世は聖書に書かれてあるとおり、神が6日間で創り、7日目に神は一休みしたので、これが安息日となったと信じている。1925年、テネシー州デイトンで「モンキー裁判」というのが開かれた。この裁判の背景は、こうだ。「ヒトはサルから進化した」ことは「神の似姿」としてアダムが創られたとする聖書の尊厳を突き崩すと猛反対してきたキリスト教右翼に対して、科学を常識とする勢力が反撃を加えたのである。有名な労組弁護士クラレンス・ダロウは、キリスト教右翼の代表ウィリアム・J・ブライアンをこうやり込めた。「ブライアンさん、あなたは神は7日でこの世を創られたとおっしゃる」。「聖書にはそう書かれております」。「その聖書には、神は4日目に太陽を創られた――そうでしたな?」。「聖書にはそう書かれております」。「では、4日までは何をもって1日と数えていたんでしょうか?」（前掲拙著『終末思想』はなぜ生まれてくるのか』および本書第52章）。

30

【レーガン vs カーター──1980年大統領選】

レーガンが渡した引導

★「4年前より暮らしは楽になっただろうか？」★

「弱者切り捨て」の巧みな糊塗

カーターの不運は、ニクスンとフォード政権から石油危機による不況を引き継がされた点では、ブッシュ不況を引き継いだオバマと似ていたことだ。1974年の最初の石油危機はニクスンを襲ったが、カーターの政権終了間際の79年、第二次石油危機が襲い、政権発足当時（1976年）の消費者物価指数4・8％が12％余に跳ね上がって、インフレが7％から9％に上昇した。「エネルギー安全保障」という言葉が生まれ、カーターは代替燃料開発と同時に凍結していた国内の炭田・油田の開発を加速した。泣きっ面に蜂が、ホメイニ・イランによる米大使館占領で、アメリカの威信は地に落ち、特殊部隊による救出作戦の挫折でカーター無能説が定着していた。

第一次石油危機を引き継いだカーターは、1977年、サウス・ブロンクスの荒廃した街角に立って、そこのデパートを復活させると宣言していた。レーガンはテレビ討論で、「私はまさにカーター大統領がそう宣言した場所に立った」と告げ、「今日でもそこは空爆を受けた残骸そのもので、窓には板が打ちつけられ、その1つには『破られた約束』、もう1つには『絶望』と書き殴られていた」と追い打ちをかけた。これも実に効果的な突き入れだった。

２０１１年初夏、ミット・ロムニー候補（共）は、２００８年の大統領予備選でオバマがカーターと同じ「約束」をした閉鎖工場跡に立って、「その約束は破られた」と演説してみせた。レーガンの32年前のこのスピーチを、埃をはたいて再活用してみせたのだ。

年下のカーターを嘲弄するレーガンの口調は、討論の内容についていけない無知な視聴者には、後者の「強さ」と錯覚された。

２０１０年3月23日、オバマはついにジョンスンが築いたメディケア（高齢者医療保険）とメディケイド（低所得者医療保険）から取り残されていた年齢層と中級および上級所得層対象の医療保険制度（いわゆる「オバマケア」）に署名した。

カーターは討論の後半、レーガンが全アメリカ国民を対象とする医療保険に反対していると批判したとき、レーガンはあの有名な「あんた、またそれを言う（ゼアリュー・ゴー・アゲイン）」という「嘲弄爆弾」を放った。そして、「私は国民皆保険の原則には賛成だ。各論で反対したにすぎない」と言い逃れ、この討論区間で最後の発言で相手に止めを刺すべく論旨を「社会保障」にすり替えた。社会保障の積立金が所得税ではなく一般会計から引かれることに異議を唱え、「受刑者や精神病院患者まで社会保障を受給できるのはけしからん」と発言した。これは、リベラルな有権者ですら内心不満に思っている事柄で、やはりレーガンの有効な最後っ屁だった。むろん、実際には病院側が「受給」するのである。

ちなみに、「あんた、またそれを言う」は、レーガンと親交があったマーガレット・サッチャーも時にまねして使った。映画『マーガレット・サッチャー――鉄の女の涙』（２０１１）でもその場面が出てくる。「嘲弄爆弾」の効き目はあらたかだ。

「弱者切り捨てがアメリカ生き残りの大前提」という酷薄さは、「南部戦略」以後、共和党のお家芸になり果てる（これがあの「リンカーンの政党」とはとうてい思えない）。この酷薄さは、奴隷制に固執してきた南部白人にしみついて離れない「灰汁（悪）」なのだ。ニクスンですら、南部白人よりはましだったが（環境保護庁を創り、黒人に報いる幾多の施策を発令）、レーガンはこんな考えの持ち主だった。レーガンは、カーターが創設したエネルギー庁が石油危機に乗じて荒稼ぎした石油業者から徴収した「たなぼた利益税」、２２７０億ドルを業者に返せと主張したのである。そして「私は政府がその金を握っているより、企業に返したほうが有効に生かして使えると考える。エネルギー庁には１００億ドルの予算が余っているが、同庁は石油も石炭もこれぽっちも生み出さない。同庁ができたせいで、エネルギー生産過程に１３００億ドルのコストが上乗せされた」。「こうして連邦政府は、州や地方自治体のものだった自立と権威を簒奪した」。「かつてわれわれはフリーだった。もう少し自由さを取り戻したい」。

最後の決め台詞《ぜりふ》は、「アメリカン・デモクラシー＝平等＋自由競争」という矛盾だらけの等式の「自由競争」の拡大を策したレーガノミクスの核心である。むろん、レーガンと共和党の等式では、「自由競争＝弱肉強食」となる。

「福祉女王」のでっちあげ

なにしろレーガンは、「最低賃金保障が失業を増大させている」と主張、別の演説では何度も「福祉女王」を持ち出した。「彼女はシカゴにいて、80の偽名、30の贋住所、10数枚の社会保証カードを使い分け、死別した亭主が4名いたと嘘をつき、15万ドルをせしめ、キャデラックを乗り回していた」。メディアが懸命に調べた結果、レーガンの「嘘」と判明（調子がいいから嘘と事実が混じり合う、初期のアルツハイマー症状だった）。

こういう酷薄さだと、共和党の大統領は就任式で自党の大統領の国民向け実績を強調できない。カーターもそれを突いて、「共和党の新大統領が引用するのは、民主党の大統領の実績ばかり」と一矢報いた。それをレーガンは逆手にとる。「私が民主党の大統領の発言を引用したのは、自分が民主党員だったころの話だ。当時は、私もばかなことを口にしていた。今回の大統領選では、何百万もの民主党員が共和党に票を投じるだろう――小さな政府、少ない税金、国民にもっと自由を保証する共和党にね」。まさに彼の言ったとおり、しかも何百万どころではなかったのである。この民主党員は、「レーガン・デモクラッツ」と呼ばれた（ニクスンの「サイレント・マジョリティ」と重なる）。彼らがレーガンという耳ざわりのいい声の持ち主から「子守歌」で眠らされて以後、このタイプの「国民」の蒙昧化は手がつけられなくなる（なお、レーガンが民主党員だった当時、彼はハリウッドで俳優組合の委員長だった。そして「赤狩り」に賛成したのである。〈前掲拙著『カリフォルニアからアメリカを知るための54章』参照〉）。

討論の最後に、カーターは「大統領の孤独な決断＝今回の大統領選での有権者の孤独な決断」という図式で、アメリカ国民に最後の選択を委ねた。カーターが想定する「国民」とレーガンの「国民」

はまったく違う。後者は「孤独な決断」など無縁の、付和雷同しかできない最低の連中だった。しかし、レーガンは歴史に残る古狸ぶりを発揮し、カーターに以下のように引導を渡したのである。

レーガンによる討論の締めくくりは、次の突き返し事例に匹敵する。ブッシュ父とコンビを組んだダン・クエイル上院議員が、「私は若いが、ケネディ大統領も若かった」とテレビ討論で発言した瞬間、民主党の副大統領候補ロイド・ベンツェン上院議員がすかさず次の台詞を放った。「上院議員、あなたはケネディではない。私は何年か彼の馬側を駆けた。その経験に照らしても、あなたはケネディではない」。民主党にもこれだけ痛烈な言葉の剣を突き出せる政治家は多々いるのだが、カーターはレーガンに押しまくられたのである。レーガンはこう言った。

「そう、国民諸君、大統領が言われる孤独な結論を下す前に、こう自問してください。『4年前より今のほうが暮らしは楽になっただろうか？』ってね。『4年前より店で買い物がしやすくなっただろうか？　4年前より失業が減っただろうか？　4年前よりアメリカは世界で敬意を払われているだろうか？　4年前より安全保障は完璧だろうか？』とね。これらすべてにイエスと出れば、諸君が誰に投票すればいいかは自明だ。しかし、ノーならば、話は別です」。

31

【レーガンの経済政策】

「レーガノミクス」の4大原則

★ニューディール体制の破壊をめざす★

ケインズ理論では説明できない新事態

共和党の経済政策を明確に民主党のそれと切り離したのが、レーガンだった。それを以下に書くのだが、ともかくレーガン以前は両党の経済政策は共通項が多かったのに、以後はこの分野でも対立することになった。その対立が生半可ではなかったのである。「文化戦争」は、経済政策上の対立によっても激しさを増した。2011年夏、国家債務の上限引き上げ拒否を脅しに緊縮財政、均衡予算、富裕層への増税反対でオバマ政権を窮地に追い込んだ共和党のやり口は、まさに同工異曲、レーガンに始まる民主党いびりの典型だったのである。

1929年の株価大暴落以後、民主党のローズヴェルト政権が打ち出した起死回生策、「ニューディール（新規巻き直し）」は、企業税や上流層への所得税、とくにキャピタル・ゲイン（資本利得＝株式の値上がり利益等々）などへの課税を激増させ、その税収を公共事業投資で企業や雇用に還流させ、経済の活性化を図る方式をとってきた。1939年には75％、第二次大戦末期の44〜45年は94％！　63年までは累進課税によって上流への課税額のトップは実に91％を超えた（だから、上流の一族だっ

減税法案の概略について解説するレーガン
（1981年7月、撮影：White House Photo Office）

たローズヴェルトは、「階級の裏切り者」と罵られたのである）。

ただ、いくら何でもこれは高すぎて、民主党のジョンソン政権が１９６５年、70％に引き下げた（彼自身のニューディール、「偉大な社会」政策を開始した年で、財源で自ら首を締めたことになる）。それがレーガン政権では、81年は70％、82年は50％、87年は38・5％へと減り、ついに最後の88年には28％に激減したのだ（ブッシュ父政権では31％、クリントン政権では39・6％、ブッシュ息子政権では２００３年に35％に落とし、以後２０１１年時点で連邦所得税の最高額は35％のまま）。

また、ローズヴェルト政権は、アメリカン・デモクラシー（ＡＤ）の等式、「ＡＤ＝平等＋自由競争」の後の項目に対して厳しい規制をかけた。「平等」の項目に変数値を大きくかけ直した結果、「資本主義の社会主義化」だと批判された。第二次大戦後、ソ連が台頭し、米との冷戦構造が確立するや「赤狩り」が始まったのも、それを仕切ったアメリカ人の経験範囲では、ソ連よりもニューディールへの反発と怨念が基礎になっていた側面がある。

むろん「サイレント・マジョリティ」や「レーガン・デモクラッツ」は、累進課税などとは無縁の収入しかなかったくせに、「反ソ反共の減税派」になった。つまり、金持ちへの増税のおかげで自分らが「おこぼれ」にありつける事実すら、彼らのおつむを素通りしてしまったのである！

このニューディール方式が行き詰まる契機が、例の1970年代の2度の石油危機で起きた「スタグフレイション」という奇妙な新現象だった。普通、インフレは好況で起きる。そのインフレが、この時期は不況で失業率が高いのに、進行したのである。この呼称は、「スタグネイション（停滞）＋インフレイション」の合成造語だった。

これは従来珍重されてきたジョン・メイナード・ケインズの「需要側重視経済」理論では説明できない新事態だった。失業者が増えれば需要は低迷するので、インフレは起きず、逆に価格は低下するはずなのだ。つまり、普通なら「需要が（経済を刺激して）供給を生み出す」わけで、これが「需要側重視（ディマンドサイド）経済」理論である。しかし、「スタグフレイションではそういう展開にならず、ケインズの理論が破綻した」と受け取られた。

結局、ケインズ理論によりスタグフレイションを離脱

その破綻への対応策として、急遽、レーガンは以下のような対応策を提示した。

(1)政府支出の削減、(2)所得税と資本利得税の削減、(3)政府規制の緩和、(4)インフレ抑制のため通貨供給量緊縮。これが「レーガノミクス」の4大原則となる。

もう1つ、レーガンは大統領になる前から連邦政府予算を大幅に州に返還するよう要求していたが、これには共和党大統領のジェラルド・フォードが異議を唱えた（当時の共和党には、南部戦略やウォーターゲイト事件にもかかわらず、まだ正気が残っていた)。

むろん、レーガンは幾人かの経済学者の理論を取り入れたのだ。一番有名なのが、アーサー・ラファが唱えた「ラファ曲線」と呼ばれるもので、「極端な高税率は潜在的な税収を低下させる。理由は生産の動機を低下させるからだ」と言う。同時にラファは、「税率を下げすぎると税収は減る」という至極当然のことを言ってもいるのだが、これはレーガンとブッシュ息子は無視する。

この2人に経済などわかるはずもなく、ひとえにニューディール体制の破壊をめざして、それに好都合なラファその他の奇怪な経済理論を利用したのである。もっともレーガンは、母親から受け継いでいた宗派ディサイプルズ教会の大学、ユリーカ大学の経済学部を出ていたのだが、経済はさっぱりだった。いや、ブッシュ息子に至ってはハーヴァードのビジネススクール出だったが、リーマン・ショックへの対応では一切、ヘンリー・ポールスン財務長官、ベン・バーナンキ連邦準備制度理事会議長、ニューヨーク連銀総裁ティモシー・ガイトナー(のちにオバマ政権財務長官)任せだった(拙著『ニューヨークからアメリカを知るための76章』2012、明石書店を参照)。おそらくブッシュは、「レガシー・ティップ」と呼ばれる、家族や身内が同窓生ならば特別入学を認める制度を利用してイェールやハーヴァードへ潜り込めたと思われる。

ニクスンのスタグフレイション対策は、賃上げと価格統制の放棄で、それでも対応し切れず、金本位制を廃棄してドルを変動相場制の荒波へと押し出した。これが不況にもかかわらずドル高を招き、インフレの主要原因となった(同時にドル高は米の貿易赤字を招き、レーガン政権は1985年、「プラザ合意」によって劇的な「円高ドル安」を中曾根政権からもぎとる/拙著『ジョージ・ソロス伝』2012、李白社)。

石油価格の高騰への対応は、眠っていた国内油田の再開発だった。カーターも同じ手法で悪戦苦闘したことは、前述のレーガンとのテレビ討論のとおりである。

しかし、最終的にスタグフレイションを押さえ込んだのは、レーガンの施策ではなく、(1)連邦準備制度理事会議長ポール・ヴォルカーがカーター政権の末期から採用した通貨供給量の抑制（つまり4大原則の(4)）、それと、(2)１９８０年代に国際市場での石油供給量の増大で石油価格が低下してきたことだった。

(1)の場合、ヴォルカーは以下の手順を踏んだ。(a)インフレ抑制の常套手段、高金利政策（１９８１年、20％までの高金利を強行）、(b)この結果、一時的に「人工的な失業率増大」を引き起こし、物価／賃金の上昇スパイラルを押さえ込み、人為的に１９８２年の不況を創出（「レーガン不況」または「ヴォルカー不況」）、(c)インフレ抑制効果が出たとみるや低金利政策に転換し、経済成長のタービンを始動させ、漸進的な失業率の低下を生み出した。

これは、レーガノミクスの激烈な批判者、ノーベル経済賞学者のポール・クルーグマンによれば、絵に描いたようなケインズ経済学の手法だったのである。むろん、ヴォルカーはレーガノミクスの批判者だった。

32

【レーガンの経済政策】

税収は増えたのか？

★連戦連敗のサプライサイド経済理論★

問題は、所得税と資本利得税の削減（前述の4大原則(2)）のような「減税によって資金を手にした企業や上流層がそれを投資に回して市場が活性化し、やや間隔を置いてその成果が減税分を埋め合わせるだけの税収を国庫に補填してくれる」というレーガノミクスの主張が実現したかどうか、ということだ。

なお、需要と供給の関係では企業は供給側なので、この企業優先の経済政策は「供給側重視（サプライサイド）経済」理論と呼ばれる。またこれは、「供給が（経済を刺激して）需要を生み出す」という風にも説明された。つまり、(1)減税で資本側が投資額を増やす、(2)その結果、市場が活性化し、需要が掘り起こされ、企業は増産に転じて、(3)このサイクルが何度か繰り返された結果、何年かおいて減税分を埋め合わせるだけの税収が国庫に入る――この過程を指して「供給が需要を生み出す」と称するのである。

で、レーガノミクスで税収は増えたのか？　ノーだった。それどころか、増税路線に戻したクリントン政権（1992～2001年／C政権）に比べて、レーガン政権（1981～89年／R政権）、同じ供給側重視減税策を採用したブッシュ息子政権

（2001〜08年／B政権）は、⑴投資増、⑵経済成長、⑶中間層の増収、⑷賃金増、⑸雇用増、⑹連邦予算赤字、⑺国家債務の、全項目で敗退したのだ。

⑴「投資増」は、C政権が年間平均10・2％増に対してR政権が2・8％増、B政権は2・7％増（減税効果すらなかったわけだ）。⑵R政権が大見得を切り、B政権や今日の共和党領袖が固執し続けた「経済成長」は、C政権が年間平均3・9％増、R政権は3・5％、B政権は2・5％（B政権は同時に2つ戦争やったからね）。⑶「中間層の増収」は、C政権が年間平均2％、R政権は1・4％、B政権は0・3％（！）。「減税効果による経済成長で、庶民にも御利益《ごりやく》が滴り落ちてくる」とした「トリクル・ダウン」現象は起こらず、R政権でホームレスが激増した（1980年代後半、60万人、1年たつとそれが倍増した。その多くがヴェトナム帰還兵、子供、レイオフされた労働者、家族経営の農場が破綻した農民、収容施設から追い出された知的障害のある人々）。中流層の零落、極まれり（それでも共和党に投票するオバカが絶えない不思議さ！）。

⑷「賃金増」では、C政権は時給が年間平均0・9％増加、R政権は平均0・1％低下（！）、B政権は0・3％増加。⑸「雇用増」は、C政権が年間平均2・5％増、R政権が2・1％増、B政権が0・6％増（RとBは増えたのがふしぎなくらいだが、低賃金のパートなど悪条件の雇用も勘定に入れた）。⑹「連邦予算赤字」は、C政権が1993〜99年、GDPの3・9％の赤字から1・4％の黒字へ。R政権はたった1981〜83年の間でGDPの6％赤字へ。B政権の場合、2001年の税法採用でGDPの1・3％黒字になったのも束の間（C時代の黒字のおかげ）、イラク侵攻翌年の2004年、赤字3・6％に跳ね上がった！ ⑺「国家債務」は、まずR政権は、最初の7年間でGDPの14・8％

に激増したのが、C政権の必死の節約で10%も引き下げ（つまり4・8%に）、B政権はそれを8・6%へと元の木阿弥に（以上「センター・フォア・アメリカン・プログレス」2008年9月12日より）。

レーガン政権の8年で、アメリカは「世界最大の債権国」から「世界最大の債務国」へ転落した。また、2003年、ブッシュ息子の減税法署名直前、無党派の「経済政策研究所（EPI）」が反対声明を出したが、これには10名のノーベル賞経済学者が署名していた。また同年、「議会予算局（CBO）」が9つのモデルを使って試算したが、7つのモデルが「減税による税収の見込み薄」との結論を出した（政権の足元から火がついたわけだ）。それどころか、供給側重視の経済学者にすら、減税による税収増を「酔狂な経済学」と嘲笑う者までいた（その1人、グレゴリー・マンキューなどはブッシュ直属の「経済諮問委員会〈CEA〉」の前委員長で、これまた足元からの造反。なお、マンキューは2012年2月時点で共和党の大統領候補指名を争っているミット・ロムニーの経済政策担当）。

33

【レーガンの経済政策】

ヴードゥー経済学

――★国と国民にお呪《まじな》いをかけ続ける「レーガノミクス」★――

レーガンは3度増税でも再選、ブッシュ父は1度の増税で落選

共和党本流は「東部エスタブリッシュメント」で、ブッシュ家は元を正せばこの系列に属する家系だ。だからレーガンと共和党予備選を争っていた当時、ブッシュ父はレーガノミクスを「ヴードゥー（お呪い）経済学」と嘲っていた。「(a)減税～(b)一時的税収減による国庫赤字激増～(c)投資増～(d)増産～(e)雇用増加～(f)賃上げ～(g)消費・購買力増加（(e)～(g)は前述の「トリクル・ダウン効果」）～(h)税収増加」――この迂遠な図式は、「需要が供給を生み出す」としたケインズのわかりやすい図式とあまりにもかけ離れていたのである。東部エスタブリッシュメントの共和党領袖には、ケインズの信奉者が多かったのだ（拙著『ブッシュ家とケネディ家』２００３、朝日選書、前掲拙著『アメリカン・エスタブリッシュメント』参照）。

その意味で、B級俳優としての名声以外何もなかったレーガンとしては、ニューディール政策の破壊という大目的以外に、東部エスタブリッシュメントへの敵意も手伝って、「供給側重視経済理論」に走ったとも言える。

とはいえ、その東部エスタブリッシュメント取り込みは政権

獲得のうえでは不可欠で、レーガンはブッシュ父を副大統領候補という餌で釣るのだが、ブッシュ父もあっさり「お呪い経済学」の揶揄を止めてレーガンとコンビを組んだ。ところが、大統領となったブッシュ父は湾岸戦争の勝利で支持率90％（！）に達したあと、経済不況でレーガノミクスの大赤字への補填に増税に踏み切らざるをえなくなり、それゆえにクリントンに敗退する憂き目を見る。こうしてブッシュ父は、政治家としては、レーガノミクスの最大の被害者となるのである。レーガノミクスの軛《くびき》ゆえに、ブッシュ父は演説で、「私の唇を読んで下さい。ノー・ニュー・タックシズ」と文字どおり「口約」したが、その後の増税で命取りとなった。

ところが、肝心のレーガンは、自ら創り出した税収の大赤字補塡のため何度か増税をやったのに（早くも政権2年目の1982年にかなりの増税〈第50章〉を、次いで84年と87年にも実施した）、咎められなかった。渾身、「人たらし」の技に長けていたのである。しかし、その技がなかったブッシュ父、少しはあったブッシュ息子に対して世間は厳しく、この父子は「増税は命取り」との妄想にとり憑かれた。つまり、「レーガンのレーガノミクス」と「ブッシュ父子のレーガノミクス」は違うのだ。後者こそ「動脈硬化を起こしたレーガノミクス」であり、アメリカおよびアメリカ国民への「お呪い（ヴードゥー）」であり続けているのである。

以上のように、レーガノミクスはスカだった。前にダン・クエイル（ブッシュ父の副大統領候補）に対して、「上院議員、あなたはケネディでない」と痛烈な一矢を放ったロイド・ベンツェン上院議員（民主党のマイケル・デュカーキス候補の副大統領候補／第30章）は、同じ副大統領候補同士のテレビ討論で、レーガノミクスに対しても以下の「毒矢」を放った。「毎年2000億ドルの不渡り小切手を書かせてくれたら、繁栄の幻影を国民に提供してみせますよ」。「減税で税収増を」というレーガノミクスの空手形を「不渡り小切手」になぞらえてみせたのだ。実に当意即妙な「突き」ではないか。デュカーキスではなくベンツェンこそ大統領候補であるべきだった。荒々しいテキサス基盤のベンツェンのほうが、穏やかなマサチューセッツ基盤のデュカーキスより、喧嘩の舌鋒が鋭いのだ。

レーガノミクス執行者ですら「供給側重視経済」を批判

とはいえ、歴史的に破綻が証明されたレーガノミクスや供給側重視経済という「ぼろ神輿」を、共和党右派がなぜいまだにおそれかしこしと担ぎ回っているのか？　レーガノミクスの政策執行者だったデイヴィッド・ストックマンですら、「減税拡大は、議会とホワイトハウスが一緒に破産申請するようなものだ」、「共和党は減税を宗教にしてしまい、国債その他が18兆ドルになろうと減税減税と言い募るのは倒錯心理だ」（２０１０年８月）と、共和党の頑迷さを罵っているというのに！

ミシガン基盤の連邦下院議員から、35歳でレーガン政権の「行政管理予算局（ＯＭＢ）」の局長職についたドイツ系のストックマンは、７０００億ドルの連邦予算から４１０億ドル余の予算削減を仕切った（最終的には、60億ドル少ない３５１億ドル止まり）。予算総額を1ドルとすると、社会保障その他に総計48セント、国防費25セント、当時総額1兆ドルだった国債利子支払い額に10セント——これらは「聖牛」として削減の対象から外されていたので、残る17セントから削るしかなかった。自在に大鉈《おおなた》を振るえたわけでもないのに、彼は「共和党のロベスピエール」呼ばわりされる。

ストックマンの業苦の過程で、当時の共和党にはまだ、貧困層に配慮して削減に抵抗し、彼を手こずらせた穏健派議員らがいたことがわかる（レーガノミクスは、以後、彼らを急速に共和党から駆逐していく）。あらゆる利益代表が対抗予算案を提示してくるので、「これらの数字の意味を把握していた者は1人もいなかった」、「歴史はランダムの要素が勝る」という大混乱の中を、ストックマンは必死で泳ぎ抜ける日々が続く。案の定、ウォールストリートは「減税の経済効果」を体現しない。景気は弱気のままだった。１９８１年1月の政権発足、4月、国民に対するレーガンの得意の演説には、トランキライザー効果はあったものの、同月半ば、１９８４年まで毎年６００億ドルの赤字予測が出て、その効果は吹き飛び、81年5月、ストックマンは早くも「聖牛」（国防費や社会保障）削減に動き、ついに81年9月、レーガンに撥ねつけられ、『アトランティック・マンスリー』（１９８１年12月号）のインタヴューでこう発言した。「減税だけで税収増や雇用増が起こるなんて、1度も真に受けたことはなかった」（!!）。彼はこうも言った。「トリクル・ダウン効果だけが国民をつなぎ止める。しかし、それだけじゃ売れないので、供給側重視経済という神輿を担ぎ出した」。

この雑誌会見記事は、当然、レーガンその他、政権中枢の逆鱗に触れ、ついに85年、ストックマンは政権を去ったのである。そのストックマンですら、今日レーガノミクスを非難している点にこそ、共和党右派の迷妄がむき出されている。

34

【レーガンの経済政策】

「ぼろ神輿《みこし》」を担ぎ続ける理由

★ 共和党右派の隠された戦略 ★

国際市場が大目に見てくれる合衆国の大赤字

レーガノミクスという「ぼろ神輿」担ぎを共和党右派がいまだに止めない答えは以下のとおりである。

ニクスンがドルを黄金の裏打ちから解放して変動相場制にした結果、前述のように、ドル安になるはずが逆にドル高になった。すでに1950年代半ば、合衆国外に止まり（主にロンドンの銀行）、「インターバンク市場（国境を越えたボーダーレスな金融機関相互の短期的な資金貸借で資金の過不足を調整する市場）」で利鞘稼ぎに使われてきた「ユーロ・ダラー」の猛威が、ドルを金本位制で保護できなくさせていたのだ（中東の油田国が石油を売った「外貨」がユーロ・ダラーの大半を占めた）。国際市場が、そういう前近代的な保護装置（金本位制）を無効化していたのである。

ところが、ジュード・ワニスキらレーガノミクス唱導者らは金本位制復帰を唱えているから、皮肉は二重になる――つまり怪我の功名でレーガノミクスを生き延びさせてくれてきたユーロ・ダラーその他には邪魔な金本位制の復活を望むワニスキらは、まるで事態が見えていない証拠を自ら暴露したことになる。まさに「お呪い（ヴードゥー）経済学」なのだ。

この「ぼろ神輿」がいまだに生き延びている大きな理由は、以下のとおりだ。とにかく、アメリカ国内の赤字が、国際市場に思ったほどインパクトをもたらさなかったのである。金利は国際市場で決まるので、アメリカの大赤字は「資本形成」（新工場などの設備投資）に影響しない。これは、反レーガノミクスの需要側重視経済論者も1980年代後半になってやっと気がついた新事態だった（ベンジャミン・M・フリードマンは、1988年時点で米の赤字が経済を不能にするという趣旨の本を書いていたが、のちに上記の事態に気づき、修正している）。

要するに、個人もローンで生涯借金を背負えば、住宅その他ほしいものがすぐ手に入る。住宅産業も住宅ローン産業も活性化する。ならば、合衆国も中・日・英に国債を買わせて借金し、さらには国内市場を中・日・英その他に開放してそれらの国々の資本をどしどしアメリカに投下させれば、大赤字でも国は成り立つ。その金で世界最強の武力国家であり続けたほうがお得ではないか。国債を買わせるだけでなく、イラク侵攻となれば、中東の石油抜きには干乾しになるくせに軍隊の派遣をしぶる日本などから「みかじめ料」をふんだくればいい。ただ、ここが肝心だが、それで借金が帳消しになるわけではない。

ブッシュ息子政権では、2002年遅くにチェイニー副大統領が経済閣僚を招集し、再び減税案を示したとき（前述の2003年の減税法案）、財務長官ポール・H・オニールは「すでに1580億ドルの連邦赤字で、これ以上の減税は財政危機を招く」と訴えた。ところが、チェイニーはレーガンの遺産を楯にとり、オニールを黙らせたのである。ALCOA（アメリカ・アルミ社）を率いてきたオニールには、つき合い切れない異様な経済感覚（「お呪い経済学」）で、彼はのちに辞任する。

そこで、供給側重視経済を批判する者の中には、「『減税で税収増』説は連中の煙幕だ。狙いは政府の支出減らしで、減税で政府を飢餓に追い込むことで、サナダムシを殺すには胃袋を殺してしまえという本末転倒さ」という者（ポール・サミュエルスン）まで出てきた。サナダムシ＝政府の垂れ流し支出、胃袋＝政府、というわけだ。これと似ているジョークが、「健康を犠牲にしてダイエットして痩せられないのと同じ」（グレゴリー・マンキュー）で、(1)ダイエット＝減税、(2)犠牲になる健康＝税収減、(3)痩せられないこと＝税収増の挫折、を指す。マンキューは、第32章に書いたようにブッシュ政権の経済諮問委員長だった人物である！


共和党右派の国家反逆罪的な戦略、「そのけだものを飢えさせろ」


しかし、「サナダムシ理論」や「ダイエット・ジョーク」は、まだ共和党右派の恐るべき国家反逆罪級の隠された戦略に気づいていない。それは何か？　戦略は二重になっている。(1)「サナダムシ理論」の別名は、「そのけだものを飢えさせろ（スターヴ・ザ・ビースト／ＳＴＢ）」作戦と呼ばれる。「けだもの」は連邦政府、「飢え」は減税によって政府の支出を止めることだ。「政府は悪だ」と決めつけながら大統領になったレーガンの、トンチンカンな屁理屈にピッタシではないか！

ＳＴＢはもともとは、落とし穴で虎をとらえたインディアンが、虎を飢えさせて、餌を入れた檻に入らざるをえなくさせた伝説に由来する（アメリカには虎はいないから、ピューマの間違いか？）。

お次のＳＴＢ伝説の背景は以下のとおりである。１９６０年代、民主党のケネディ政権が減税に踏み切ったとき、インド大使の経済学者ジョン・ケネス・ギャルブレイスが「政府財政を危殆に陥れる（ＳＴＢ）」として異論を抱いた。しかし政権から大使職を与えられている身では公然と反対できず、65年、古巣のハーヴァードに戻って議会証言でやっと異議を唱えた（これは正気の発言）。次いで85年、レーガン政権の高官が、減税額が不足で、「われわれは十分ＳＴＢしなかった」と（狂気の）発言をした。

二重の戦略の(2)は、共和党は自党政権では減税で赤字を垂れ流し、民主党政権には均衡予算（赤字削減）、つまり垂れ流し分の尻拭いを迫り、いびり抜くことである。ミット・ロムニーがマサチューセッツ州知事時代、故エドワード・ケネディ連邦上院議員との超党派で署名した健保法は、オバマケアとほとんど変わらない。ロムニーはこの署名ゆえに、２０１２年の大統領予備選でトップを走りながら、国民皆保険を「浪費」と見る信じ難い共和党右派の迷妄ゆえにテイクオフできない時期が続いた。ケネディ議員自身、「われわれ（ケネディかロムニー）のどちらかがこの法案を読んでいないんだ」とジョークを飛ばして、超党派法案の成立を喜んだものだったが。

つまり、大差ない健保法でも民主党には認めない、いや、民主党大統領そのものを認めない。何でも反対である。前述の、国家債務の上限引き上げ拒否騒ぎも、オバマを窮地に追い詰める罠だった。引き上げなければ米国債は紙屑となり、それをどっさり買っている中日英は破産して世界経済に巨大なブラックホールが口を開け、世界がそこへ呑み込まれる。共和党右派で最も蒙昧なティー・パーティには、その恐怖すら思い描けない。２０１０年の中間選挙で当選したティー・パーティの新人議員87名の中にはそれがわからない者がかなりいた。

レーガノミクスの「お呪い（ヴードゥー）」にがんじがらめになった共和党右派は、2011年8月2日の妥結間際まで、国家債務の上限引き上げを大統領選たけなわまでしか持たない額に抑え込み、再び悶着にオバマを引きずり込んで、彼の落選を確実にしようと図った。飢えさせるべき「けだもの」の最たる者こそオバマというわけである。

IV

暴れ象 vs 反撃ドンキー
「右翼の大いなる陰謀」

これまでは、共和党右派が「南部戦略」と「レーガノミクス」を合体させ、この基本戦略を振るう加害者の側面を見てきた。この部では、クリントンとオバマの民主党政権がこれにいびり抜かれる被害者の側面を一瞥する。

クリントンの場合、共和党の走狗と化した特別検察官ケネス・スターの毒を食らわば皿までの醜態（ホワイトウォーター疑惑、クリントンの女性問題などのでっちあげ）、オバマの場合は何度か触れてきた、国家債務の上限引き上げを搾め木に使って締め上げる、あこぎさも極まれりの作戦に絞る。クリントンの場合、日本ではセックス・スキャンダルだけが脚光を浴びて、ヒラリー夫人が「夫を陥れる『右翼の大いなる陰謀』がある」という発言の背景は見過ごされてしまった。しかしアメリカでは、彼女の発言は1960年のニクスンvsケネディの大統領選のようにゲーム化された。それだけ彼女の発言に現実感が感じ取れたからである。

また、夫人は「とんまドンキー」化した民主党に活を入れて、自ら「反撃ドンキー」のお手本を示した。その前に、夫を当選させた選対参謀ジェイムズ・カーヴィルも、「反撃ドンキー」の原型を提示した。

しかしその前に、ブッシュ父が1988年の大統領選でマイケル・デュカーキスを仕留めた「犬笛作戦」、それを渾身体現していた選挙参謀リー・アトウォーターを眺めて、「加害」と「被害」の間《あわ》い（境界線）に最後の一瞥をくれておきたい。

35

道義心を捨てた富裕層

★グローバリズムが生んだレーガノミクスという鬼子★

レーガンによるブルーカラー中流層と労組の破壊

レーガノミクスとの関連で触れておきたいことがある。それは、「日本人」と称する「市民」が98％余を占める日本では、「南部戦略」がどうやら人種差別に起因するらしいとはわかっても、「レーガノミクス」すら人種差別の「暗号（コード・ワード）」だとまではわからないということだ。そこで、こう言えばわかりやすいだろう。

「黒人に悪意を持たない政治家でも、自分の得になると思えば、アメリカ社会の差別的局面を利用する」（ラトガーズ大教授デイヴィッド・グリンバーグ）のである。

これは「悪」としては、差別意識で凝り固まった前世紀的南部白人より質《たち》が悪い。ニクスンとレーガンは、質の悪さでは、当然、後者に軍配が上がる。ニクスンには一抹の憐憫を感じるが、レーガンには愚昧なアメリカ人を欺き、常に彼らの批判をすり抜ける鰻のような狡猾さしか感じられない。

では、レーガノミクスのどこに、グリンバーグの言う特徴が露呈していたのか？

まず企業や富裕層の減税政策を基軸とし、その減税の御利益が庶民に滴り落ちてくるとした「トリクル・ダウン（おこぼれ）効果」という発想自体、レーガノミクスのむき出しの階級的差別性を露呈している。しかも、レーガノミクスで庶民は「おこぼれ」にすらありつけず干乾しになり、ホームレスが激増した。また、労賃の安い海外への工場逃避を野放しにして、ブルーカラー中流層を破壊しただけでは飽き足らず、労組破壊によって労働者を常時レイオフや馘首の脅威にさらした。

この過程で救われないのは、国民の間に「労組はブルーカラー、ホワイトカラーのおれには似合わない」という、新たな蒙昧さが生まれてきたことだ。これが、政権側の労組破壊をやりやすくした。前述の、石油危機以降の工場の海外逃避で国内に残る職業の大半が「モノ造り」から「情報サービス生産」に縮小されたことが、学卒者が雇用の大前提となり、このような卑しい観点を生み出したのだ。

レーガンのやり口は、英国の「保守党」を率いたマーガレット・サッチャーも断行したが、オーストラリアでは革新の労働党がしてのけた。この点で、国内のブルーカラー失業、ホワイトカラーの仕事オンリーに加えて、他方、前述のインターバンク市場など金融市場の完全な国際化によって企業は多国籍化で存続を図るしかない「グローバリズム」こそ、レーガノミクスや「サッチャリズム」という鬼子を生み出す背景となった。労働党が労働者の首を切るしかなかったオーストラリアの悲惨さこそ、事態の深刻さを露呈している（拙著『オーストラリアを知るための58章〈第3版〉』2010、明石書店）。

第35章

道義心を捨てた富裕層

ブッシュ家父子2代をかけて共和党本流を脱皮

他方、共和党本流の「東部エスタブリッシュメント」には、せめて「ノブレス・オリージ（高い身分に伴う道義上の責務／NO）」という、遠く古代ギリシャ以来の伝統があった。古代の海軍都市国家アテナイでは、軍艦建造は富者の義務で、庶民は負担を免れていた（向山宏）。思えば、NOは長らく富裕層を縛る道義で、右の国際的な新事態に直面しても自らその道義を振り捨て兼ねていたのを、富裕層とは無縁な生い立ちのレーガンやサッチャー、ついにはオーストラリア労働党までが、富裕層から「道義」の仮面を引き剝がしてくれたとも言える。何十世紀もの重荷を、下の階層出の政治家らが下ろしてくれたのだ。

それを言うなら、まだNOの尻尾を引きずっていたブッシュ父は、十二分に「仮面」を捨て切れない側面があった。レーガノミクスを「お呪《まじな》い経済学」と嘲笑った彼こそは、父方の祖父の代からの富裕層で、実父プレスコットは大財閥「ブラウン兄弟ハリマン社」の大番頭、また上院議員としてアイゼンハワー大統領のゴルフ仲間、共和党極右のジョーゼフ・「赤狩り」・マッカーシーを倒す先陣を切るNOの権化だった。

ブッシュ父のミドルネイムHWは「ハーバート・ウォーカー」、母方のウォーカー財閥の総帥（母方の祖父）の氏名である。ブッシュ息子のミドルネイムWも、むろんウォーカー、いかにブッシュ一族がこのウォーカー財閥に恩義を受けてきたかがわかる。HWは、上流WASPの美学として表舞台から「引っ込んで」いたので（つまり、奥ゆかしさの美学）、今日、ゴルフの「ウォーカー杯」に名を残すのみだ（詳細は前掲拙著『ワスプ（WASP）』『ブッシュ家とケネディ家』『アメリカン・エスタブリッシュ

大統領就任式に臨むジョージ・H・W・ブッシュ
（1989年1月20日、出所：Library of Congress）

メント』参照）。

したがって、ブッシュ父はあられもない政治行動にためらいがあり、それが無知な有権者には「弱虫（ウィンプ）」と映った。ブッシュ父は、共和党の大票田、キリト教右翼という蒙昧さも極まれりの集団を唾棄した。「信仰心は個人の胸底深くに秘めたものだ。それをあんなにあからさまに公言するなどもっての外だ」と非難している。

筆者は、これは正しい姿勢だと思う。筆者が盛んに「無知蒙昧」という強い言葉で「南部戦略」にひっかかった輩を非難してきたのは、彼らの卑しさ、奥ゆかしさのなさを唾棄するからである。奥ゆかしさは「体験的知性」に裏付けされている。「学歴的知性」も「体験的知性」との融合がなければ、ただの付け焼き刃で、一種の「無知蒙昧」に堕す。

さて、ブッシュ父は、どうしてもキリスト教右翼の集会で演説する気になれなくて、選対を仕切っていた息子「ジョージィ」がこの大票田とのつなぎをつけるうちに、ミイラ取りがミイラに、彼自身がキリスト教右翼になってしまった。

オリヴァ・ストーンは、映画『ブッシュ（原題は「W」）』（2008）でこの点を強調している。ブッシュ息子は幼時、Wを「ダブヤ」と発音し、それがいまだに彼の呼び名になっている。原題はこれに由来。彼は成人後も、「ニュークリア（核の）」の発音が「ニューキラー（新米殺人者）」と聞こえると揶揄された。

そのWは荒々しい男振りを誇示するテキサス育ちなので、「ためらい」（奥ゆかしさ）がなかった。言うまでもなく、「弱い犬ほどよく吠える」（弱い者ほど強がる）で、テキサス人が本当に強いわけではないが、全米で最も暴力的な風土ではある。「その犬は嚙みつけない（ザット・ドッグ・ウォント・バイト）」とは、「そのアイディアは使えない」のテクサニズムだ。

他方、共和党の良心だった「東部エスタブリッシュメント」が前記のNOの重荷を振り捨てるお手本を獲得するには、父子2代大統領を必要としたとも言える。父子2代が大統領を務めたのは、アダムズ父子（ジョン・アダムズとジョン・クインシー・アダムズ）に次いで、ブッシュ父子がアメリカ史上2例目にすぎないのである。

36

レーガノミクスの「暗号」

★経済学で偽装した新手の人種差別★

婉曲差別の手口

レーガノミクスと人種差別の話に戻ろう。

この奇怪な経済学は、「大きな政府」による「規制」を破壊してきた。むろん、敵はフランクリン・D・ローズヴェルト大統領（FDR）による「ニューディール（新規巻き直し）政策」である（民主党は、このFDRによって完全に革新化をとげた）。これまた前述のように、レーガンですらFDRの遺産、社会保障には手がつけられなかった（理由は、白人が手をつけさせなかったから）。

しかし、別の遺産、社会福祉には大鉈を振るった（貧困層が白人の3倍はいる黒人やラティーノらが福祉の受益者の多数派に見えたから。実数は白人のほうがはるかに多かったのだが）。それが露呈したのが、第30章で触れたシカゴの「福祉女王」という、レーガンの虚言だった。レーガンは「女王」を黒人と匂わせていた。「匂わせる」とは、「福祉女王」と言うだけでアメリカ人には「黒人」とわかる「下地」ができていたことを意味する。

レーガノミクスは、このような「下地」を基礎に、「経済学で偽装した新手の人種差別」という手の込んだ側面を持っていた。

レーガン、ネショバ郡品評会で「私は州権を信じております」

「下地」は福祉だけでなく、「劣悪な住宅事情、失業、犯罪、貧困と言えば真っ先に黒人」という社会的文化的基盤全体に出来上がっていて、レーガンがこれらの総体に共鳴するキーワードを口にすれば、アメリカの社会・文化基盤は「犬笛」のように外国人には聞こえない「差別の暗号音楽」を奏でたのだ。

ネショバ郡品評会での繋駕速歩競走の様子（2010年）

レーガンが口にしたキーワードでは、こういう例が見られた。つまり、キーワードを放つＴＰＯが肝心なのである。

映画『ミシシッピ・バーニング』（１９８８）は、１９６４年晩春、ミシシッピ州ネショバ郡の寒村フィラデルフィア郊外で現実に起きた3名の学生暗殺事件を描いている。

２名はユダヤ系、１名はアフリカ系で、いずれも「フリーダム・ライダー」だった。このフィラデルフィアではすでにＫＫＫによって黒人教会が放火され、信徒らが殴られていた。「州間遠距離バス」が南部に入ると始まる座席差別に抗議する学生活動家をフリーダム・ライダーと呼んだが、彼らは黒人迫害でニュースになった残虐な土地をわざと選んで抗議活動を行った。６月21日、３名は行方不明となり、８月まで死体が発見されなかった。

殺人には地元の副シェリフが関与していたが、南部ではおなじみの被告有利の陪審員選びによって無罪放免となった。この人物は、1980年代に取材した『ニューヨーク・タイムズ』記者に対して、「公民権運動は行き過ぎだが、今は白人も黒人も仲よくやってる。おれの孫の先生は黒人だよ」と答えるような人間に化けていた（ジョーゼフ・リリーヴェルド著、越智ほか訳『おまえの影を消せ――南アフリカ 時の動きの中で』1987、朝日新聞社）。地元は、その時点でも犯人をかばっていたのだ。

さて、レーガンは1980年の大統領選本選挙演説の最初に「ネショバ郡農産物家畜品評会」を選んだのである。「サイレント・マジョリティ」を「南部戦略」で籠絡しようと図ったニクスンですら避けたこの札付きの差別的品評会を、レーガンは臆面もなく最初の演説会場に選んだ。郡側でもその意気に感じて1万名もの差別的白人が集結し、いっせいに「おれたちの大統領はレーガン！　大統領はレーガン！」と連呼した。レーガンはそれにどう応えたのか？「私は州権を信じております」。

コラム9

児童扶養世帯補助（AFDC）

婉曲差別の最大の典型は、「児童扶養世帯補助（AFDC）」である。稼ぎ手である世帯主が不在の家庭に対して貧困線以下の金額を補助するもので、第二次大戦後、崩壊家庭の命綱となり続けてきた。1970年代、工場の海外逃避でブルーカラー層が失業して中流から凋落し、あらゆる民族集団にわたって家庭が崩壊したことで、AFDCへの依存度はさらに高まった。

白人より苦しい生活を強いられてきた黒人やラティーノには、AFDCはいっそう不可欠で、「都心ゲットー」の維持にAFDCは大きな役割を果たしてきた。

また、失業した夫が家庭を捨てる数は、比率的には黒人、次いでラティーノが多かった。白人より心挫ける機会が多かったためである。オバマが大統領就任当初、黒人同胞に対して、「家庭を捨てるな」と異例の呼びかけをした背景だ（彼のケニア人の実父自身、ケニアでの結婚を隠したうえで白人女性と重婚し、アメリカ最初の黒人大統領の父親となった。その父親は、彼とその白人の母親を捨てたのだ）。

逃げ出した父親に代わって麻薬販売などで母親を助ける幼い息子らが、「若者ギャング」に入っていく（前掲拙著『カリフォルニアからアメリカを知るための54章』）。

さらに、夫がいないことにしてAFDCを受給する不正行為が起きた。これは白人、黒人、ラティーノの別なく起きた不正行為だったが、白人側は黒人だけにこれを押しかぶせた。レーガンの「福祉女王」の虚言は、この偏見を前提に吐かれた。そして白人右派は轟々たる福祉批判を展開し、行きがけの駄賃にAFDCをクリントン政権いびりに使い、彼は1996年、共和党右派が押しつけてよこした「福祉改正法」への署名を余儀なくされた。

こういうニューディールの後退を最も激しく迫られた民主党大統領であるクリントンは、「大きな政府の時代は終わった」と言い訳した（日本やイギリスに比べると、アメリカには「大きな政府」など存在しなかった／第49章）。その結果、AFDCは、単に受給するのではなく、労働の対価として受け取るものに変えられた（労働は、自治体役所の草むしりその他）。つまり、受給する主婦は、それまではパートの賃金を上乗せできたのに、かといってAFDC受給に労働時間をとられ、AFDCだけでは生活できず、さらにパートでも時間をとられて、育児どころではなくなった。その間、子供は小学校段階でギャングに入り、その1人が白人の女生徒を銃で殺害する悲惨な事件も起きた。

37

犬笛を吹くディクシー（南部諸州）

★隠微ゆえに威力が倍加した差別語★

「福祉女王」、ＡＦＤＣ、「州権」は「ニガー」と聞こえる

「福祉女王」同様、「州権」も「暗号」だった——前章におけるレーガンの真意は「私は『黒人差別』を信じております」だったのである。ミシシッピ州ネショバ郡で「州権」を口にすれば、「人種差別」と言うよりもっと「人種差別」だった！つまり「ネショバ郡」は、被差別側から見れば「人種差別」の最も雄弁な代名詞だったのである。

民主党のジョンスン大統領は、ネショバ郡で３名の学生が暗殺された１９６４年、「公民権法」に署名したが、レーガンはそれにも異を唱えていた。大統領になってからのレーガンは、ジョンスン大統領が署名した「投票権法」（１９６５年）の弱体化を図った。キング牧師の誕生日の全米での記念日化（誕生日は1月15日だが、記念日は1月の第3月曜日）にも異議を唱えた。人種差別を実践する私立教育機関への免税措置の連邦政府による禁令に反対した（彼の具体的な狙いは、「人種統合」の最高裁裁定に違反して、白人だけの生徒を受け入れる私立校の容認）。さらに、連邦公民権法の適用範囲拡大を推進するための法案に拒否権を発動した（議会は3分の2以上の議員票を集めて彼の拒否権を「無効

化」した。つまり、共和党議員の多くも無効化に票を投じたのである)。彼はまた、南アフリカのアパルトヘイト制裁決議にも拒否権を発動し、議会は再び無効化で報いた。

これらはレーガンが筋金入りの黒人差別主義者であることの「名誉の勲章」ではないか。しかし、これらは彼の「南部戦略」の一環だった点では、ニクスンやワラスと変わらなかった(ワラスは、アラバマで州知事をめざす前は、黒人の友人がいたのである)。

かつては、南部白人は黒人をむきつけに「ニガー」と呼べた。ところが、ニクスンの「南部戦略」の邪魔者として暗殺未遂の憂き目に遭ったワラスですら、レーガン政権下の1982年、またぞろ3度目のアラバマ州知事選に立つ前は、十八番の白人至上主義の大看板を取り下げたのだ。「昨日も差別分離、今日も差別分離、永遠に差別分離!」と叫んでニクスンに挑んだあのワラスが、である(第23章)。

キングやマルカムXの捨て身の運動、それを連邦政府側から助けたケネディやジョンスンのような民主党大統領、さらにはアイゼンハワーのような共和党大統領、北部の進歩的メディアによる世論作りの結果、さすがに「ニガー呼ばわり」の時代は去り、「暗号(コード・ワード)」の時代に入った。いわゆる「犬笛の時代」である。

つまり、われわれ日本人には、「福祉女王」「AFDC」「州権」と言われてもチンプンカンプンだが、これらの「犬笛」はアメリカ人にはビンビン「ニガー」と聞こえるのだ。いや、むしろ犬笛にしたおかげで、「犬」(南部白人、北部カトリックのブルーカラー、ネオコン、今日のティー・パーティ)にしか聞こえない波長の差別語は、隠微であるがゆえにいっそう威力を倍加させたのである。

「犬笛」が拡散してくれる罪意識

したがって、各自の支持政党にまでこの犬笛的な隠微な威力が伝わり、「民主党は親黒人」と答える者がおよそ69％（共和党との回答者は約11％）、「共和党は反黒人」が大略66％（民主党との回答者は約12％）になる。「11％」は、奴隷解放の主役だったリンカーン時代の共和党の生き残りである北部共和党支持派、「12％」は奴隷制支持の反動的政党だった時代の民主党の残党である南部白人だ。

もっとも、「福祉女王」はレーガンの「造語」（文字どおり、虚言としての造語）だが、「州権」は遠くトマス・ジェファスンに始まり、ジョン・キャルフーンがアンドルー・ジャクスンの副大統領だった1830年代、奴隷制擁護の決まり文句として多用した。

ジョン・キャルフーン
（1849年、撮影：Mathew Brady）

この2人はともに奴隷所有者で、前者は夫人に先立たれて黒人奴隷女性を愛人とし、多くの混血児に恵まれた（後者キャルフーンについては拙著『誰がオバマを大統領に選んだのか』2008、NTT出版）。

いや、犬笛の怖さは以下の点にある。「(1)州権は連邦政府の経済面での権限拡大への反対である以上（つまり、レーガノミクスの主張である以上）、(2)差別的でない白人も、ニクスンやレーガンのような政治家が一見無邪気そうに『州権』という言葉を使うと、自分らが差別的な選挙運動の共犯者かもしれないという後ろめたさを、肩をすくめて振り払えるのだ」。

なお、右の引用、そして本章のタイトル「犬笛を吹くディクシー」は、前述のラトガーズ大の歴史・メディア教授デイヴィッド・グリンバーグが自身の記事（2007年11月20日、スレイト・コム掲載）に使った題名である。「ディクシーを口笛で吹く（ホイッスル・ディクシー）」とは、「だぼらを吹く、出まかせを言う」という成句だ（南部人の悪口だから、北部人の造語か？）。普通は「ユー・エイント・ジャスト・ホイッスリン・ディクシー」という決まり文句で使う。「そりゃ言えてる」という意味で、映画『ラストサムライ』（2003）で渡辺謙が使うのには笑ってしまった。

あの映画での渡辺の役は、明治新政府に抵抗する旧官軍の不平士族で、いわば日本の「南部白人」に相当する守旧派の立場であり、完全な誤用となるからだ。つまり、南部白人には嬉しくない成句なのである。

なお、「ディクシー」は、ご存じ南北戦争直前の1859年に作られた南軍の威勢のいい進軍歌だが、「南部諸州」をも意味する。語源は、ルイジアナがフランス領だった当時、10フラン紙幣の「10(dix)」を「ディス」と言えなかった英系が「ディックス」と発音したことに起因する（これも蒙昧さゆえで、南部人の悪口）。

しかし、グリンバーグの犬笛説は、「そりゃ言えてる、つまり、だぼらじゃない」という気が心底してくるのではあるまいか。

38

ブッシュ父の豪腕選対

★私生活まで「犬笛」風のリー・アトウォーター★

「マケインは黒人に私生児を生ませた」

前述のように、ブッシュ父はレーガノミクスを「お呪《まじな》い（ヴードゥー）経済学」と罵りながら、副大統領としてレーガン陣営に取り込まれた。父親と違って、テキサス育ちで、共和党本流の「東部エスタブリッシュメント」に距離を置けたブッシュ息子は、これまた前述のように父親がキリスト教右翼を唾棄していては大統領選で勝てないと見切りをつけた。そして、レーガン再選で副選対局長を務めたリー・アトウォーターが父親の選対を仕切るや、ブッシュ息子はこの選対元締めの向かいの部屋に陣取り、逐一、ネガティヴ・キャンペインの手口を吸い取り、２０００年の自身の大統領選で活用してのけた。

ここではその手口の鮮烈な一例として、アトウォーターが民主党候補マイケル・デュカーキスを打ちのめした「犬笛作戦」を一瞥しておきたい。

アトウォーターは南部でも最も人種差別絡みのネガティヴ・キャンペインに長けたサウスキャロライナ育ちである。この州では、地道に論点を訴えるのではなく、対立候補をいかに悪者に仕立てるかで勝ち負けが決まる。

アトウォーター没後、ブッシュ息子の選対を率いたカール・ローヴは、２０００年の共和党予備選でニューハンプシャーで勝ったジョン・マケイン（２００８年、オバマに敗退）を緒戦で倒すべく、サウスキャロライナ予備選で次のデマを流した。「マケインは黒人に私生児を生ませた」。

これは中傷の常套手段で、後述する映画『クリントンを大統領にした男』（１９９３）では、クリントンへの中傷でこれが使われかける場面が出てくる。

マケインの「私生児」は、マケイン夫妻が正式に養女にしたバングラデシュ系のブリジットで、デマは有権者のうちマケインを尊敬していた家を狙い撃ちにした。マケインは、今日ではアリゾナを基盤とするが、先祖はサウスキャロライナの奴隷所有者の大地主だったから、同州にファンが多かった。ここで彼を勝たせれば、ブッシュ側は勝機を奪われかねない。誹謗の手口は、世論調査マンを名乗って、「黒人との不義の子を持つ人物を大統領に選びたいと思いますか？」と質問するという手の込んだものだった。選対は反撃を進言したが、マケイン夫妻はブリジットを傷つけまいと誹謗自体をひた隠しにした（前傾拙著『誰がオバマを大統領に選んだのか』）。

「『減税』で傷つくのは白人より黒人だ」

しかし、アトウォーターは、ライフスタイル自体、きわめて「犬笛」風なのだ。まず彼は、相当な黒人音楽の達人で、Ｂ・Ｂ・キングやパーシー・スレッジと演奏する仲だった。アルバムも１つ出している（これは、ジョージ・ワラスが州政治に打って出る前は黒人の間に友人がいたことと符合する）。

黒人と白人が踵《きびす》を接して暮らしてきた南部には、よそ目にはふしぎに見える、こういう関係が珍しくない。キングやスレッジにしてみれば、黒人音楽に魅せられた白人とその線で縁をつないでおいて損はない（ましてや相手は、レーガンやブッシュの選対の大物だ）。アトウォーター側にしても、この関係は損ではないのである（世間はこう噂するだろう――「へーえ、やるもんだね！　コチコチの共和党右派だと思ったら」）。

また、アトウォーターは、1989年、名門黒人大学、ハワード大の評議員に任命された。これまた大学側が利益と踏んだからだが、学生は筋論から大学側の犬笛作戦に抗議し、同大122周年祝賀会を潰して本館を占領、学長とアトウォーターを辞任に追い込んだ。

大統領就任式典でブッシュ父とギターを演奏するリー・アトウォーター（右）（1989年1月21日、撮影：Official White House Photograph）

以下のアトウォーターの発言は、犬笛現象を改めて要約してくれる。「1954年――手始めは『ニガー、ニガー、ニガー』だった。1968年までには『ニガー』が御法度《ごはっと》になった。（中略）あれをやると、こっちが火の粉をかぶる。そこで『強制バス通学』だ、『州権』だと、やたら抽象的になってきた。どんどん抽象的になってきて、お次は『減税』ときた。完全に経済的なこと言ってりゃ、（減税で）傷つくのは、白人より黒人だ。意識下じゃあ、それも手の内だよ。（中略）人種差別抜きでやれるって感じでさあ。（中略）『これを削減したい』って言えば、『強制バス通学』よりか抽象的だろ。ましてや『ニガー、ニガー』よりかずっと抽象的さね」。「強制バス通学」はニクスン時代の「暗号」、「減税」はレーガン時代の「暗号」である。アトウォーターは続けた。「今じゃ（レーガン時代の『新南部戦略』は）、財政的保守主義、均衡予算、減税だよ」。

だから、減税連呼のレーガノミクスなのだ（経済政策は人種差別の隠れ蓑だから、経済がどうなろうと知ったこっちゃない）。アトウォーターは以上の発言を、レーガン選対時代の1981年、匿名で行った。むろん、レーガンの確かな遺産は「減税」による赤字だけ、均衡予算などあるはずもなかった。

ブッシュ父は、「ノブレス・オブリージ（裕福な者の責務）」を体現する共和党本流の出身ながら、レーガン選対で「プッシュ・ポール」という贋の世論調査手法を知って、目から鱗が落ちる思いだった。これは前述の、マケインの「私生児」問題でっちあげで使われたような、選挙民の投票行動をねじ曲げるタイプの世論調査で、アトウォーターはこれで凄腕を振るったのである（むろん、ブッシュ息子はとくとそれを見届けていたからこそ、マケインに対して同様の手口を使ったのだ）。ブッシュ父は、自身の大統領選対の指揮官を若干37歳のアトウォーターに依頼した。ブッシュ息子もこの5歳年下の相手に瞠目したのである。

もっとも、ブッシュ父はすでに共和党全国委員長時代、アトウォーターに出会っていた。共和党は「大学共和党」という学生組織を擁しており、当時22歳のアトウォーターはその全国局長だった。ブッシュ息子の選対を仕切ったカール・ローヴも大学共和党の出身で、実にみごとな詐術により大学共和党の委員長職をもぎとった「実績」からもわかるように、大学共和党は練達の政治プロ養成機関である（日本の大学に保守の学生自治会はないが、たとえば「全学連」の委員長が革新政党で出世する場合と類似）。ローヴがアトウォーターと違っていたのは、アメリカ政治史を精密に読み込み、それを戦術に応用してきたことで、その勉強好きがティー・パーティの無学さに対する彼の忌避感になっている。

39

アトウォーターの手口

★デュカーキスを破ったネガティヴ・キャンペイン★

ギリシャ系大統領選候補崩しに黒人を使う新手

どの選対でも相手候補の「ヘドロ探し」に血道をあげる。アトウォーターは、デュカーキスの「ヘドロ」を縦13センチ弱、横8センチ弱の索引カードの裏表に刷り込んで配付した。また、デュカーキスの地盤マサチューセッツのアンドルー・カードが、極めつけの切り札を提供する（この功績でカードは、ブッシュ息子が大統領になったとき、首席補佐官のポストを摑むのだ）。

アトウォーターは、アンドルー・カードの情報にしたがって、民主党予備選段階でアル・ゴアが使っていた以下のデュカーキス攻略法を精密化する道を選んだ。すなわち、(1)マサチューセッツ州議会は、１９７６年、第一級殺人者への仮出所を禁じる法案を通過させたが、時の州知事デュカーキスは拒否権でこれを葬り去った。

(2)これをデュカーキスの弱点として、攻めて攻めて攻めまくる手段にアトウォーターが選んだのは、ウィリー・ホートンという殺人犯の黒人だった。この人物は、１９７４年、強盗でガソリンスタンドの17歳の従業員を19回刺して殺害し、終身刑で服役中だったが、仮出所中に若いカップルを誘拐し、男性を拷問して、女性を繰り返しレイプしたのだ。仮出所を禁じる法案に拒否権を発動したデュカーキス攻撃には、まさにうってつけの標的だった。

ホートンは「2つの終身刑＋85年」の判決を受け、担当判事は彼を仮出所の恐れがあるマサチューセッツ州の刑務所に収監させず、メリランド州の重罪犯刑務所へ移させた。

(3)アトウォーターは、「レーガン・デモクラッツ」からなる別組織にホートンの人相写真を使った生々しいコマーシャルを作らせて全米メディアに報道させ、一方、選対では抽象的な当たり障りのないコマーシャルを流すに止めた。

なお、「ホートン・コマーシャル」を作ったラリー・マッカーシーは今日も名うてのネガティヴ・キャンペイナーで、オバマとの対決をめざすミット・ロムニーの裏選対のメディア責任者であり、予備選ではニュート・ギングリッチ潰しに凄腕を発揮した（前掲『週刊 e-World』の拙連載「アメリカ政治経済文化解剖学」）。

もっとも、「回転ドア」と称するコマーシャルでは、アトウォーターは「デュカーキス治下では刑務所と娑婆の仕切りが回転ドアだ」と訴えた。民主党予備選段階でデュカーキスとのテレビ討論において第一級殺人者への仮出所だけを問題にし、ホートンの氏名すらあげなかったアル・ゴアよりは、かなりどぎつかった。また、ブッシュ父は、演説ではこの件を舌がだるくなるほど繰り返した。アトウォーターは、「デュカーキスには、副大統領候補にホートンと抱き合わせてやる」とうそぶいた。

第30章でブッシュ父の副大統領候補ダン・クエイルに「上院議員、あなたはケネディではない」と絶妙の突きを入れた、デュカーキスの副大統領候補ベンツェンは、このときは「回転ドア」広告に「人種差別だ」と噛みついたが、犬笛作戦という「変化球」にはこの「直球」的噛みつきは芸がなく、無効だった。

選対のメディア責任者ロジャー・アイルズは「あとはホートンの手にナイフを持たせた写真にするかしないかだけだ」とコメントをエスカレイトさせた。

ちなみにアイルズは、1992年の大統領選ではクリントン陣営に幾多のネガティヴ・キャンペインをしかける（すぐあとで触れるように、アトウォーターは脳腫瘍で死亡していた）。アイルズは今日、ルパート・マードック麾下の、セアラ・ペイリンらを飼い殺しにしている、露骨な右派TV、FOXニューズの総帥である。

結果的にアトウォーターは、デュカーキスに17％水を開けられていたブッシュ父を、形勢逆転に持ち込み、最終的にボスをホワイトハウスに送り込んで、論功行賞により若干38歳で共和党全国委員長に任命される。

生々しいコマーシャルは選対の裏組織に作らせるアトウォーターの手口も、ブッシュ息子は自身の大統領選で駆使する。

アトウォーター、脳腫瘍となり懺悔

さて、ホートンが白人だったら、これだけの戦果は見込めなかった。肝心なことは、「凶悪犯罪は黒人」という先入観が生み出す恐怖は、アメリカ白人の間では保革の違いを消し飛ばしてしまう点である。これにより、南部の「レーガン・デモクラッツ」や北部のカトリック・ブルーカラーはもとより、相当数のリベラル白人がブッシュに鞍替えしたはずだ。

アトウォーターは後述のように差別主義者であることを否定するが、前述のベンツェン副大統領候補の「回転ドア」への抗議が軽くいなされたように、「きみは差別主義者だ」という非難は筆者の経験でも1970年代にはまだ有効だったが、80年代に入ると笑って否定されるものに一変した。逆にアトウォーター流の手口がきわめて有効になってきた。

しかし彼は、生々しいコマーシャルは裏選対に制作させ、表選対は「回転ドア」程度で止めたように、二面作戦を使う。差別と糾弾されれば笑って否定できる。だが、この表裏使い分けで相手候補との17%の差を帳消しにできるだけの威力を発揮できるのだ。この「問《あわ》い（境界）」をとことん利用し尽くせる技が、候補者に勝利をもたらすのである。

アトウォーターは39歳で脳腫瘍に冒され、1年後に他界した。闘病期間、彼はルーテル派からカトリックに改宗し、デュカーキスをはじめ、あこぎな犬笛作戦で葬ってきた幾多の対立候補者に「懺悔の書簡」を送る。じわじわと死んでいく者は、気力の衰えから「自力本願」型のプロテスタントから「他力本願」型のカトリックに改宗することが多い。アトウォーターの「懺悔」は、共和党右派の「国家反逆罪まがい」のあこぎな戦略と照らし合わせると、象徴的な意味合いを持つ。共和党に二度とリンカーンのような大統領は生まれるはずもないが、かりに出てくるとすれば、党全体がアトウォーターの死の床での懺悔に相当するもので禊《みそ》ぎしなければなるまい。

なお、南部での犬笛に熟達していたアトウォーターは、同じ南部育ちのクリントンが民主党側から犬笛作戦を駆使して反撃してくると見越して、相手を最大の強敵と見抜くだけの眼力を持っていた。シカゴ基盤のオバマまでは、ジョンスン、カーター、クリントンと、民主党は南西部と南部出ばかりが大統領になってきたのである。この3人は「犬笛」の暗号を熟知し、場合によっては敵に対してそれを行使できたのだ。

40

クリントンを大統領にした男

――★「怒れるケイジャン」が吹き鳴らした「反撃の犬笛」★――

「南部戦略」を逆手にとったジェイムズ・カーヴィル

つまり、オバマ以前の北部出の民主党大統領は、ジョン・F・ケネディ（JFK）だった。オバマは実に実に半世紀ぶりの北部出の民主党大統領なのである。アメリカに「南部戦略」が残した因果の深刻さが露呈しているではないか。

JFKは、1960年の大統領選では深南部5州の4州でニクスンを破り、それら以外の南部、アーカンソーとミズーリ、さらには副大統領候補ジョンスンの地盤テキサス、そしてアリゾナで勝った――つまり当時は、「南部戦略」はまだ存在していなかったのだ（南部民主党員らがケネディに投票したからである）。逆に言えば、ニクスンに「南部戦略」を思いつかせたのが、JFKだったことになる。

「南部戦略」が熟しきっていた時期の1992年の大統領選でクリントンが勝てた背景は、『クリントンを大統領にした男』（1993）というドキュメンタリー映画に詳しい。原題の The War Room は「作戦室」「戦略会議室」を意味し、ヒラリー・ロダム・クリントンが夫の選対本部につけた名称である。

むろん、クリントンの勝利は、彼の地盤が南部のアーカン

ジェイムズ・カーヴィル
（2007年、撮影：The Office of James Carville）

ソー州だった点が有利に働いた。
それでもクリントンは深南部では、ＪＦＫと違ってルイジアナとジョージアの2州しかとれなかった。地盤のアーカンソー、ゴアの地盤テネシー、あとはミズーリ、ウェストヴァージニア、ケンタッキー、南西部ではニューメキシコと合計8州で、ＪＦＫより少なかった。とはいえ、オバマの3倍弱の州を押さえたのである。

しかし、クリントンには彼にとってのアトウォーターがいた。それは、ルイジアナ生まれの「ケイジャン」、ジェイムズ・カーヴィルだった。この男こそ、アトウォーターが「おれのボス（ブッシュ父）に凶運を呼び込むのでは？」と恐れた、クリントン側の「反撃犬笛」を陣頭指揮で吹き鳴らしたのである。

ケイジャンは「アケイディアン」が縮まった言葉だ。もともとは、カナダの大西洋岸にあった「ニューフランス」が英語では「アカディア」と呼ばれていたのが、仏語ではそこのフランス人入植者を意味する「レカジャン」が「ケイジャン」に転化した（この時期のニューフランスを描いた映画の傑作は『ブラック・ローブ』1991)。

そのケイジャンがなぜカナダでなく、ルイジアナ南部にいるのか? アカディアが1763年、イギリスに奪われ、以後、母国の保護を失ったケイジャンが当時はスペイン領だったルイジアナへ南下してきたのである。

筆者が1990年代初め、ニューオリンズ空港で乗ったタクシーの運転手がケイジャンだった。彼の話で記憶に焼きついているのは、この台詞だ。「親の代から日常使っていた仏語が、肝心の母国で通じなかった。ショックだった」。つまり、ケイジャンの間では、大昔の仏語が使われているためである。

似た例として、オザーク地方(ミズーリ、アーカンソー、オクラホマにまたがる不毛地帯。ピクルズがやたらうまい!)で、最近までエリザベス朝時代の英語が話されていたことがあげられる。それぞれの住民の孤立度の表れだ。

エルヴィス・プレスリーはケイジャンか?

しかもケイジャンは、仏系とは言いながら、英・独・伊その他のヨーロッパ系移民、インディアン、黒人との混血が進んでいるのである。

1980年代初頭、筆者が初めてルイジアナを覗いたときのことだ。英系の老女にケイジャンについて聞くと、奇妙な笑みを浮かべた相手はしばらく歩いて、バイユーという、ミシシッピ流域に見られる洪水跡の沼沢、葦が茂る原野にいたインディアンを指してみせた。筆者はかなり長い間、ケイジャンは有色人種と思い込んでいた。だが、何度目かのルイジアナ行きで、白人も「おれはケイジャンだ」と胸を張る場面に出くわすことになる（前記のタクシー運転手もその1人）。そのくせケイジャンは、20世紀前半まではかなり孤立した存在だった。アメリカの民族集団としての認知は1980年と猛烈に遅かった（裁判の成果）。

ちなみに、エルヴィス・プレスリーはケイジャンだという説がある。映画『ザ・コミットメンツ』（1991）では、「エルヴィスはケイジャンだった。ケイジャン・ハートを持っていた」と歌われている。しかし、彼の父方はスコッチかドイツ系、母方はスコッチ＝アイリッシュ＋仏系ノルマンディ、母親の曾々祖父にチェロキー、ということになっている。宗派も「神の集会（AoG）」という福音派プロテスタントで、ケイジャンに多いカトリックではない。あの派手な歌唱スタイルは激しい賛美歌の熱唱からきていると言われる。ルイジアナ北部のケイジャンの歌唱を取り入れたのがハンク・ウィリアムズなので、プレスリーも同様かと思われる。

カーヴィルは、ケイジャンのこみ入った混血度をうかがわせる異相で、『シェーン』（1953）でアラン・ラッドと対決し、強烈な印象を残したジャック・パランスを彷彿させる。『クリントンを大統領にした男』では、カーヴィルはクリントンの最終的勝利が決まる前、緊張をほぐすべくふざけて、ボスが敗戦の弁を述べる物真似を繰り広げる。その場面で『シェーン』のパランス同様、黒手袋をはめており、明らかにカーヴィル自身がパランスを意識していたことをうかがわせる。喧嘩にかけてはテコでも引き下がらない面構え、「とんまドンキー」の民主党の参謀としては異色だ。アトウォーターが恐れたクリントンの南部的強みを、カーヴィルは渾身体現していた。その中核がどこにあったかは、彼のあだ名が「怒れるケイジャン」であることから容易にわかる。

そのアトウォーターは、カーヴィルがクリントン選対と契約した1991年12月より8ヵ月強前の3月29日、脳腫瘍で死亡していた（40歳）。アトウォーターが生きて指揮をとっていたら、カーヴィルといえども勝てたかどうか。まずジェニファ・フラワーズをはじめとするクリントンの不倫ネタを、アトウォーターならあれほど淡白には諦めなかったろう。

もっとも、デュカーキスを仕留めたアトウォーターの鮮烈すぎる手口ゆえに、92年の大統領選ではブッシュ陣営も世論を恐れて手控えざるをえなかったのだが。

41

カーヴィルの「念仏」

―― ★墓下のアトウォーターに無念の寝返りを打たせる★ ――

ブッシュ選対幹部の女性が婚約者

ジェイムズ・カーヴィルはあろうことか、ブッシュ選対の副選挙マネジャー、メアリー・マタリンと婚約までしていた。これもアトウォーターなら一利用も二利用もして、クリントン選対ばかりか世論まで攪乱し抜いていたはずだ。もっとも、アトウォーターはこの愛弟子マタリンに「ぼくに幾多の戦火をくぐり抜けさせてくれた戦友」という賛辞を残している。彼女に贈った自身のロック＆ブルーズ・アルバムに添え書きしているのだ。「心底からきみを愛している。リー」。カーヴィルは、アトウォーターの掌中の玉を横取りしたばかりか、ホワイトハウスから相手のボスまで追い出してしまうのである。

そして、カーヴィルは、マタリンとの関係を「反撃の犬笛」に一変させた。前述の映画『クリントンを大統領にした男』では、この奇抜な関係が絶好の主題に使われ、カーヴィルとマタリンはたびたび描かれているのである。「おれたちは、おたがいに意見が違うことを認め合ってる。誰もが自分の意見を持てる――それがアメリカさね」。

マタリンはシカゴのサウスサイド育ち、父親は鉄鋼労働者から夜学で大学を出て、母親は美容店チェインを作り上げた苦労人。クリントンがアーカンソー育ち、ヒラリー夫人がシカゴ育ちと、これはふしぎな暗合だった。

カーヴィルがルイジアナ州立大、マタリンが西イリノイ大、つまり遠慮なく荒事がやれる背景も同じだ。クリントンのメディア人気でブッシュ陣営が焦っていた1992年春、マタリンのクリントン攻撃が手荒すぎて、ブッシュ大統領側から彼女は公然たる叱責を食らった。92年の共和党側こそ、88年の大統領選でアトウォーターがデュカーキス陣営にしかけたネガティヴ・キャンペインが自分たちに跳ね返ってくるのを恐れていたことがわかる。

やれ「アトウォーターならこの時点で相手候補をこん棒でぶったたくような真似はしなかった」、やれ「アトウォーターはどの程度、彼女に秘伝を授けてたんだ?」、果ては「マタリンは、カーヴィルとの婚約という罰点の償いに無理してぶざまな荒技を使うのでは?」などという非難が、ブッシュ選対と周辺から湧いて出た。ブッシュ選対内にこういう疑心暗鬼をかきたてる状況自体、「反撃犬笛」となる。

カーヴィルは、敵選対の責任者マタリンをメディアで弁護しながら、彼女のクリントンへの中傷を「ほんとに馬鹿げてる」と非難する綱渡りを強いられた。しかし、意図せざる結果とはいえ、カーヴィルは「敵の腹中に味方を入れていた」かたちになったのだ。「戦友」をこういう奇抜なかたちでコケにされたアトウォーターは、墓の中で無念の寝返りを打っていたことだろう。

ちなみに、今日カーヴィルとマタリンはめでたく2女を設け、双方仕事を続けている。夫は広く海外でも(たとえばトニー・ブレア)選挙参謀を引き受けて、近年はチュレイン大学で教鞭をとるべくニューオリンズに在住。

「問題は経済だぜ、ドアホ！」

『クリントンを大統領にした男』の初めあたりでは、民主党候補がクリントンになると判明して、ブッシュ陣営の裏ティームが最初の「不倫爆弾」、ジェニファ・フラワーズを炸裂させる。フラワーズ自身、自分が「共和党に雇われた」と認めるほどウブだが、決め手は「彼女にかかってきたクリントンの電話録音」の公開で、まるで当人には似てもいない声音なのに、クリントン選対は激しく動揺し、カーヴィルはまずこれをひきまとめる。

「いいか、敵はエイルズだ。あの女じゃない。あの女に金を摑ませて『爆弾』にしてぶっ放してよこしたのはエイルズだ！」。今日のFOXニューズの総帥で、88年はアトウォーターの馬側を駆けてデュカーキスを仕留めた、あのロジャー・エイルズである（「あとはホートンの手にナイフを持たせる写真にするかしないかだけだ」／第39章）。「いいか、12年共和党政権が続いた。われわれの候補が共和党お手の物の中傷で負ければ、次の候補も潰される。二度とわが党は勝てる候補は出せない。勝てば、共和党の中傷の根を永久に断てる。戦え！　反撃の智恵を絞り出せ！」。

これだけの台詞の、一語一語がすべて罵言によって「溶接」されていたから、選対は笑いながらも全身にビリリと電流を貫き通されたのである。

アトウォーターの遺産への恐れが露呈しているが、カーヴィルと選対幹部らはまずは若者が多い選対に、本選挙が何ヵ月も先でなく、つい明日に迫っているとの切迫感を埋め込み、波頭を切る候補者

第41章
カーヴィルの「念仏」

と踵を接して智恵を絞り、先制攻撃と即時の反撃へと全神経を研ぎ澄まさせた。カーヴィルは、「デフコン（防空準備態勢）」という軍の出動態勢の用語を使った。候補者たちのTV討論でも、先に答えた者が勝つ。クリントンは、ブッシュを防戦一方に追い込んで雪崩的勝利を摑んだ。

即時の反撃例では、サウスキャロライナ州知事がクリントンの徴兵忌避を非難すると、反撃部門のトップ、ベッツィ・ライトは、何年か前、クリントンが南部で果たした実績を称賛したこの知事の手紙を即座に掘り出して撃ち返した。カーヴィルの片時もじっとしていない罵言だらけの「はっぱ」によって、クリントン選対は針鼠さながら総毛を逆立てていたのである。

カーヴィルは言う。「おれは尻尾、おれたちの候補者が犬さ」。つまりは、「尻尾が犬を振り回しはしないまでも、振り付けはしてのけた」と言いたいのだ。

そしてカーヴィルは、選対、候補者、民主党、一般の支持層に、「念仏」を提供した。戦争中、日々の世論調査で動揺する心を静めるには、お念仏の題目が要る。

⑴「変化か、これまでと同じか」、⑵「問題は経済だぜ、ドアホ」、⑶「健保を忘れるなよ」。

⑴は、不倫だ徴兵忌避だと矢継ぎ早にボロが出てくるにせよ、生新なクリントン夫妻のかなり目立った点が背景にあった。

⑵の背景はこうだ。「湾岸戦争」突入時点の1991年3月、ブッシュの支持率は90％！　これが92年8月、64％が不支持になった。つまり、不支持10％が、17ヵ月後、64％に跳ね上がっていたのである。理由は、レーガンの奇怪な経済政策のツケがブッシュに回ってきたからだ。カーヴィルは、この「念仏」と一緒にこう相手を攻撃した。「この国は破産寸前だ（ザ・カントリーズ・ゴーイン・エル・

ブストー）。これを直せ。直せなきゃ、そこを明け渡せ」。
「そこ」はホワイトハウス。「破産寸前」は「ゴーイン・バスト」だが、「エル・ブストー」はスペイン語だと「その胸像」になってしまうけれども、これは「アルブストー（茂み）」にかけてあり、「茂み」はもちろん「ブッシュ」である。

ブッシュには泣きっ面に蜂だが、クリントン政権発足後、「ドットコム・ブーム」が起き、クリントンはレーガノミクスの遺産である赤字態勢を覆し、均衡予算を達成してのけるのだ。

(3)は、ヒラリー夫人が全身全霊を打ち込んだ健保法案によって、３７００万人の無健保のアメリカ人を救出する政策として、政権発足早々の93年1月、彼女を中心にタスク・フォースが組まれた。班をあげての獅子奮迅の努力の末に完成した「ヒラリーケア」法案は、医師会、製薬会社、保険会社の一致団結の反対、議会対策の不備から、94年9月、廃案となった。

ヒラリーには、今日、国務長官として見せる隙のなさとは比較にならない、状況を見通せない欠点があった。少女時代からのパターンで、痛い目に遇って学習するタイプだ。のちに、ニューヨーク州基盤の連邦上院議員出馬を大統領選に出る前の試験台としたのも、友党のボス上院議員に自身のすべてを打ち込んだ健保案を潰された苦さゆえだった。めでたく上院議員となったヒラリーは、そのボス議員をあの手この手で味方どころか「ファン」にしてしまうのである。

他方、「オバマケア」は、２０１０年3月23日、ついに大統領の署名で法律化された。とはいえ、従来の健保予算は、総予算比率で国防予算20％に対して27％、オバマケアが始動すれば30％余に達する。

42

ヒラリーの反撃

―★ファーストレディは「政治的水面下闘争」をどう戦ったか★―

「膨大な右翼の陰謀」への対処

ヒラリー・ロダム・クリントンが夫の政権に対して執拗に繰り返された攻撃を「膨大な右翼の陰謀」と呼んだ背景は、以下のとおりである。

ＮＢＣ「トゥデイ・ショー」司会者マット・ラウアー――「何人かのご親友にこう言われたそうですね、このモニカ・ルインスキー・スキャンダルは最後の大戦《いくさ》で、あちらかこちらか、どちらかが倒れるまで続くんだって」

ヒラリー――「まるで映画の台詞みたいだわね。私の言葉がそれほど芝居がかってたかどうか。でも、これが戦闘であることは確かよ。（中略）これは膨大な右翼の陰謀で、夫が大統領選に出馬する声明を出して以来ずっと、彼に対して陰謀が企まれてきたわけ」

ルインスキー・ネタが『ワシントン・ポスト』の１９９８年１月21日付で報道され、その７日目の27日、右記のようにヒラリーの反撃がなされた。

事実関係では、ルインスキーとの不倫関係を懸命に否定したビルの発言はのちに虚偽と判明。しかし「陰謀」があったことも、実際にそれに加担したデイヴィッド・ブロックが自著『ネオンコンの陰謀』（2002。邦訳は2004、朝日新聞社）で告白し事実と判明、夫妻に謝罪して双方の痛み分けに終わった。

ただし、この大統領夫妻に対するアメリカ国民の興奮には、どこかポストモダン的な遊戯性がうかがえる。セスナ機で夫妻がいるホワイトハウスに侵入・着陸した男性や、果ては『膨大な右翼の陰謀ハンドブック』が書かれ、版元が「膨大な右翼の陰謀クラブ」の会員証を発行し、「膨大な右翼の陰謀グッズ」が売り出された。奇怪な例では、クリントン夫妻が開いたパーティに、まさに陰謀の資金主リチャード・メロン・スケイフ（前掲拙著『アメリカ合衆国の異端児たち』）が現れ、ヒラリーのレシーヴィング・ラインに並んで順番待ちをし、彼女と握手したという事実もある。彼は、2008年の民主党予備選でも、オバマよりはヒラリーを支持（スケイフには、黒人大統領より白人女性大統領のほうがまし）していたし、実際、彼は自分の持つ新聞社でヒラリーと会見し、支持を表明した。

蒙昧な国民は政治にエロス（つまりカリスマ）を求めがちだが、ケネディ兄弟に対する興奮とこの夫妻への興奮には共通項がある。ビル・クリントンはたび重なる不倫という点でもケネディ大統領と共通していたが、それを完全に無視するポーズをとり続けるヒラリーにもふしぎな輝き、つまり硬質なエロスが感じられ、国民は興奮したのだ。

しかし本章では、ヒラリーの反撃ぶりが主題である。

まず、この「膨大な右翼の陰謀」発言は、右記「トゥデイ」会見の後半に入ってからなされた。それまでは独立検察官ケネス・スター（第47章）に対するヒラリーの批判が続き、その頂点で「膨大な右翼の陰謀」という言葉がとび出してきたのである。

ケネス・スター登場の経緯は以下のとおりだ。まず、前任の特別検察官ロバート・フィスクが、「ホワイトウォーター疑惑」（「本書のねらい」と第44章参照）その他に対して告発不可能という真っ当な結論を下した。それに憤懣を爆発させた共和党右派議員らがフィスクを解任させ、代わりに押し立てた人物がスターで、彼は明確に「陰謀の加担者」だった（つまり、「非独立検察官」）。

独立検察官制度は、第46章266頁で触れる、ウォーターゲイト事件専任の特別検察官アーチバルド・コックスがニクスンに解任されたことが契機になって設けられた（第46章）。したがって、大統領が恣意的に解任できないようになっている。とはいうものの、右記の共和党議員らの恣意によって控訴院が特別パネル（判事3名）を選び、候補者を指名した。独立検察官という恒常的ポストはなく、制度自体が時限的。しかも、独立検察官は議会の要請に応じて、経費も任期も無制限で活動できる。きわめて政治的に利用されやすい側面がある。

ケネス・スター

そのスターですら、「ホワイトウォーターは『疑惑』でなく、ヴィンス・フォスター法律顧問は他殺ではない」という結論を下さざるをえなかった（この法律顧問は、クリントン夫妻に殺されたとしてでっちあげのビデオまで販売された。売ったのはキリスト教右翼のＴＶ説教師ジェリー・フォルウェルだった。フォスター顧問は、クリントン夫妻に対する共和党右派の攻撃に反撃するどころか、ボス夫妻をいびり抜く首都の地獄図でノイローゼになっての拳銃自殺と断定された。つまり、「膨大な右翼の陰謀」の犠牲となった最初の死者）。

もともと、この2つの告発がスターの任務だったから、これらが不発となればお役御免のところ、共和党の無頼議員らの圧力で引っ込みがつかなくなり、さらに5つの疑惑に手を広げた。そして、ついにモニカ・ルインスキーという大鉱脈を掘り当て、これに飛びついたのである。それまでの捜査費用は、4000万ドルとも7000万ドルとも言われた。つまり、「膨大な右翼の陰謀」は、何よりも国税の無駄遣いでもあるのだ。

この点でも、共和党側が議会と司法という三権の2つを使って行政府を攻め続けた、まさに掛け値なしの「膨大な右翼の陰謀」だったのである。「トゥデイ」会見で、ヒラリーはこう言っている。「この国において犯罪司法組織を使って政治的目的をとげようとするとは、なんとも不幸な成り行きとしか言いようがないわ」。

共和党に牛耳られていた点では、彼女は「司法」だけでなく「議会」を加えるべきだった。「政治的目的をとげようと」しているのは共和党右派議員なのだから。「議会」という言葉を抜いているのは、彼女の紙一重の慎重さだろう。これに膨大な、いかがわしい市井《しせい》の右翼組織が関与していた。したがって、「膨大な右翼の陰謀」という発言は、決して被害妄想ではない。ヒラリーは満を持して会見後半に入ったところで、この発言を放ったのである。

夫の不倫暴きがなされるたびに、大統領はもとより側近たちも慌てふためくしかなかったが、ヒラリーはスター側によるルインスキー暴露がもたらした大混乱を1週間弱でひきまとめ、これをスターの非合法性を暴き立てる絶好の機会へと転換させる戦略を策定させ、陣頭指揮官として「トゥデイ」に打って出た。彼女は、共和党右派の「暴れ象」どもの槍衾《やりぶすま》に手も足も出ない「とんまドンキー」ではなかった。

話し方は、「クールで動揺のかけらも見せなかった」（ラウア）。この態度は、夫の不倫暴露のたびに彼女が見せる「トレードマーク」だと言われたのである。司会者のラウアが「煙が立つところには……」と水を向けると、ヒラリーはすかさず「火はないわ」と切り返した。そして「スター側が大統領を陥れるためにリークさせた」と攻撃した。この痛烈な反撃は、一時的には効果があり、側近はもとより支持層の動揺を食い止めた。

「別働隊」として動いたカーヴィル

前の章で、ジェイムズ・カーヴィルが、ジェニファ・フラワーズの記者会見に動揺する選対に檄を飛ばした場面との類似が見られるではないか。選対や側近団は、真っ先に攻撃で足元をすくわれ、世論の反動を真っ先に受けて、真っ先に頭の中が真っ白になる。しかも、政治家にとっては彼らが頭脳中枢なので、真っ先に動揺を食い止めなければ瓦解が起きる。

クリントン大統領の支持率は春までには上昇し始め、彼の実績に対する評価は鰻登りで、逆にスターへの支持率が低下した。

モニカとの関係が、一転、事実だと判明したあとでも、側近たちは、「右翼陰謀説はばかげてはいたが、必ずしも逆効果ではなかった」とか、「少なくともメディアにルインスキー以外のネタを提供した」と覚めた評価をしている。

例の犬笛戦術で、「人種差別だ」と非難されると、共和党右派は「笑って否定」の挙に出るが、ヒラリーの「膨大な右翼の陰謀」批判にも同じ態度で報いた。それを大統領の側近まで「ばかげていた」はないだろう。スターの攻撃に手も足も出なかったこれらの側近たちの懲りない姿勢において、民主党の「とんまドンキー」ぶりが悲惨なまでに露呈していた。

ただし、ジェイムズ・カーヴィルは別だった。1996年初冬、彼はスターの「非独立」ぶりを暴こうと呼びかけたのである。「敵の顔のど真ん中に一発食らわせてやれば、相手はそうそう殴り返せないものさね」。この時期の「ど真ん中」こそ、スターだったのだ。カーヴィルは、「スターの『悪行』を暴くTV広告を流そうぜ」と呼びかけ、資金を募ったのである。独立検察官に向かってTV広告の一斉砲撃の弾幕が浴びせられるのは、古今未曾有だった。場合によっては、スターに対して彼を追及する「独立検察官」が立てられる前代未聞の事態になるかもしれなかった。

ちなみに、クリントン政権の要職からはカーヴィルは外されていた。クリントンを大統領にした男は、行政職の枠からはみ出すがゆえに敬遠されていたのだ。

カーヴィルの提案には、CBSの世論調査では、34%が公平な措置、42%が民主党贔屓と出た。彼の呼びかけは、多様な媒体でのニュースを扱うオンライン・サービス、「ネクシス」で広められ、200本のTVトークショウからの出演依頼が相次いで来た。つまり、それだけで彼に損はなかったのである。

スターを非難してきたクリントン夫妻は、カーヴィルの提案には音なしの構えで、スポークスマンは、「大統領にはジム（カーヴィル）を制止できる権限はない」と回答した。明らかにカーヴィルは「別働隊」として波風を立ててみせたのだ（1996年12月5日、カーヴィルは提案をあっさり引っ込める）。スター側は、完全に音なしの構えだった。モニカ・ルインスキーで彼が上手《うわて》をとれる2年前の話である。自信喪失した彼は、カーヴィルの脅しに戦々恐々としていたと思われる。

43

敵の「駒」を反撃の妙手に使う

★ヒラリーの鮮烈な逆手作戦★

ギャップ・ドレス、意外にも空振り

大統領による不倫の完全否定に対して、1998年7月、スター側は痛烈な反撃に転じた。まず、大統領の血液サンプルの提出を要求してきた。同時にルインスキーへの免責特権の代償に、彼女自身から、大統領が葉巻を彼女の局部に挿入し、それを抜いて口にくわえたあと、「味がよくなった」と発言した事実を証言させた。さらには大統領の精液を浴びたドレス（サイズ12、濃紺のギャップ・ブランド）を提出させ、そのDNA鑑定によって局面をがらりと入れ替えてしまったのだ。

鑑定はFBIで行われ、政権シンパの担当職員はスタコラ、ホワイトハウスへご注進に及んだ。夫妻はそれを知り、大陪審に召喚された大統領は〈万事窮す〉とみて作戦を変更したのである。このあとの戦略は、ヒラリーが不倫を知らなかったとシラを切り続けることだった（いや、事実、知らなかったろう）。

ところが前述のように、以後クリントンの支持率が上昇し始めた。逆にスターへの支持は底をつき始める。さらには、この不倫事件を下院弾劾はもとより、上院にまで持ち込んだ共和党への批判が起きてきた。

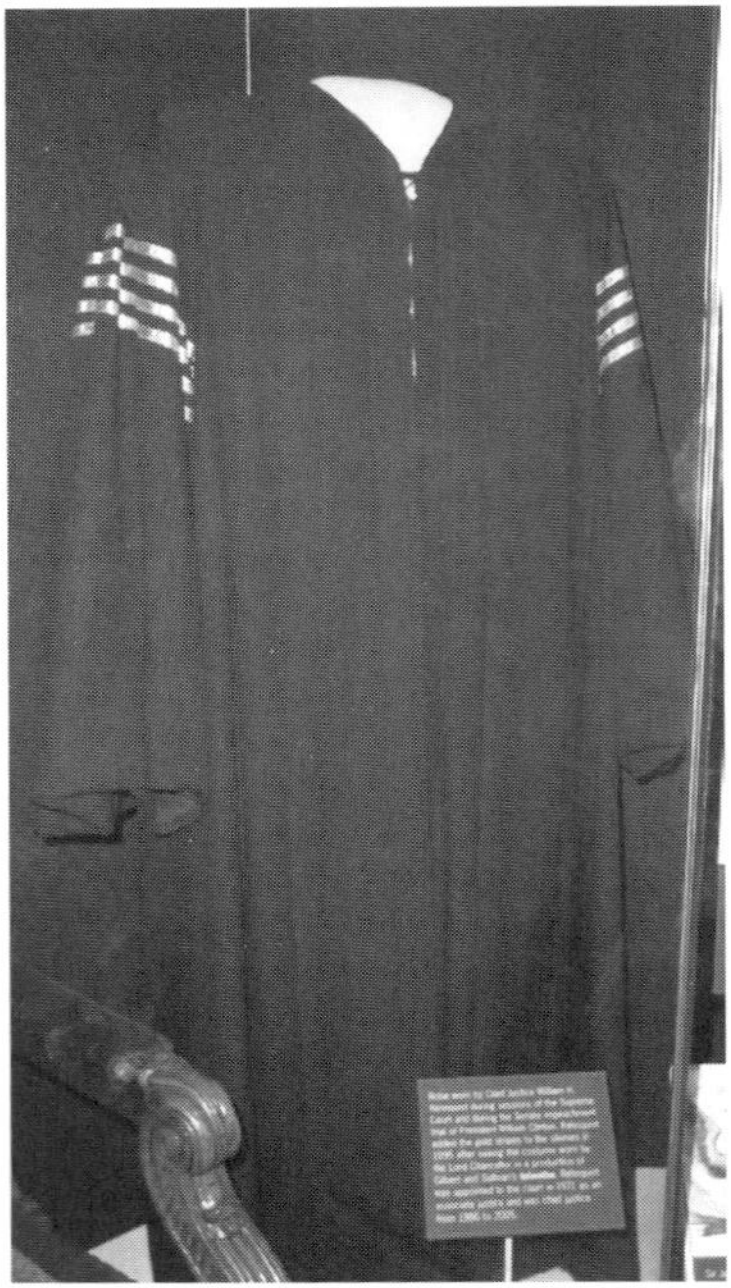
濃紺のギャップ・ドレス
（撮影：Matthew G. Bisanz）

このあたりのアメリカ国民の反応は、意外にも多少の成熟を感じさせた。というのも、グラヴァ・クリーヴランド大統領が不倫発覚後も再選された前例にもかかわらず、共和党議員らはクリントンを仕留められると張り切っていたし、ニクスンやレーガン以来のアメリカ国民の蒙昧化からみて、〈こいつはヤバイ！〉と思う者が多かったからだ。

冷静になって考えれば、史上3件目の大統領弾劾の項目が不倫では、姦通法などないアメリカではなから共和党側に勝ち目はなかったわけである。過去に弾劾された2名の大統領（アンドルー・ジョンスン、ニクスン）はいずれも国法に関わる案件で告発された。ニクスンはウォーターゲイトもみ消しをＣＩＡにやらせた罪科で、クリントンとは比較にならない。弾劾という国法を政争の具に使った共和党右派こそ、「国家反逆罪」で弾劾されてしかるべきだった。

なお、スターの人物像については、拙稿「クリントンの『セックス』と嘘とビデオ」（『月刊現代』1998年11月号）を参照されたい。

「膨大な右翼の陰謀」の片割れを味方に

「膨大な右翼の陰謀」へのヒラリーの反撃で傑作なのは、クリントン政権倒壊に躍起となってきた共和党右派の法律家闘犬集団「ラザファド・インスティテュート」が突っ込んできた攻め手を逆手にとって引き倒した挿話だろう。

極右への資金提供者であるメロン財閥の〈はみだし者〉、前述のリチャード・メロン・スケイフから渡された軍資金240万ドルの一部で発行されている雑誌『アメリカン・スペクテイター』に、デイヴィッド・ブロックがクリントン政権中傷のでっちあげ記事を書きまくってきた。「トルーパーゲイト事件」「ホワイトウォーター疑惑」、とくにビル・クリントンとポーラ・ジョーンズとの情事などのでっちあげ記事は、大手メディアに転載され、クリントン政権を危機に陥れた。

クリントンの上院弾劾（1999年2月）

ラザファド・インスティテュートは、ポーラ・ジョーンズに資金と弁護士と謝礼を提供し、大統領を訴えさせた。スポンサーのスケイフ側は、この陰謀を「アーカンソー計画」と呼んだ（スケイフの奇怪な動機は、メロン財閥の傍流に据え置かれたことへの恨みが「陰謀」へと変形したもの。クリントン夫妻はまさに彼の逆恨みの犠牲となった。前掲拙著『アメリカ合衆国の異端児たち』参照）。

かつての大手メディアには節度とプライドがあり、どんな面白いネタでも必ず裏をとったものだが、情報過多の昨今、節度・矜持、そして裏とりの仁義も地に落ちたのだ。

ところが、ゲイだったブロックは、ラザファド・インスティテュートや共和党のゲイ差別に違和感を覚え始めた。議会のペイジ（議員の使い走り役の若者）に手をつけた議員のように、共和党には民主党よりも「隠れゲイ」が多いくせに、ゲイへの容認度は低いのだ。

２００２年、ブロックはついに前述の『ネオコンの陰謀』ででっちあげの経緯を自ら暴露し、夫妻に謝罪した。

それはともかく、ヒラリーは絶好の反撃機を見逃さなかった。シンクタンク、「メディア・マターズ」を創設し、なんと「投降」してきたブロックをそのヘッドに据え、これに「膨大な右翼の陰謀」を監視させたのである（将棋のように奪った駒を早速反撃に使ったのだ）。「メディア・マターズ」は、ラッシュ・リンボウ（第54章）やショーン・ハニティら右翼のラジオ・トークショウ・ホストをリアルタイムで監視し、彼らが「犬笛戦術」をしくじって差別的失言をやるたびに大手メディアに周知させ、一部のホストを失脚へと追い込み始めた。

共和党と右翼の独壇場だった「アタック政治」、それを全面展開できる組織を、ついに民主党が初めて手に入れたのである。それを女性がなしとげたことがユニークなのだ。

逆に言えば、民主党の、とくに男性民主党員が、いかに手詰まりの「とんまドンキー」状態に陥っていたかがわかる。まさに毒をもって毒を制す。これこそが、彼女の鮮烈な逆手作戦の一例である。

44

対ギングリッチ戦略

――――★ ヒラリー、「議事堂の魔王」に打ち勝つ ★――――

「ストックマンの復讐」

女性であるヒラリーが、なぜ覇気を失った民主党を蘇生させられたのか？　彼女には、「膨大な右翼の陰謀」と同じレベルまで身を落とさなくても相手に立ち向かえるだけの哲学があったからだ。それは遠い高校生時代、リベラルな牧師ドン・ジョーンズから教わった神学者ラインホルド・ニーバー（第8章）の闘争理論だった。それは、(1)「まず現実を楽観的にではなく悲観的にとらえる」、(2)「それによって最悪のシナリオを想定する」、(3)「にもかかわらず希望を失わずに現実に対処し、パワーの行使によって打開策を講じる」という3段階の闘争手順だった。

これはどことなく、ローズヴェルトやトルーマンらの民主党政権の駐ソ大使で外交評論家のジョージ・ケナンが唱えた「封じ込め外交」や、アイゼンハワー共和党政権のジョン・フォスター・ダレス国務長官の実践した「瀬戸際外交」を連想させた。この3人がいずれも信仰心の篤い家庭に育った点が、そんな連想を呼ぶのかもしれない。

にもかかわらず、ヒラリーは最初はそれほど喧嘩上手だったわけではない。「ホワイトウォーター疑惑」などは最悪の例だ。娘チェルシーの大学進学費用を作っておこうというきわめてささやかな不動産投資がメディア側によって針小棒大に報道され、怒ったヒラリーが資料の提供を拒否し続けた結果、さらにメディアによってウォーターゲイト事件やレーガンの命取りになりかけた「イラン＝コントラ事件」（１９８６年発覚）など、共和党が引き起こした史上空前の大統領府の犯罪事件と同列にブロウアップされてしまったのである。そして上院の調査委員会、そして例のケネス・スター独立検察官によって、クリントン夫妻はいびり抜かれる。モニカ・ルインスキー事件は、ホワイトウォーター疑惑で立件できないのに焦ったスターがほじくり出してきた脇ネタだった。

また、共和党側は、ホワイトウォーター疑惑その他を、医師会、保険および製薬業界のロビー活動に乗って、ヒラリー立案の健保法案を葬り去る搦手《からめて》として大いに活用した（「国民皆保険」への民主党の執念は、ついに２０１０年３月23日、オバマ政権によって実現する）。

キリスト教右翼は夫妻を「ふしだらなホモのアカ」呼ばわりし、新右翼の「嫌がらせ《ヘイト》ラジオ」は「クリントン夫妻の等身大の型紙を射撃の標的にしよう！」と呼びかけた。シアトルで開かれた「世界貿易機関（ＷＴＯ）」の会議では、こともあろうに環境保護の過激派が車中のヒラリーに摑みかかり、引きずり出そうとした。まさに保革双方から攻撃され、完全に四面楚歌のヒラリーは、ついに夫の側近ジョージ・ステファノプロスに対して電話口で泣きだしたのである。「あれだけ努力してきたのに。努力、努力、努力。（中略）他人ってそれは考えなしよね！　ほんと、考えなし！」。

そのステファノプロスは、「彼女の戦闘的な側面は、健保法案とホワイトウォーター疑惑ではバックファイアを起こしたが、1995年の共和党による予算案潰しに対抗するうえではまさに100万の味方だった」と言っている。

ステファノプロスこそ、92年、「クリントンを大統領にしたもう1人の男」として、『クリントンを大統領にした男』（第40章）に描かれている。彼は、カーヴィルと違って政権に関わるが、途中で夫妻と意見が合わなくなり去って、ABCの政治番組のキャスターを務めている。彼はまた、同じギリシャ系のジョージ・デュカーキスの反撃即応班長として、リー・アトウォーターに手玉にとられた敗北をテコとして、クリントンにブッシュを破らせ、同胞のデュカーキスの雪辱を果たした。

ニュート・ギングリッチ
（2007年、撮影：Pete Souza）

『クリントンを大統領にした男』で、本選挙1日前、「クリントンに黒人の子がいる」との情報を公表するという脅しへの彼の冷静な対応は、カーヴィルと対照的だ。「いいかい、問題は2つある。まず、君が笑い者になる。お次は、請け合ってもいいが、君は二度と民主党政治の世界では仕事が来ない」。冷静な受け答えだからかえって相手がひるむ。その隙にこう押し込む。「（公表を差し控えた）あとになって、君はまっとうなことをしたと気づく。自分の名誉を傷つけずにすんだってね」。のちに政権で意見が分かれることになるヒラリーが、ステファノプロスへの電話で泣きだした——彼女にすらそうさせる何かが、彼の身上なのだ。

さて、共和党の連邦下院議長ニュート・ギングリッチの「ならずもの戦略」は、リチャード・メロン・スケイフや「ラザファド・インスティテュート」など、民間レベルの「膨大な右翼の陰謀」に、三権の1つ、議会を使って呼応するものだった。

ギングリッチの戦略はまず、(1)レーガンおよびブッシュ両共和党政権の目玉である減税、とくに高所得層の減税はクリントン政権に続行させる。(2)福祉予算削減で、レーガン&ブッシュ政権が積み上げてきた大赤字を黒字転換せよとクリントン政権に迫る。(2)は、民主党が保護し続けてきた支持基盤の低所得層優遇を不可能にし、彼らを同党から引き剝がす作戦でもある。

これは、2011年夏のオバマいびりと完全に対をなしていた。

ヒラリーはギングリッチのこの戦略を「ストックマンの復讐」と呼んでいた。レーガン政権で「レーガノミクス」を手がけたデイヴィッド・ストックマン行政管理予算局長は、『「サプライサイド（供給側重視）経済学」』は予算均衡を無視し、減税で出た赤字は政府支出を執拗に抑制することで補う」と唱えていた。もっとも、彼は在職中からレーガノミクスを批判してレーガンに解任された（第33章）。

つまり、共和党は「クリントン政権に赤字を出させながら、黒字を迫る」という、絶対的ダブルバインド（二重拘束）の罠をしかけてきたのだ。これが「ストックマンの罠」だった（「ギングリッチの罠」が正しいが、それだと誹謗として反撃される）。しかも、ギングリッチは「クリントン政権が均衡予算を実現しなければ、上下両院を制した自覚を指揮して政府予算案を潰す」と脅しをかけてきたのである。

敵を高転びに転ばせる

共和党が上下両院を支配できたのは実に40年ぶりで、1980年代、全米に広がった新郊外の保守層を取り込み、75名もの新人議員をそれらの郊外から当選させた、ギングリッチの「外輪郊外」戦略の成果だった。日本の小泉チルドレンを連想させるが、こちらの新人議員はチルドレンなどではなかった。ギングリッチを突き上げ、水に落ちた犬をたたけとばかり、民主党に対する強攻策を次々と繰り出させてきたのである。これはレーガン政権の「第一次保守革命」に次ぐ「第二次保守革命」だった。

さて、クリントン政権は敵の脅しを拒否したため、予算が尽きた1994年11月14日、政府機関は業務停止《シャットダウン》に追い込まれ、政府は80万人余の連邦政府職員をいっせいに帰宅させた。基幹部署の職員用に「臨時措置」がとられたが、余人をもって代えがたい職員は無給で居残った。

第一次業務停止は11月21日まで、それまでで最長の6日間続いた。全米の国立公園は開設以来初めて閉鎖された。4日目には、ホワイトハウス内では、430名の職員が90名に減った。日に2回だったトイレ掃除が1回に減った。運動用ジムは閉鎖された。こうなると、公務員でない135名のインターンに頼るしかない。このとき、モニカ・ルインスキーがビル・クリントンにピザを持参したのである。

業務停止2日目、2人は目交ぜを交わし合ったあと、奥の部屋でキスを交わし、モニカにフェラチオされながら、クリントンはある下院議員に電話した。この相手がギングリッチならブラック・ユーモアになるのだが、あいにく誰か不明である。

「かわしの達人《アートフル・ドジャー》」と異名をとったビルは、共和党と妥協にこぎつけようと身をくねらせ続けた。しかし、「かわし」は不首尾続きで、その焦燥逃れにモニカとの情事となったわけだが、彼は「おれは仕事、仕事の人生だった。時にはご褒美にニャンニャンくらいさせてくれや《フーチークーチー》」というものだった。「ご褒美」が不倫の動機である。生まれる前に実父を失った男の子にまま見られる「永遠の子供」症候群だった。

ビルはついにはギングリッチにまで密かに電話する始末だった。最強の敵におもねろうとする癖は、凶暴な義父ロジャー・クリントンに対したときと同じだった。大統領の生涯では、この義父とギングリッチにおいて「暴れ象」が重なっていた。暴れ象との共存が、前述のＡＦＤＣ（児童扶養世帯補助）など福祉政策への制限（コラム９）といった妥協的な「第三の道」路線を選ばせた。ところが、クリントンと同世代の元ヒッピーら革新派は、家庭を持ってやや保守的な「ヤッピー」に変身し、無党派層となって彼の「第三の道」路線を支持していたのだ。不倫暴露にもかかわらず、ビルの支持率が逆に上昇した背景だった。

また、ビルの「おもねり癖」は、荒技の成果に不安な共和党幹部には有り難かった。荒技をしかければ、相手が電話してくるのである。幼い時期、実父が去ったオバマは、共和党の揺さぶりに断固反応しなかった（妥協的政策は出す）。この点こそ、オバマが人間的資質ではクリントンを凌駕している証拠だが、アメリカ白人はオバマより弱くて白人のクリントンを好む（第51章）。そして、自らしかけた荒技の適否に不安な共和党側は、オバマの断固たる無反応に困惑し、「クリントンはやりやすかった」と懐かしんでいるくらいだ。

しかし、ギングリッチはビルにヒラリーがついていることを失念していた。当時、著書『子育ては村総がかり』（１９９６）の締め切りに追われていたヒラリーは、側近の女性を政権の野党折衝班に入れ、ジョンスン大統領の成果、高齢者医療保険（メディケア）、貧困者・障害者医療保険（メディケイド）まで反故《ほご》にしかねない共和党の予算代案を監視させた。

また、健保法案の挫折以来、欠席していた閣議に、ヒラリーは久しぶりに出た（閣僚ではなかったが、「ヒラリー健保法案」の策定者として閣議に出ていた）。その閣議では、共和党側の要求する均衡予算とは１５００億ドルも開きがあるため修正案をまとめ切れず、暫定回答か延期かで揉め続けていた。ヒラリーは鶴の一声で、夫の面子を立てつつ、延期に持ち込ませ、共和党側の名評論家ケヴィン・フィリップスをして（第24章）、「政権側の抜け目ない予算戦術」と言わしめた。

同時に、彼女は妥協に揺れる夫を励まして、ギングリッチ案に対して拒否権を発動させたのである。この時期、ビルがしきりにヒラリーの造語「ストックマンの復讐」を使ったのも、彼女の励ましぶりをうかがわせる。

75名の「ギングリッチ・ボーイズ」に突き上げられて強攻策をとり続けた下院議長は、全米から「アメリカには大統領が2人いる。1人はホワイトハウス、1人は議事堂で、あとのほうが本物だ」と言われていた。

しかし、絶好調のときはえてして油断が出る。ギングリッチは高転びに転んだ。第一次業務停止《シャットダウン》（95年11月14〜19日）に入った翌日の11月15日、「おれがここまでやるのも、ラビン首相の葬儀の帰途、大統領専用機で1人ほったらかされ、うしろの昇降口を使わされたからさ」と口を滑らせたのである。たちまち、『デイリー・ニューズ』に、おむつをつけてだだをこねるギングリッチのマンガが登場した。ヒラリーはただちに、機上でビルとボブ・ドールに囲まれてご満悦のギングリッチの写真を公表させた（カーヴィルが92年の選対内に確立させた反撃即応）。この写真が広くメディアに流され、下院議長の信用を失墜させたのである。

その勢いを駆って、ヒラリーはビルを励ましては11回も拒否権を発動させた。拒否権を跳ね返せる（無効化する）だけの必要票が共和党にないことを見越しての強行措置だった。12月16日、再び「臨時予算」が尽きると（95年12月16日から翌年1月6日の「第二次業務停止《シャットダウン》」）、やっとメディアと世間が共和党を非難し始めた。

96年1月、クリントン再選を阻止すべく大統領選に出るので世論を気にした共和党のボブ・ドール上院議員が妥協案を唱えだし、ギングリッチは2回目のシャットダウン招来で一挙に自党内ですら評判がガタ落ち、97年夏、一部の共和党議員らがクーデターを起こしかけた（今日、オバマいびりの先頭に立つジョン・ベイナー下院議長〈第48章〉は、14年前のクーデターでギングリッチに引導を渡す役割）。しかし、ギングリッチは巧みにこれを凌いだ。

98年秋、カーヴィルは再び別働隊で動いた。TV番組でギングリッチ追放を呼びかけたのである。ルインスキー事件で中間選挙も危うい民主党議員らは冷淡だった。まだルインスキー事件の疵《きず》が癒えないクリントンは、カーヴィル発言の翌日、「逆境こそわが党に有利に働く」と支離滅裂な弁解を口にした。カーヴィルは、自党の議員にも矛先を向けた。「ギングリッチを毎日ぶったたかないといけないのに、なんてざまだ。そんな腰抜けぶりで、どうやって議会を奪還するつもりか！」。それでも、

第44章

対ギングリッチ戦略

リチャード・A・ゲッパートをはじめ、民主党議員はホワイトハウスに「カーヴィルに箍《たが》をはめろ」と迫った。カーヴィルは激昂して、TVでゲッパート批判を繰り返した。

98年の中間選挙で、共和党はクリントンいびりが不評で下院5議席を失い、ギングリッチは自身が再選を決めた翌日の11月5日、「人食い人種の管理はできない」と、下院議長辞任どころか、議員辞職までしてのけたのである。クリントン側からすれば、ギングリッチこそ「人食い人種」だったが、ギングリッチは自党の造反議員らを指していたのだ。

民主党議員から危険視されたカーヴィルと、自党議員から裏切られたギングリッチは、ともに激しい性格ゆえに似た者同士の運命に陥ったようだった。

以上が、敗北を勝利に転換したヒラリーの「戦闘的側面」が、前述の「100万の味方」(G・ステファノプロス)になったいきさつだった。ヒラリーは、これまた前述のニーバーの戦闘論を忠実に踏まえての勝利だったが、12年後、彼女は上院議員として共和党極右に手を差し込んで中和してしまう高等戦術まで身につけ、ギングリッチとはどう見ても親友としか思えない関係になった。「妥協ボーイ」「かわしの達人」のビルのお株を奪ってしまったわけである。カーヴィルは、ヒラリーの上院選と2008年の大統領予備選でも、彼女の「別働隊」を買って出るのだ。

しかも、夫ビルの政権はついに「ストックマンの罠」を正面から突き破り、本当に均衡予算を達成してしまうのである。オバマでなく、ヒラリー・ロダム・クリントンが先に、全米史上初の女性大統領になっていれば、景気回復やら失業率低下まで実現していただろうか？

V

十字架上のドンキーたちとパンドラ

私の心の核心に最も近く、私の確信の最奥の奥底にある諸兄への忠告は、『各州の連合』が諸兄の間で大切に育まれ、永続することである。公然たる敵は、恐るべき箱を開いたパンドラと見なしたまえ。変装した敵は、その致命的な奸計を肚《はら》に天国へ這いずり込む蛇と見なしたまえ。

――第4代大統領ジェイムズ・マディスン

オバマ政権下での共和党下院議員による国家債務の上限引き上げ阻止（第48章）および両党議員らによる「スーパー委員会」での国家予算赤字削減計画案挫折後、アメリカ人の間に議会を国民のためではなく政争の具に利用する連邦議会への不信感募る――現職議員否定、76％（共和党員78％、民主党員78％、無党派層80％）

――「統一テクノロジーズ／ナショナル・ジャーナル議会関連世論調査」（2011年12月8〜11日）

45

「ナショナル」と「フェデラル」

★ガッチリと嚙み合わない観音開きの扉★

「聖約神学《フェデラル・セオロジー》」と「アメリカ統一州連邦（USA）」

第5章でアメリカが「UPA（アメリカ統一国民連邦）」ではなく「USA（アメリカ統一州連邦）」である謂われを書いた。

本書第V部の、冒頭の引用の発言者ジェイムズ・マディスンは、「合衆国憲法のマスタービルダー」と呼ばれ、三権分立の立役者だった。彼の概念では、「中央政府はその活動においてはナショナルだが、その権力においてはフェデラルである」。これは、以下のように幾通りかの、また相互に矛盾する含意があるように見える。

(1)大統領が率いる行政府は「ナショナル」、立法権を有して大統領に掣肘《せいちゅう》を加える連邦議会、司法権を駆使して他の二権を是正する連邦最高裁は「フェデェラル」という使い分け。(2)三権の行使（統一連邦の統治）がナショナル、合衆国連邦を構成する州と州民を個々に主体と見つつ、最終的にはUSAのレベルで包括する概念がフェデラル。(3)語義通り、国民がナショナル、各州の連合としての合衆国がフェデラル。(4)一転、(3)とは逆に、選挙で選ばれて三権を行使（統治）する連邦政府の政治家たちがナショナル、主権（君臨権）を行使（投票）するアメリカ国民がフェデラル。

合衆国国民には、選挙権と地方自治体での罷免（リコール）権と「住民提案」の権限以外は象徴的権力しか認められていない。こういう弱い立場の国民（州民）に対して、(4)のように、「フェデラル」を使う背景には、以下の事情が指摘されている。「連邦政府の概念は、『聖約神学（フェデラル・セオロジー）』という、宗教改革とその産物、政治的自由の希求、すなわち『よきコモンウェルス（共同体／連邦）』への希求に直結する運動から生まれてきた」（政治学者ダニエル・J・エラザー）。

フェデラルのラテン語の語根、「フォエドゥス」は英語のカヴィナント（神との誓約）と同義で、合衆国連邦は、その誓約の具現として「神との誓約の世俗化」したものということになる（エラザー）。つまり合衆国連邦は、1620年、今日のボストン近くのプリマスに共同体（コモンウェルス）を開いたピューリタンの「誓約神学」に淵源している。

したがって、ナショナルとフェデラルは観音開きの扉で、2枚の扉同士がガッチリ嚙み合わず、隙間がたつく一種の「遊び（プレイ）」を残す。そのため、これらの2枚扉は、対立概念になるかと思えば両立概念にもなる。

アメリカ合衆国をヨーロッパに重ね合わせると、西端はアイルランド、東端は黒海とカスピ海の中間まで届く。この広大な地域を統治するには、この「遊び」が不可欠となったと見られる。いわば、今日のEUが加盟各国の主体性を認めながら、経済（共通通貨）とゆるやかな連邦制で連携するには、幾多の「遊び」がなければやっていけないことと通底する。加盟各国は、アメリカの各州に相当する（もとより、EU加盟諸国は合衆国を構成する各州よりはるかに独立性が強い）。

「観音開きの扉」から「這いずり込んできた蛇」

とはいえ、マディスンの言う「公然たる敵」、「恐るべき箱を開いたパンドラ」、あるいは「変装した敵」もまた、これらガッチリ嚙み合わない観音開きの2枚扉の「遊び」から「蛇」となって「天国」（「USA〈アメリカ統一州連邦〉」）へと「這いずり込んで」きたのである。「蛇」にはサタンが含意されているが、今日のアメリカにおける「蛇」がどの勢力を指すかは、本書をここまで読んでこられたからには、すでにおわかりだろう。

今日の「蛇」はどう見てもオバマいびりに徹する多数の共和党議員らだが、第V部冒頭の2つ目の引用のように、共和党員は民主党議員を、民主党員は共和党議員を、それぞれ辞めさせたがっている。無党派層は、両党議員に絶望している。党派性抜きの連邦制実現への無党派層の絶望こそ、マディスンが最も恐れた事態だと言える。

マディスンの時代の「蛇」は南部議員らだった。彼らは、ニクスンの「南部戦略」以前の、差別的なトマス・ジェファスンの「民主共和党」の議員（後世、ジョージ・ワラス時代の「ディクシークラッツ」）だった。たとえば、南部の奴隷所有者らは連邦形成に際して、1787年7月5日、憲法制定会議において、「連邦下院議員の割当数を成人男性4万人につき1名とし、4万人には奴隷成人男性の5分の3を含める」という要求を通した。つまり、「奴隷男性1名は白人男性の5分の3に相当する」という奇怪な人口計算法を認めさせたのである（もっとも、資産差抜きですべての白人男性に選挙権が認められたのは1855年）。

古代西洋史が専門の向山宏博士によれば、民主制の古代アテナイでは、選挙権があるのはあくまで自由民男性だけで、彼らとほぼ同数かそれ以上いたと見られる奴隷男性には認めていなかった（むろん、5分の3などは論外）。ただし、古代ローマでは、植民地の住民の一部に「何分の何ローマ人」なる呼称を名目だけ認めた例はあるらしい。

南部白人らは、奴隷制に異議を唱えていたベンジャミン・フランクリンやジョン・アダムズよりも、自身が奴隷所有者だったワシントンやジェファスンやマディスンを押しまくって「奴隷1名は、南部白人男性有権者1名の5分の3」という奇怪な等式を「蛇」として観音開きの扉の隙間から「這いずり込ませた」のである。実は南部側は最初、「奴隷1名＝白人1名」を要求してきたのを、マディスンらは「5分の3」で妥協したのだ。

1855年までは、白人の投票権は一定以上の収入が条件だから、それだけの収入がない白人が持つ奴隷には「5分の3」が認められない理屈だった。

むろん南部側は、積極的な移民受け入れで人口が上回る北部に、「奴隷5分の3」で対抗しようとしたのである。

「5分の3」でも黒人奴隷に選挙権を与えたのは、与えないよりまし？　その「5分の3選挙権」を行使できたのが、奴隷でなく、奴隷の主人だったという実情でも、ましだと言えるのか？　マディスンは、「5分の3」において、自ら「蛇」が這いずり込むに任せる結果となった。この条項は、南北戦争後、「憲法修正第13条」（1865年）によって無効化された。

46

ニクスンの弾劾

★「元祖暴れ象」大統領を辞任に追い込む★

「帝国的大統領」の犯罪

「ナショナル」と「フェデラル」の隙間から這いずり込んできた「蛇」が合衆国を乗っ取るのでは？　この恐怖は、アメリカでは、ポップカルチャーでも何度も再現されてきた。たとえば、『スター・ウォーズ』エピソード1～3（1995～2005）に描かれたパルパティーンがその恐怖を体現していた。「惑星間共和国連合」議長のパルパティーンが徐々に独裁権を掌握していって、気がつくとダース・シディアスに変貌し、ダース・ヴェイダーを指揮官として共和国連合を「帝国」へと切り替えて、自身は「皇帝」に納まっていた。共和国連合という合議体の議長から、合議をバイパスできる皇帝への変容——これは「建国の父たち」が最も恐れ、今日、心あるアメリカ人が受け継いできた恐怖である。この映画のエピソード2と3が制作されたとき、アメリカは最新の「皇帝的大統領」、ジョージ・W・ブッシュの統治下に置かれていた（前掲拙著『なぜアメリカ大統領は戦争をしたがるのか？』）。

ベンジャミン・フランクリンの深刻な懸念、「舵輪を最初に握る人物は、いい人間だろう」（第9章）を想起されたい。

さて、この最後の部では、ビル・クリントンとオバマが「恐るべき箱を開いたパンドラ」によって吊るし上げを食らう光景を披露したい。クリントンの場合、ケネス・スターが検察という司法によって、ギングリッチが議会を使っての予算案非承認によって大統領を立ち往生させた光景はすでに見た（第44章）。次章では、議会と司法を合体させて大統領（行政府）を破壊できる「大統領弾劾」という究極の「大統領磔刑《たっけい》」で、クリントンが攻撃された光景に触れたい。

言うまでもなく「蛇」は、ジェイムズ・マディスンらが必死の思いで合衆国憲法の奥の院に埋め込んでおいた究極の制動装置、大統領弾劾法をクリントンいびりに濫用したのである。

オバマについては、クリントンが弾劾以前に食らってきた「磔刑」の過程を改めてジョン・ベイナー下院議長やエリック・キャンター院内総務らの「共和党パンドラ」によって反復して浴びせられている光景で終える（第48章）。

さて、大統領弾劾が行われるのはよくよくのことで、アメリカ史上3回しかない。それだけ各時代の政治家らは、この「伝家の宝刀」を鞘走らせることに、きわめて慎重だった――クリントンを攻撃した共和党の「パンドラ」たち以外は。

最初は、リンカーン暗殺後、副大統領から大統領職に直ったアンドルー・ジョンスンは、南部人で民主党員なのに北部のリンカーン共和党政権に与《くみ》した基盤の脆弱さから、公民権法拒否と離反したエドウィン・M・スタントン陸軍長官（反奴隷制の北部民主党員から共和党員に鞍替え）の解任とで、1人で2回も弾劾された。2回目は上院審議にまで持ち込まれたが、1868年5月26日、賛成35票、反対19票という、わずか1票の差で首の皮がつながった（可決には3分の2、つまり36名の賛成が必要）。

第46章
ニクスンの弾劾

「帝国的大統領」という言葉は、ケネディ政権で特別補佐官と「宮廷歴史官」を務めた歴史家アーサー・シュレシンジャー2世が、リチャード・ニクスンに対して使った。パルパティーンにダース・シディアスに化けさせない最後の箍として、マディスンらが合衆国憲法に埋め込んでおいた究極の制動装置が、大統領弾劾制度だった。したがって、党利党略抜きに、本当の意味でこの制度が作動できた相手は、ニクスンただ1人だったと言える。クリントンの場合、大統領弾劾制度が「共和党パンドラ」によって「悪用」された。

まず、ニクスンの場合を以下に略述する。

「ウォーターゲイト事件」は、1972年6月17日に起きた。事件名は首都の超高級マンション名で、そこの「民主党全国委員会（DNC）」本部にニクスン側が盗聴装置を設置しようとして実行犯らが逮捕されたことから、史上最も怪しげな政権の積年の膿が噴き出してきたのである。

連邦上院は、下院より1年弱早い73年2月に調査委員会を発足させ、5月17日には証人（大統領法律顧問ジョン・ディーン）尋問を公聴会としてTV公開していた。これは弾劾の手順が逆で、下院はやっと10月30日に弾劾の調査を開始した（公聴会は74年5月9日とさらに遅滞）。後れをとったのは、党利党略だけが命の共和党側が、弾劾を「民主党側の党利党略だ」として反対し続けていたからである。誰しも自分を鏡としてしか相手を見ることができない。

因縁を感じさせるのは、下院が任命した調査委員会（ジョン・ドーア主宰）の105名のスタッフの中に26歳のヒラリー・ロダムがいたことだろう。のちのヒラリー・クリントンである。ドーアは、当時まだ存在した良質な共和党員で、調査はきわめて公正だった。

当初は民主党本部侵入が焦点だったが、ニクスンが大統領執務室（オーヴァル・オフィス）への盗聴装置の設置を71年2月10日に命じたことが証人喚問の過程で判明し、以後、焦点はこの盗聴テープへと移った（テープは、ソニーTC８００Bオープンリール）。

巷では、こんなカー・スティッカーが出回った――「私もニクスンに盗聴されている！」。盗聴がお家芸だったのはJ・エドガー・フーヴァだったが、このFBIディレクターを最も恐れたのがニクスンだった。フーヴァが死んだと聞いてニクスンは、「ジーザス・クライスト！　ザット・オールド・コックサカー！」と叫んだ。「何だって！　あのホモ爺がか！」という意味である。

クリント・イーストウッド監督の傑作『J・エドガー』（２０１１）では、大統領執務室でそう叫ぶニクスンの姿が再現されている。その執務室には、すでに盗聴装置が設置されていたのだ。「コックサッカー」は、「フェラチオをやる者（ゲイの女役）」、「くそいまいましいやつ」の両義がある。

「私は彼の席をとり、彼は私の席をとったというわけさ」

両院の圧力でニクスンは、１９７３年5月19日、アーチバルド・コックス（第42章）をしぶしぶ「特別検察官」に任命した。そのコックスが、やっと10月20日、テープ提出を命じた（民主党本部侵入から16ヵ月と3日後のことで、いかに遅々たる歩みだったかがわかる）。ニクスンは即日、コックスを解任した（「土曜の夜の虐殺」と呼ばれる）。解任されたコックスは、こう発言した。「わが国の政府が、人間にではなく法に基づいた政府であり続けられるかどうかは、今や議会、そして究極的には国民の手に委ねられた」。

「テープ起こし」した盗聴文書の山を横に、国民に向け演説するニクスン（1974年4月29日、出所：National Archives & Records Administration）

これこそが、マディスンが合衆国憲法の根底に据えた「人間ではなく法による統治」の神髄である。マディスンは、「人間が天使であれば、政府は要らない」と言った（第8章）（この件《くだり》を書いている2011年12月初め、ヒラリー・クリントン国務長官をミャンマーに迎えたアウン・サン・スー・チーは、「わが国に法による統治の確立を」と強調した）。

ニクスンは、74年春までテープ提出を引き延ばし、42本のうち20本だけを「テープ起こし」した文書（1254頁）を提出した。あまりに大統領の罵詈雑言がひどいので削除したものである（前述の、フーヴァの死亡を知らされたときの発言など、穏やかなほうだったのだ）。

それでも下院司法委員会の共和党委員らは、委員長ピーター・W・ロディーノ2世（民）に抵抗を続けた。イタリー系のロディーノもマディスンのように小柄で、一見冴えない存在だったが、最終的にニクスンを下院での弾劾前に辞任に追い込み、「法による統治」を完遂するのである。

⑴7月27日、下院司法委員会は、「偽りの陳述、証拠不提出その他」で、司法妨害罪という大統領弾劾の第1項目までこぎ着けた（27対11。賛成した共和党委員6名）。⑵29日、弾劾の第2項目、「権力濫用（政治目的での政敵への納税検査、盗聴、ホワイトハウス内の録音装置の非合法使用許可）」（28対10）、⑶30日、弾劾の第3＆4項目、「議会侮辱罪（テープ提出拒否その他）」（賛成は民主党委員のみ）。

⑵の「政敵への納税検査」は、ニクスンが最高権力を再度摑む契機となった「アラバマ計画」（第24章）を想起させるではないか。

8月5日、「スモーキング・ガン・テープ（SGT）」公表。このテープは、72年6月23日、FBIに民主党本部侵入の捜査停止を命じたニクスンの肉声をとらえていた。FBIに捜査停止を命じる理由として、FBIには「CIA絡みと言え」と側近に命じていたのだ。CIAをダシにFBIの捜査権を剝奪するトリックを、ニクスンはテープでは「取り替えっ子みたいなもんだ」と発言している。

この事実、そしてその事実自体を捜査当局、大統領府に詰める自身の法律顧問団、および国民に秘匿してきた罪状が暴露された。このスモーキング・ガン・テープで、⑴〜⑶で反対票を投じてきた共和党委員らも、ついに賛成に転じた。

「スモーキング・ガン」とは、銃口から煙硝反応が見られる銃器で、「動かぬ証拠」の意味がある。

これ以外にも、提出されたテープのうち2本は紛失され、1本は「18分半分」が消去されていた。ニクスンは必死で執務記録をたぐり、これら3本は突き止めて処分したものの、スモーキング・ガン・テープだけは見落としたのか？　映画『ニクソン』（1995）では、オリヴァ・ストーン監督は泥酔状態のニクスンが無様な手つきで録音を消去する姿を描いている。政権側は、「18分半」については、ニクスンの女性秘書が「テープ起こし中にうっかり消してしまった」と弁解した。これらのテープには、もっともっと決定的な確証が録音されていたのか？

8月8日、ニクスンは、国民1億3000万人が食い入るように画面を見つめるTVで、下院での弾劾（弾劾の第6工程）回避のため、「翌9日に辞任する」と公表した。下院は、「412対3」で、ロディーノ司法委員会の報告を受理していたのである（つまり、この票数で弾劾される可能性が高かった）。

この経緯の時期、筆者38歳の分別盛りながら、アメリカン・デモクラシーが憲法の観音開きの「遊び」から這いずり込んだ「変装した蛇」を「公然たる敵」へと正体をひんむく過程に、思わず吐息を漏らした記憶がある（つまり、筆者がアメリカに魅き寄せられた原点だったろう）。マディスンらの先見の明を初めて目の当たりにした感動は、いまだにわが心底に残り続けている。

ところがのちに、アーサー・シュレシンジャー2世が、「合衆国が議院内閣制だったら、議会は大統領不信任案を出せば、ニクスンは解散権を行使して次の選挙結果次第で進退が決まる。弾劾の汚名を着ないですんだ」と書いているのを読んで、ちょっとシラケた（『アメリカ史のサイクル』1986、邦訳第Ⅱ巻の第11章「帝国的大統領以後」）。この伝でいけば、後述するクリントンの場合、彼が共和党の不信任を受けて議会を解散し、選挙に踏み切っていれば、自身と民主党は圧倒的な選挙結果でカムバックしていたことだろう。

さて辞任後、外套姿のニクスンは、ヘリコプターに乗り込む前にカメラを振り返って精一杯の笑顔を作り、頭上で合わせた両手をパッと開いて、再び頭上で閉じる、最後のふしぎな挨拶を送ってから、夫人とともにヘリに乗り込み、自らが修羅場と化せしめたホワイトハウスから飛び去ったのである。

副大統領から大統領職を襲ったジェラルド・フォードは、前大統領辞任の1ヵ月後、弾劾項目を含めて在任中犯したすべての犯罪に関して、一私人となったニクスンに恩赦を与えた。それで、ニクスンのふしぎな挨拶の意味が氷解したのである（いたちの最後っ屁だったわけだ）。

それから15年後、ロディーノ司法委員長は、1988年の議員引退前、選挙地盤のニューアークから首都へ飛ぶとき、定席の2Bを先客にとられていた。別の席をとって搭乗してみると、先客はニクスンだった。ロディーノは相手に声をかけなかった。ロディーノはこうオチをつけた。「フェアだと思ってるよ。つまり、私は彼の席をとった。そこで彼は私の席をとったというわけさ」。

47

クリントンの弾劾

★ 支持率は70%に急上昇 ★

クリントンの「永遠の子供症候群」

弾劾に値する大統領の罪状は、「反逆罪、贈収賄罪、その他の重大な犯罪および非行」（合衆国憲法第2条第4項）となっている。ニクスンは、なぜかウォーターゲイトの民主党本部侵入示唆ではなく、その秘匿の罪を問われた。クリントンの場合、共和党側は「情事の秘匿」に絞った。「情事」は「非行」に見えるが、恋愛自由、姦通法がない今日の合衆国法では犯罪として立件できないためと思われる。

しかし、ニクスンの弾劾で大恥をかかされた共和党側は、「江戸の仇を長崎で」とばかり、逸《はや》り立ったのである。以下のジョークには、共和党側の喜悦が満ちあふれている。「クリントンよ、有り難う、ニクスンを正直に見せてくれて。クリントンよ、有り難う、ケネディを身持ちよく見せてくれて」。それともこれは、党派横断的ジョークか？　掛け値なしに党派横断的なのは以下のジョークである。「ワシントン、ニクスン、クリントン、この3人の大統領の相違点を述べよ。答え——ワシントンは嘘がつけず、ニクスンは真実が話せず、クリントンは嘘と真実の区別がつかなかった」。

ホワイトハウスに招かれ暗い照明の下でクリントンと会見するニクスン（左）（1993年3月8日、撮影：Bob McNeely, White House Photo Office）

第20章で触れたように、クリントンは、弾劾される5年以上前の1993年3月9日、汚辱の底から立ち上がる努力を続けてきたニクスンをホワイトハウスの大統領一家の居住部分に招いた（むろん、いきなりではなく、大統領は会見の前の週の半ば、元大統領に打診の電話を40分もかけて瀬踏みしている）。クリントンの弾劾期間中（1998年12月19日～99年2月12日）はもとより、それ以後ではありえない出来事だった（ジョークを地で行く光景になってしまう）。

クリントン夫妻の側近は色めき立った。ウォーターゲイト事件騒ぎ当時、彼らは幼稚園か保育園にいたのである。むろん、双方にお得だからこそ実現した話だった。ソ連を雪解け外交へと追い詰めたニクスンは、ブッシュ父がボリス・エリツィン支援のタイミングを逸し続ける無様さに、友党政権ながら愛想を尽かしていた。身から出た錆とはいえ、自身の弾劾がなければ、あるいは自分の手でソ連瓦解を引き起こし、ロシア民主化の立役者になれていたかもしれないのである。外交感覚の鋭敏さにかけては、ニクスンの右に出る大統領はいなかったろう（俊才と徳義の共存は、それほど難しい）。

第47章
クリントンの弾劾

クリントンにとっては、ロシア支援の予算化に際して、頑迷な共和党右派をニクスン招待で中和する狙いがあった。

残された写真を見ると、きわめて暗い照明の下で、クリントンが固い表情のニクスンに笑顔で応じている。この招待のあとでニクスンは、ヒラリー・クリントンを「冷たい女だ。一人娘のチェルシーすら母親を恐れていた」と非難した。「ドーア委員会」でニクスンの犯行暴きに携わった若き日のヒラリー・ロダム（第46章）を忘れていなかったのか？

ヒラリーも自伝『リヴィング・ヒストリー』（２００３。邦訳は『リビング・ヒストリー』２００３、早川書房）では、この招待に触れていない。ただ、鮮烈な連続外交によるソ連の相対化、それ以上に鮮烈な国内戦略、「南北入れ替わり」を引き起こした「南部戦略」の発動者を内輪に引き込むタイミングは、いかにも「妥協屋」クリントンの面目躍如だった。

クリントンやジェイムズ・カーヴィルが共和党の「南部戦略」をある程度跳ね返せたのは、言うまでもなく、２人の中に内在していた南部の後進性ゆえだった。カーヴィルの場合、それは鼻柱の強さと抜群の喧嘩勘のよさだが、一方で彼は、男勝りで、しかも敵党派に属するメアリー・マタリンと安定した家庭を維持できる柔軟性と身持ちのよさがあった。さらには、９２年の大統領選の成果で得た名声と選挙参謀の腕を国内より海外での選挙に生かし、国内ではクリントン夫妻の「別働隊」に徹する使い分けの智恵があり、それが奏功したのだ。

ビル・クリントンの場合、ヒラリー・ロダムの秀抜な才能に魅きつけられる聡明さとは裏腹に、モニカ・ルインスキーのような「原始的な女性」にも魅きつけられた。これは、向学心だけでは抜け出せなかった南部男性の後進性、とくに「バッバ（ブラザー）」「レッドネック」「ホワイト・トラッシュ」など、さまざまな呼称で呼ばれる南部の「沼沢地帯的特性」だった。

彼の実母ヴァージニアが結婚した4人の男性たちも、その範疇に入っていた。わずか28歳で死んだ実父ウィリアム・ジェファスン・ブライズ2世にとって、ビルの実母は実に4人目の妻だったのだ。ビルが、その「沼沢地帯」から大統領まで抜け出せたのは、彼自身の逸り立つ野望（「票ねだりビル」／第1章）とヒラリー・クリントンの支えによっていた。

ビルが足をとられた「沼沢地帯」は、精神分析では「永遠の子供症候群（プエル・アエテルヌス）」とも関連していた。実父ブライズ2世は、ビルが生まれる前、奇しくもヒラリーがその1年後に生まれてくるシカゴで、28歳のとき自動車事故で死んでいた。彼は機器装置のセールスマンで、遠出が仕事だった。人格形成上の砥石となる実父がいない男性は、この「永遠の子供症候群」で足をすくわれる比率が高い。

別な表れは、ビルの場合、「過食」によって父親不在の空白を埋めたため、子供時代は肥満児で、青年期には克服できたものの、後年の心臓疾患の原因となった。

ビルはカーヴィルのように果断ではなく、様子を見る妥協的な性格だった。たとえば、泥酔して、3人目の妻である実母ヴァージニアを殴る暴力的な義父ロジャー・クリントン（ビュイックのカー・ディーラー。チェロキーの血を引く）に脅え、体格で優位に立ってから相手を威圧して諌めたこと、異父弟ロジャー2世（歌手・俳優。俳優としては「バッバ」役）への配慮もあってブライズ姓を名乗らなかった点などがあげられる。

生涯1人の配偶者と連れ添うなど、混沌の南部ではなからありえないことだった。クリントンは、ヒラリーのおかげで、一族の中でそれを最初に果たせそうである（カーヴィルも、そういう例外になれそうだ）。

「ビルも大した男よね——この私に求婚するなんて」

南部人は、2種類のイギリス移民が祖先だった。⑴最後まで奴隷制が残っていたイングランド南部（奴隷は大半が白人）からの移住者が「沿岸南部」に展開して、黒人奴隷を擁する大農園主となった。⑵気性の荒い「境界人」が内陸地帯の「高地南部」に移住してきて「レッドネック」になった。この経緯は前掲拙著『誰がオバマを大統領に選んだのか』に詳しい。

「境界人」とは、イングランドとスコットランドの境界、北アイルランドとアイルランドの境界に住んでいた者たちで、境界争いを繰り返してきたために気性の荒さが「文化」になった。民族的にはスコットランド系プロテスタントで、アングロサクスンではなく、ケルトである。とくに後者は「スコッチ＝アイリッシュ」と自称し、人口は少ないくせに、喧嘩っ速い第7代大統領アンドルー・ジャクスン以後、アメリカ史上、最多の大統領を生んできた（大統領職にいかに闘争心が不可欠かがわかる）。クリントンはこの民族集団に属するが、彼は珍しく妥協的である。

彼の妥協性が、ヒラリーの北部プロテスタントの戦闘的道義性と連結された（ヒラリーもケルトのウエールズ系、メソディスト）。それが、この夫婦の最大の強みになってきた。ちなみに、今日のヒラリーはきわめてドレッシーだし、センスもいい。ところが、ウーマンリブの担い手だった若き日のヒラ

大統領就任式のクリントンの家族。左が娘のチェルシー
（1997年1月20日、撮影：White House photo）

リーは、身形のよさや化粧を拒否していた。ビルとの結婚式でもウェディング・ドレスの用意すらなく、自分の実母に言われてしぶしぶ吊るしのウェディング・ドレスを、「じゃあ、これでいいわ」と無造作に見つくろって買うようなところがあった。だから、ビルの実母とは犬猿の仲となる。

そんなヒラリーの内発的な輝きを見抜けるだけの眼力がビルにはあった。求婚されたとき、ヒラリーは友人に、「ビルも大した男よね——この私に求婚するなんて」と呟《つぶや》いている。

このようなファースト・レディはアメリカ史上では、エレナー・ローズヴェルトくらいだった。しかし、ヒラリーは上院議員となって、２００８年の大統領選ではオバマと予備選で死闘を展開し、「民主党予備選こそ本選挙だった！」と言われたうえ、そのオバマに請われて国務長官になったから、エレナーを完全に凌いでいる。ヒラリーが２００８年に党指名を受けていれば、夫と合算して16年、ホワイトハウスを支配していたろう。これが実現されることに対して、共和党内より民主党内に受け入れ難い空気が生まれた。エドワード・ケネディらが率先してオバマ支持に動いた1つの動機だったろう。

なお、ファースト・レディ時代のヒラリーは、観念のうえではやっと「政治はエロスだ」と理解し、懸命に身形や化粧に打ち込んだが、これは揶揄《やゆ》の対象とされた（髪形がころころ変わった）。上院議員選でみごとに蝶に変身をとげ、パーティで並みいる女性客らが「きれい！」と嘆声を上げ、男性客らも「文武両道」にやっと目覚めた彼女の威力に瞠目した。

イェールのロースクール時代、図書館での名高い場面がある。それとなくヒラリーにつきまとい、洗髪もしない彼女の髪の臭いがかげるほど接近しても、ビルは声をかけかねていた。ついに図書館でヒラリーは読んでいた本を置くと、ツカツカとビルに歩み寄り、「あなたはしょっちゅう私をジロジロ見ているわね。失礼じゃない。こうなったらおたがい名乗り合うしかないでしょ。私の名は、ヒラリー・ロダム！」。

そう啖呵を切ったときのヒラリーは、ストリンギー・ルックという、体の線が隠される、ヒッピー・スタイルだった（当時のウーマンリブはエロスを女性の武器に使うことを否定していた）。いかなる状況にも流れるように対応できたビルだが、同席していた男性の院生によれば、「真っ赤っかのシドロモドロだった」という。求婚は、むろんその後のことだ。

「この大統領が国民の自由を危殆に瀕せしめるでありましょうか？」

クリントン政権は、ヒラリーが言ったように「膨大な右翼の陰謀」によってはなから「弾劾」されていたようなものだったが、共和党の法曹的闘犬集団、「ラザファド・インスティテュート（ＲＩ）」が描いたシナリオはこうだった。

モニカ・ルインスキー
（撮影：Helene C. Stikkel, Office of the Secretary of Defense）

独立検察官就任から3年半後の1998年1月16日（金）、ケネス・スター（第42&43章）はモニカ・ルインスキーに強制して証言をもぎとる。翌17日、長年の不倫告発者ポーラ・C・ジョーンズの弁護団（むろんRIから派遣）がクリントンの弁護士事務所に押しかけ、大統領を6時間も尋問した。その過程で、彼らは唐突にモニカとの関係を問いただしたのである。

この弁護団がスター側とグルになっていたことは明らかだ。イェール・ロースクール出にしてはクリントンは鈍感で、せめて「ノー・コメント」とでも答えておくべきだった。しかし、彼は真っ向から否定したのである。のちにこれが偽証として、大統領弾劾の枢要項目とされた。むろん、RIはこの時点で大統領弾劾の項目を想定していた（いや、モニカの証言をとった時点からそうだ）。

21日（水）、スターがモニカ・ルインスキーの証言をメディアにリークして世界中が大騒ぎとなり、不倫現場とされた大統領権力の頭脳中枢「オーヴァル・オフィス」が、「オーラル・オフィス」と笑い物になった。

ジェニファ・フラワーズとポーラ・C・ジョーンズ側に決定的証拠を出せないとわかって、クリントンはモニカ・ルインスキーの場合も同様と高をくくっていた。「原始的な女性」に対する蔑称は

「ビンボウ」だが、クリントンのこの種の女性に対する蔑視の表れだ。とはいえ、彼女らの背後についたRIは、おつむがパーどころではなかったのである。

クリントンは側近たちにもモニカとの関係を断固否定し、26日（月）にはヒラリーとゴア同席のうえ、TVカメラに向かって指を突き出し、「アメリカ国民に対して嘘はつかない」と大見得を切ってみせた。行きがかりとはいえ、彼までおつむがパーになっていたわけだ。

4月1日、リトル・ロックの地裁判事がポーラ・C・ジョーンズの訴えを退けた。この女性は、フラワーズ同様、共和党から出た金ででっちあげ訴訟を起こし、メディアにたたかれ続けて根負けしたクリントン夫妻から示談金70数万ドルをせしめた（払わないとそれを上回る弁護費用が必要になったのだ。一方、ジョーンズには、RIから湯水のごとく金が出た）。

フラワーズもジョーンズも、女性のバッバ、レッドネック、ホワイト・トラッシュだった。金になるとなれば、恥も外聞も消し飛ぶ輩だったのである。

8月17日（月）の大陪審に、クリントンはホワイトハウスから閉鎖回路で参加した（アンドルー・ジョンスンはもとより、ニクスンも大陪審には出ていないので、クリントンがその最初の大統領となった）。彼は、さすがに大陪審で嘘をつくと偽証罪に問われることは承知していたので、モニカとの情事の断固たる否定を避けたものの、それがはぐらかしと受け止められ、1月17日のジョーンズ弁護団に対するモニカとの情事の全面否定に次いで弾劾項目に加えられた。その夜、ついに彼はTVでアメリカ国民にモニカとの「不適切な関係」を認め、自身の嘘を謝罪した。

9月9日、スターは453頁の報告書と36箱の証拠文書、11の弾劾項目を連邦下院に提出した。9

月11日、下院司法委員会は、インターネットでスター報告書を公開し始めた。その後、モニカ自身の大陪審テープと「青いドレス」（第43章）の写真も公表された。

10月8日、司法委員会は早くも下院に諮り、258対176で弾劾のための全面的な調査を決定した。ニクスンの場合とは比較にならない急ピッチである。あこぎな共和党の党利党略に頭にきていたはずの民主党議員のうち31名もが調査に賛成するという「とんまドンキー」ぶりだった。もっとも、大陪審での「偽証」を振りかざされると、この31名もぐらついたし、2年後の選挙で当選が危ぶまれる議員もいたのである。

学者や弁護士で固めたクリントン側は、「弾劾に値する罪ではない」と当然の主張を繰り返した。共和党側司法委員らは、案の定、1月17日のポーラ・C・ジョーンズ弁護団がクリントンから盗み取ったモニカとの関係否定発言を基礎にして、12月11日（金）、下院にかけた。

ニクスンの場合はこの段階で辞任した。民主党本部に工作員を侵入させ、それに対するFBIの捜査を「これはCIA絡みだ」と偽って停止させて、それらを秘匿したうえに、多々嘘をついた。これだけのことをした以上、下院弾劾はおろか、上院での弾劾も避けられなかった。この大統領は国民にとって危険だったが、不倫の偽証を犯した大統領は笑い物にはされても危険ではありえなかったのである。

12月18日（金）、下院はアンドルー・ジョンスン以来130年ぶりに大統領弾劾で招集された。この前日と当日、クリントンは国連査察団の入国を拒んだサダム・フセインへの報復としてイラクを爆撃し、「弾劾からのめくらまし」と揶揄された。しかし議場では民主党議員ら（無所属議員1名を含む

207名）が、共和党側の弾劾強行に抗議していっせいに退場を断行した。

両党議員が一致してニクソンを弾劾したときとは、異様な対照となった。しかし、228名を擁する共和党は、自分らだけで4つの弾劾項目を票決した。いずれも単純多数の218票で成立したのだ（民主党議員らの一斉退席は、その事態への絶望でもあった）。

これで舞台は上院に移った。司会役は、普通なら副大統領のゴアだが、弾劾ではウィリアム・H・レーンクイスト最高裁長官が務める。名だたる保守派の彼が、100名の上院議員の宣誓を、1人ひとり執り行った。

上院での弾劾成立のためには、議員総数の3分の2以上、つまり67名以上の賛成が必要になる。共和党議員55名、民主党議員45名だから、民主党から12名が賛成に回らないといけない。下院の段階で総崩れとなったニクスンと違って、クリントン側は、下院での自党議員の一斉退場に加えて、上院での両党議員差4名で「3分の2」の壁が戦略上の支えとなっていた。

だからこそ、共和党の上院院内総務トレント・ロットは、同じ南部出の盟友ギングリッチ下院議長の衣鉢を受け継いで、負けを承知で、上院の弾劾法廷をクリントンの磔刑場という「劇場空間」に切り換えるホゾを固めていた。

ただし、「再選された大統領」の上院での弾劾は、クリントンが最初だった。ところが、クリントンの支持率はなんと70％まで上昇した。これは、クリントンの弾劾項目がニクスンのような「れっきとした大統領の犯罪」ではなく、共和党が党利党略のために弾劾法を悪用している事実を国民が理解したことを意味していた。これこそ、ギングリッチによる予算案審議不能状況という絶体絶命状況の拡大版だと、さしものアメリカ国民もやっと気づいたのである。

共和党の下院司法委員長ヘンリー・ハイドと11名が検事役として上院に登場し、大統領側はホワイトハウス法律顧問のチャールズ・ラフが弁護団を率いた。公正中立であるはずの下院司法委員会は、弾劾決定によって検事役に切り換わる。

1月27日、トレント・ロット上院院内総務が率いる共和党側が、民主党議員らの弾劾取り下げ要求を票決で葬り、モニカ・ルインスキー他2名を上院の弾劾法廷へ召還することを決定した。2月1日、モニカは別室から法廷に参加するかたちで、4時間も尋問された。

弁護側は、1度として彼女を尋問せず、「こんな目に遭わせて気の毒だ」と詫びた。ここにおいて、「這いずり込んだ蛇」の本性を国民の目にいやがうえにも浮かび上がらせようとしたのである。そして、良識あるアメリカ国民に、身から出た錆とはいえ、モニカも国民の1人であることを理解させようとした。彼女もまた、クリントンから「情事の代償として職業その他の利益を得たことはない」と繰り返した。

2月4日、別室ではなくライヴでのモニカの上院喚問になおも固執する共和党側の主張を、上院議員70名が投票で退けた。当然、反対したうちの25名は共和党議員で、この劣化した党に残る穏健な良識派による、土壇場でのロットらへの抵抗だった。モニカのライヴ証言への固執派は、ロット以下30名だった。

2月8日、検事側と弁護側双方の最終陳述では、後者のチャールズ・ラフの発言が本書の主題を正しく表現していた。「1つだけお聞きしたい。（中略）この大統領を職務に止めることが、国民の自由を危殆に瀕せしめるでありましょうか？　党利党略はさておき、瀕せしめないとお考えなら、つまり、この大統領の手の中で国民の自由が安全だとお考えなら、諸兄は無罪放免の票を投じられるべきでありましょう」。

この問いへの答えは、ニクスン、果ては一挙に二方面での戦争を断行したブッシュ息子の場合なら、「瀕せしめる」ということになったろう。後者の場合、米軍戦死者は２０１０年夏時点で、アフガニスタンで３４２０名、イラクで４４１４名だった。彼我の死者総数に至っては10万を超えたのだ（大半が非戦闘員のイラク人とアフガニスタン人）。

次いで上院議員らは、３日間、非公開の審議に入り、２月12日（金）、再び公開の場に戻ると、票決が行われた。偽証罪は無罪が55票（民主党議員全員と共和党議員10名）、司法妨害は真っ二つに票が割れた。かくして、ビル・クリントンは放免され、２００１年１月20日までの任期を全うできることになったのである。

それでも、２０００年と04年、アメリカ国民はアル・ゴアやジョン・ケリーという、大統領の資質たっぷりの候補者を見限り、２度にもわたってブッシュ共和党政権を生み出し、アメリカ社会は無知蒙昧さの沼沢地帯に沈下し続けることになる。弾劾中のクリントンに対する70％の支持率、あれはいったい何だったのか？

48

オバマの磔刑《たっけい》

★ 国家債務の上限引き上げ阻止 ★

共和党型「ゲイム・オヴ・チキン」

第Ｖ部の最後に、国家債務の上限引き上げを人質に、オバマ政権の頸動脈を跳ね切ろうとした、レーガノミクス以降、共和党のお家芸となった戦術を、政治文化的に解剖しておきたい。

レーガンは増税を3回やったが、今日の共和党はそのことをおくびにも出さない。ブッシュ息子が決めた金持ちへの減税に時限立法の期限が来て、オバマが未曾有の大不況の一助にもとそれを廃止して課税しようとするや、共和党右派は「国家債務の上限引き上げ拒否」という「暴れ象」ぶりを発揮した。

２０１０年11月２日の中間選挙で、景気回復の成果があがらないオバマ政権への国民の不満を背景に、共和党は連邦下院で63議席を奪取して、２４２議席対１９３議席と、民主党に49議席もの差をつけたことが暴走の起点となった。ギングリッチ議長によるクリントンいびりも、中間選挙での大勝が大前提だった。

なんのことはない、共和党に議席を与えれば、せっかくの議席をもっぱら民主党大統領いびりに使い、彼らは国民や国家経済を度外視してしまうのだ。レーガン以後、共和党に議席を

第48章

オバマの磔刑

増やすたびに、アメリカはそれだけ亡国に近づいてきた（ニクスンは、環境保護庁の創設や黒人優遇など、制度的にはOKだが、個人的には悪党。他方、個人的には愛想がよかったレーガンは、制度的には悪党）。

第Ⅴ部冒頭に引用した世論調査のように、アメリカ国民の短気さも問題で、彼らは右の事態を頑迷にも理解できず、共和党贔屓は民主党議員を、民主党贔屓は共和党議員を、非難するばかり。クリントン、オバマ両政権でもまったく同じパターンが繰り返され、共和党よりアメリカ国民こそ問題なのだ。その国民の分析は最後の章で行う。

不況回復には、湯水のごとく公費を経済の潮流に投入し、前向きの流れを引き起こすタービンを回さないといけない。共和党は金輪際オバマにそれをやらせず、金を使わせないから永久に景気回復は来ない。これがオバマいびり、クリントンいびりの根幹だった。この単純明快な理屈が、おつむがパーの「ティー・パーティ」には永久にわからない。いや、無党派層の多くにもわからないのだ。

さて、「暴れ象」がこの国家債務上限の引き上げ拒否を貫いていれば（債務不履行開始の日限8月2日当日、ぎりぎりで妥結）、どういう結果が待っていたか？　合衆国政府は債務不履行、米国債の購入諸国（中日は大口）は経済破綻は必至、「2008年危機」「ユーロ危機」と今日でも未曾有の大不況に直面している世界は、冷戦終結後20余年にして「経済的核戦争」で破滅に追い込まれていたことだろう。党利党略のためには自国はおろか、世界の自滅をも辞さないとは、あっぱれな暴れ象ぶりではないか！

1990年、ブッシュ父の「口約」破りの増税（第33章）に際して、増税を推進した共和党執行部（当時、議会では少数派。指導者は同党院内幹事のロバート・マイクル）に造反したのが、ニュート・ギングリッチ連邦下院議員だった。彼は造反後の1994年の中間選挙で、自党に40年ぶりの上下両院勝利をもたらし、自らは下院議長として「丘の上の王」と呼ばれ（「丘」は合衆国議事堂）、クリントンをいびり抜き、「どちらが大統領だかわからない」とまで言われる鼻息だったのである（第44章）。

今日、当時のギングリッチに当たるのが共和党下院議員団を率いるエリック・キャンター院内総務で、ヴァージニア州基盤の彼は同じ南部のジョージア基盤で彗星のように表舞台へ躍り出たギングリッチの轍を踏もうと、「暴れ象」軍団の先頭を切っている。

他方、下院議長のジョン・ベイナー（オハイオ基盤）は、1990年時点の院内幹事ロバート・マイクル（イリノイ基盤）に当たり、ともに北部基盤の2人は南部基盤の党内急進派（キャンター、ギングリッチ）から突き上げを食らう立場で共通していた。

キャンターがユダヤ系、ギングリッチがアイルランド系（ドイツ系の姓は義父の姓）であることが、両者の異様な戦術（いや陰謀）や弾け返るような行動力と共鳴してはいる。これらの民族集団は「アメリカ白人の範疇」入りに遅速があり、アイルランド系は南北戦争以後、ユダヤ系は第二次大戦以後だった。この範疇入りの遅れによる屈辱感が、これら民族集団の異様な活力の源泉とされている。

もっとも、ベイナーもかつてはギングリッチの馬側を駆けて下院を牛耳ったし、やりすぎたギングリッチに引導を渡す役目まで背負ったから（第44章）、一方的にキャンターに押しまくられていたわけではない。むしろ、ベイナーはキャンターをオバマや民主党議員に対する「ボーギーマン」として巧みに利用した。つまり、キャンターは「なまはげ」役としてオバマらを脅しては押しまくり、ベイナーは敵の弱気を突いて、自党に有利な法案を差し込む手を繰り返したのである。

第48章
オバマの磔刑

一般教書演説前にジョン・ベイナーと握手をかわすオバマ
(2011年1月25日、撮影：Pete Souza, Executive Office of the President of the United States)

ちなみに、ベイナーはドイツ系が多いシンシナティの出身で、一家は父方の祖父の代から酒場経営（今日も妹が担当）をしていた。ドイツ系の父親、アイルランド系の母親ともどもカトリックゆえの12人兄弟で、子供たちは1部屋に詰め込まれて育った。「1部屋では兄弟と妥協しないと、家で暮らせなかった」と、2010年中間選挙の大勝で下院議長になったときの就任演説で語った。だから民主党との妥協も任せておけというわけだが、これは言葉の綾。しかし、12人兄弟で2番目の彼が唯一の学卒と、自身の苦闘と成功を「まことアメリカン・ドリームだった」と言ったとたん、顔が歪み、涙声になった。

ギングリッチよりは地味ながら、彼に劣らず人心を摑むキャラの持ち主、そのベイナーがオバマケアの下院通過で、議場で「ヘル、ノー!!」と絶叫したとき、筆者はつくづくアメリカ人がわからなくなった。12人兄弟のベイナー家こそ、健保抜きでは路頭に迷うだろうに。

キャンターの突き上げの原動力は前述のティー・パーティ勢力だが、ギングリッチのそれは1980年代にできた「外輪郊外」という新郊外の住民で、黒人との共存を忌避した「第二次白人逃亡」の主力だった（「第一次白人逃亡」は1950年代にできた「内輪郊外」への逃亡）。ちなみにレーガンの原動力は、差別的な南部民主党員、「レーガン・デモクラッツ」、ニクスンの原動力は「サイレント・マジョリティ」だった。

国家債務の上限引き上げ拒否というような瀬戸際作戦を、アメリカでは「ゲイム・オヴ・チキン（GoC）」と言う。「衝突進路」でたがいに車を疾走させ、先に衝突を避けたほうが「チキン（根性なし）」呼ばわりされる。がき大将、つまり「暴れ象」にはうってけの「遊び」で、「とんまドンキー」の民主党には不向きだ。オバマは金輪際チキンなどではない、本来のステイツマンなのだが、妥協を重ねる彼の姿はおばかなアメリカ人には「チキン」に見えてしまう。

かりにベイナーやキャンターが衝突を回避せず、オバマと正面衝突しても、「自爆」で大損をこくのは大統領のほうで、下院議長や共和党院内総務ではない。合衆国機構の最高位に選ばれた者は、それだけの不利な立場にあり、「横綱相撲」に耐えなければならない。とはいえ、その「不利」ゆえにオバマは必ずビビる。ベイナーやキャンターの手口は、クリントンを予算案で吊るし上げ、政府機能停止に追い込んだギングリッチの手口と同じだった。

ベイナーは、満を持して以下の「解決」へと持ち込んだ。その骨子は、「新たに設定した国家債務の上限を超える支出削減を断行する」という妥協案である。ベイナーもはなから正面衝突などやらかす気はなかったのだ。結果は7月29日、「債務上限を9000億ドル引き上げる代わりに、向こう10年間で9170億ドルを削減」というところに落ち着いた（何が何でも、削減額を引き上げ額より多く設定することにこだわる滑稽さを見よ）。

賛成218、反対210、反対は民主党議員全員＋共和党議員22名だった。この22名は、「削減幅が不必要に厳しい」と反対したから、今や政党の体をなしていない共和党に残されたわずかな良心の中核である。ほぼこれを骨子とする法案は、8月1日、269対161で下院を通過（反対は、民主党議員の95名はわかるが、共和党議員の66名はいかなる妥協も拒否するティー・パーティ派）、翌2日、74対26で上院を通過した。そして同日、オバマが署名して、合衆国政府による債務不履行の恐怖は、まさに不履行となるその日に一応去った。

債務不履行の惨害無理解の共和党上院議員17人衆

GoCのまっ真っ最中、キャンターによれば、オバマは共和党がしかけるGoCにさすがに頭に来て、「もうたくさんだ。こちらをハッタリ・ゲームに引っ張り込むな。このことは国民に諮るからな」と言い捨てて、「そのまま部屋を出ていった」という。もっとも、出しなに振り返り、「明日も会おう」と言ったらしい。

しかし、腹を立ててキレるのも「チキン」扱いされてしまうのが、GoCなのだ。オバマがそれほど「とんまドンキー」とは思えない。キャンターの作り話の臭いがする。上唇を歪めて話す嫌な癖がある男だ。彼は2010年の中間選挙でティー・パーティの支持を得て初当選した上下両院79名の新

ジム・デミント
（2005年、撮影：United States Congress）

ティモシー・ガイトナー
（2009年、撮影：United States Treasury Department）

人議員中、下院の63名を「突撃隊」にしている（ギングリッチも1994年、外輪郊外で立候補させ、当選させた上下両院の新人議員ら63名のうち、下院の54名を親衛隊にして猛威を振るった）。

キャンターの「突撃隊」の中には、債務不履行で合衆国がどうなるかも知らない輩がいた。いや、老練議員にも債務不履行のもたらす惨害がわからない者がいた。サウスキャロライナ基盤の上院議員でティー・パーティの走狗、ジム・デミントである。彼が2011年5月26日、16名の共和党上院議員と連盟でティム・ガイトナー財務長官宛に出した質問書が、彼らの無知ぶりを天下にさらした。

17人衆の大半が、ティー・パーティの多い南部、そして北東部の「ラスト・ベルト（鉄錆地帯）」基盤の議員だった。後者は重工業地帯で、工場の海外逃避の惨害にさらされ、ブルーカラーが右傾化した地域だ。

質問書でデミントらは、「債務上限を引き上げずとも、8月2日以降もアメリカ政府は債務不履行を起こさずにすむ方法がある」と強弁して見せたのである。主な方法は以下のとおり。(1)月々の元利返済を中止して利子払いだけに絞る。(2)利子払いも優先順位で仕分けして、車両、保険、奨学金、クレディット・カード、光熱費などは優先順位から外せば、支払い停止を延期できる（オバマに合衆国を代表して、世界に断りもなく「自前の徳政令」を強行せよと言うのだ！）。(3)1995〜96年の、クリントン政権で起きた2回の「政府業務停止」でも、財務省は特定の項目だけ優先順位を決めて利子払いを行ったので、債務不履行や惨憺たる事態は起こらずにすんだではないか。

思い出してもいただきたい。(3)の項目たるや、ギングリッチがクリントン政権を追い込んだ窮地ではないか！（第44章）盗人猛々しいとはこの手口をこそ言うのだ。

ガイトナー長官は、1ヵ月余り後の6月29日、小学生を諭す教師のように、噛んで含めるような返書をよこした。間があいたのは、阿呆らしさと、亡国行為を愛国行為と強弁するパーどもへの激怒と絶望を鎮めるのに時間を要したせいか？　デミントが他の16名の議員の大半と同様、地元大学出身であるように、ティー・パーティの無知に迎合して自身も無知に感染したとしか思えない。

ガイトナーは、連邦政府が優先順位で利子支払いに絞ることとの道義的無責任に触れ、デミント自身が2010年に行った発言を引き合いに出して反撃した。以下がそのデミント発言だ。「クレディット・カードで何か買えば支払うしかない。だからこそ借金の限界が効き目を表すのだ。問題は、政府業務の停止か、すでに使った金の資金繰りをつけるか、2つに1つだ」。

「買えば支払うしかない」とか「使った金の資金繰りをつけるしかない」――これは、いかなるデミントでも「道義的責任」は自覚していることを示す。しかし、右の(1)と(2)で主張している「道義的責任」の放棄で、犯罪行為となる。ガイトナーはこの矛盾を突いたのだ。自身のこの発言をデミントはコロリと忘れて、債務上限引き上げ停止後の「打開策」なる珍案を出し、墓穴を掘ったのである。

ガイトナーはこう続ける。「国家債務の上限引き上げは、国家としての義務の増加ではない。議会がすでに確定した義務に、財務省が資金提供するだけだ」。国債の発行である。そして、デミントの陣営に属したレーガン政権の財務長官ジェイムズ・A・ベイカーの1987年の発言を引き合いに出して出端を挫く。ベイカーはこう言ったのだ。「強調すべきは、予算案不通過で追い込まれる政府業務停止よりも、債務不履行のほうが結果ははるかに深刻だということだ。政府の信用、金融市場への信用、アメリカ国民への信用が侵害されるからである」。

〈ほらほら、あんたらの超大物がこう言ってるくせに、不勉強にもほどがあるじゃないか〉。ガイトナーは、こう言っているのだ。

ガイトナーはこうも言う。「優先順位案だが、合衆国は1ドルにつき40セント借りている」。これまた「レーガノミクス」のツケだよ。「貴官のお説だと、この40セント、つまり、政府支払いの40%をごっそり支払いから外せという、とうてい通用しない話になる」。

「また、貴官の言う『優先順位支払い』は、貴官の勘違いだ。これまで議会が、今回のように、債務上限引き上げを拒否した前例は皆無で、1995〜96年の官吏一時帰休は、予算案の遅れに起因していたにすぎない」

「貴官の危険な仮定は、合衆国政府による債務不履行がいかなる現実に直面するかの詰めができていない。利子支払いに限定し、しかるべき役人や兵士の給与、外国への支払いを停止した場合の、市場の混乱、合衆国政府への国際的信用の失墜の程度が見積もられていない。また、国家債務の上限引き上げ停止案は、従来のいかなる政権の判断ともそぐわない奇怪なものだ。今年の8月で、合衆国財務省の国債5000億ドル分が償還期限に達する。普段ならば、投資家は財務省が新たに発行する国債を購入してくれるので、償還期限に達した国債の元金支払いが可能となる。しかし、貴官のお説どおりにすれば、誰が新規に国債を購入するだろうか？　新規国債の購入がストップすれば、国家の財政破綻は不動のものとなる。お説では、この惨害が見えていない」

「われわれは、合衆国への信頼と信用を政治的博打のネタに使う愚を犯してはならない。この誤算のツケは深刻すぎる」。ガイトナーは、再び共和党政権の名財務長官の言葉を引用する。「200年に及ぶ国家的信用を破る重大な過ちによって、アメリカの未来世代が深刻な犠牲を払うことになる」（ジェイムズ・A・ベイカー）。もっとも、「アメリカの未来世代」にツケを回した元凶こそ、「レーガノミクス」だったのだが。

ガイトナーは、最後にそのレーガンの1983年の「迷言」を引いて、デミントへの止めを刺した。レーガンいわく、「この国は、目下、世界で最強の信用を保持している」（そうかね？　あんたこそ、それをぶっ壊した張本人では？）。レーガンいわく、「合衆国による債務不履行の、あるいはそれの深刻な可能性の総体的な影響は、考えるだに恐ろしい。この国は、そのような結果に対する備えはできていない。その危険、コスト、破綻、算定し難い損失は、私を唯一の結論へと駆り立てる。連邦上院は開会期間中に法案を通過させなければならない」（ネ、共和党はホワイトハウスに入るとこう急かし、そこから追い出されると、予算案や債務上限の引き上げ法案の通過をなんとしても阻止するのサ）。

ガイトナーがデミントへの返書に手間取ったのは、これらの、ベイカーやレーガンのご都合主義的発言の発掘にかまけていたせいか？

ともかく、整然たるガイトナーの反撃（もしくは「説諭」）に、デミントと16名は、以後、逼塞した。もっとも、サウスキャロライナ出の連邦下院議員5名は、ついに折れたベイナー下院議長が差し替えで出してきた債務上限の引き上げ案に最後まで抵抗を続ける「ヒステリー象」ぶりを発揮した。

彼らは、『『均衡予算』を政権に義務化する憲法修正案」なるものを振りかざし、自ら均衡予算を破壊してきたレーガンとブッシュ父子政権の前科を完全に「記憶喪失」していたのである——いっそこの修正案が通過していれば、二度と共和党政権は出現せずにすんで、八方おめでたかったのだが。

おつむがパーの共和党議員らの空騒ぎで、2012年はもとより2013年度の予算請求すらできない省庁が続出している。この事態に、格付会社スタンダード＆プアズは、8月5日、「この法案では国家債務への対応が不十分」として、初めて合衆国の格付けをAAAからAA＋に格下げした。しかし、パーどもには、蛙の面にションベンである。

49

オバマ再選が意味するもの

―― ★ 黒人大統領誕生の歴史的意義を確かな遺産とするには ★ ――

時間がかかるオバマの「ナッジ」型手法

むろん、上院で辛うじて多数を維持する民主党の場合、上院院内総務ハリー・リード（ネヴァダ基盤）の丁々発止ぶりは「チキン」とは程遠かった。要は総体的には事情に無知な国民の目に「とんまドンキー」に見えないことが肝心だ。債務上限の引き上げを人質にとった共和党右派は、7月25日時点でも、引き上げ期間を7ないし8ヵ月に止め、大統領予備選真っ最中に再び引き上げの泥沼へと民主党を引きずり込んで、本選挙渦中のオバマに止めを刺す作戦に固執していた。これこそ「究極のゲイム・オヴ・チキン（GoC）」ではないか。喧嘩の腕だけなら共和党右派は、チャンピオンだと言える。

なお、国家債務の上限引き上げ拒否はかつて自身が小出しに使った作戦なのに、ニュート・ギングリッチは2012年の大統領予備選に飛び出し、演説でキャンターらの作戦を「無謀」と批判。そのため一挙に支持率が急落し、選対瓦解の危機に瀕した。かつての「暴れ象」も、今やヤキが回って正気に返ったか（共和党右派は、「ヤキが回ると正気に返る」ほどテケレッツのパー）。それにしてもティー・パーティ恐るべし（いや、ティー・

パーティの無知恐るべし！）。

ところがドッコイ、ニュート・ギングリッチは、２０１１年12月、瀕死の状態から不死鳥のように立ち直り、共和党予備選候補のトップに躍り出た。生来の喧嘩強さに、キャンターを批判して見せる（あくまで見せるだけ）老獪さが加わったギングリッチに、またぞろだまされるパーどもが彼の周りに結集し始めたのだ。

「ニュートとは一緒にビールが飲めそうだもんな！」。

オバマの我慢強さと慎重さは、「膨大な右翼の陰謀」に対して鮮やかに切り返して見せたヒラリー・ロダム・クリントンの果断さとは対照的だ。彼女の反撃は限取りが明瞭で、勝敗がはっきりわかる。しかも彼女は、倒したギングリッチと、のちに一見きわめて友好的な関係を再構築するしたたかさも見せた。

他方、オバマは妥協の鍔迫り合いにしたたかさを見せる。共和党が仕掛けてきた「ゲイム・オヴ・チキン」を前にして、オバマは側近たちに「アイ・ウォンタ・ディィール」と告げる。側近たちは即座にディィール（取引）のカード編成にとりかかるのだ。後述のように、今回の債務上限の引き上げ交渉では、オバマはなんと高齢者健保の受給年限引き上げまで「妥協カード」として提示した。しかし、高齢者や革新派はオバマの度重なる妥協カードに幻滅の度を加え、右派は彼をなめてかかる。被差別体験が比較的少ない白人は保革ともおつむが単純で、被差別の渦中で白人の単純さを恐怖とともに目撃してきた黒人（オバマ）の複雑な対応はわからない。

筆者は１９８０年代初頭、シアトルのタコマ空港で以下の場面を目撃した。バゲッジ・クレイムのとき、若い黒人男性と白人女性が愛のパフォーマンスを始めた。気がつくと、周囲の気温か気圧が変わったような異様な緊張が漂っている。見回すと、中年の白人男性が異様な目つきでいっせいにこのカップルを凝視していたのだ。睨む？　違う。感情を押し殺した凝視なのだ。顔面から社交的な表情が消し飛び、白い粉が噴いたように見えた。これは不気味だった。白人男性たちがいっせいにゾンビに変身したと錯覚した。１９７０年代後半、シドニーの街頭で黒人が白人のタクシー運転手を殴ったとき、周りの白人男性が同じ「ゾンビ化」をとげた。

これらの黒人たちがＫＹ（空気が読めない）人間だったわけではない。いずれもブラック・パワーの誇示という政治的な行動だった（オバマは間違っても、自身の勝利を誇示するこういう愚かな行動はとらない。白人側の敵意をかきたてるだけだからだ）。

オバマが慎重さをかなぐり捨ててヒラリーのごとく果敢に対抗すれば、タコマ空港での白人男性らの思いが「クロがシロの女を取りやがった！」ならば、オバマを見る白人右派の目つきは、「クロが『白い家（ホワイトハウス）』を取りやがった！」となっただろう。オバマは、まずこれを想定したうえで、黒人よりも白人に配慮してやらないといけない。大統領になった以上、当然の義務だ。その白人の中には、最も無知蒙昧なティー・パーティも含まれているのである。これが彼に、ヒラリー・クリントンの果断さを控えさせているのだ。

オバマは確かな手つきで妥協カードを切る――その手つきは「ナッジ（ソッとつつく）」というやり方で、「ハッスル（果断に押しやる）」型のやり方ではない。しかし、おつむがパーの保革の白人の目には、「ナッジ」が「チキン」に映るのだ。

オバマの手法は、凶暴な義父ロジャー・クリントンやギングリッチに取り入ろうとしたビル・クリントンの手法とは違う。蒙昧な保革の白人に我慢し、彼らの中の人種を超えた「プラスの人間感情」を刺激し続けるだけの粘りがある。オバマのはビル・クリントンの弱気ではなく、射程距離の長い慎重さである。これには時間が要る。この慎重さが歴史の中に確かな遺産を残すには、２０１２年の彼の再選以外に方法はない。でなければ、ついに登場した黒人大統領の歴史的意味合いは頓挫する。

アメリカに「大きな政府」などありはしない

レーガノミクスが共和党を毒す前、ニクスンまではケインズ信奉が共和党本流だったのに（ニクスンは「われわれはみんなケインジアンだ」と発言）、レーガン以後の共和党は一転して、不況時の救済資本投下というケインズ方式を「国有化だ」「社会主義だ」と騒ぎ立ててきた。２００８年のリーマン・ショックに際して、ブッシュ息子政権とオバマ政権が金融機関や自動車産業を救済したが、共和党右派はブッシュのしでかしたことには知らん顔をして、もっぱらオバマを非難してきた。

これは、民主党政権に対してしかける共和党側の罠で、罠の狙いはその救済（資本投下）を民主党政権にやらせないで自国経済を危殆に瀕せしめ、民主党政権を葬ることだった。今回の債務上限の引き上げ拒否戦術も、無知な自党支持層（ティー・パーティ）を利用して、１９９０年代のギングリッチと同工異曲の「罠」をしかけたものである。

要するに共和党は、貧すれば鈍すのティー・パーティその他の「反税・政府による救済反対」の感情をいや増しにあおりたて、政府の救済資本投下を激しく牽制して失業率を下げさせず、民主党政権を追い詰めるのが狙いだ。しかし、政府資本の投下抜きには不況は回復しない（ケインズ理論）。だから8月末、バーナンキ連銀議長の同趣旨の発言となったのである。9月8日のオバマによる、両院合同会議での4470億ドル投入の景気雇用対策演説は、その主軸となるはずだった（ティー・パーティ候補のミシェル・バックマン議員は不敬にも公然と議会を欠席）。

レーガンは非エスタブリッシュメント、つまり全米の地方に盤踞《ばんきょ》する「地域資本」の代表で、地域資本は中央資本である「東部エスタブリッシュメント」にほぼ常に敵対的であり、弱肉強食時代の古い資本主義の牙城である（たとえば、今回ウォーレン・バフェットに救済されたアメリカ銀行は地域資本の雄）。したがってレーガンは、表向きは主にローズヴェルト政権が敷いたニューディール路線に異議を唱えたが、実は自党の本流路線にも敵対的だった。煎じ詰めれば彼は連邦政府自体に反対で、「国防と外交以外はすべて州に任せろ」という乱暴さだった。

ちなみに、これはかつて、オーストラリアがとっていた方式で、独立後も国防と外交は英国任せだったのである。それを「有袋類的な未熟さ」と感じたオーストラリアが脱皮に踏み切ったことを思えば、レーガンその他の「州権主義者」の未熟度が知れる。

これまで「大きな政府」という言葉を使ってきたが、他国と比べればアメリカには「大きな政府」などありはしない。日、英仏その他のヨーロッパ諸国、いや、アメリカの弟分に当たるオーストラリアも、大半の資本主義諸国が、運輸、金融、公益事業、メディア、大学その他、健保や医療などを、中央政府が管理している。アメリカ人から見れば、これらの国々は「資本主義なんかじゃない、社会主義だ」となる。アメリカは大半が私企業だからだ。アメリカに「文科省」に当たるものができたのは1979年、民主党のカーター政権時代で、それ以前は「保健・教育・福祉省」だった。教育は州任せなので、今日の中央庁舎も総勢5000名と、省庁では最小だ。

だから、アメリカで「大きな政府」と言えるのは、国防と外交だけとなり、アイゼンハワーの退任演説で有名な「軍産複合体」への指弾は正論ながら、右の文脈はこの大統領にも見えていなかったと思われる。つまり、彼もまた国防で突出した「大きな政府」に異議を唱えた点では、共和党右派の蒙昧さと似てきてしまうのである。

さらに言えば、さして大きくもないアメリカ連邦政府は、州政府が弾圧か放置してきた黒人や労働者の公民権護持で、弱者を支援するきわめて大きな役割を果たしてきた。ニューディールはその最たるものだったが、右派連中はこれを「社会主義」と決めつけてきたのである。

50

迷妄から覚めないアメリカ人

★レーガノミクスの呪縛からいつ解放されるのか★

「第二の赤狩り」で劣化を続ける共和党

問題は、誤謬が証明されたレーガノミクスをブッシュ息子が金科玉条として減税を続け、そのうえ2つの戦争を同時断行して、クリントンが米史上久しぶりに達成した均衡予算をアッというまに蕩尽してしまったことだ。このクリントンによる均衡予算達成も、ギングリッチがクリントンをそれの実現邁進という「罠」に追い込んだ結果だった。

キャンターらがベイナーを傀儡《かいらい》に使ってオバマを追い込みつつあった罠も、大同小異である。かりにオバマが再選されて押しつけられた均衡予算を達成すれば、オバマ以後の共和党政権は、たちまちそれを蕩尽するだろう。はっきりわかってきたのは、予算節減は民主党に押しつけ、思い切った施策を打てなくさせ、自党が政権を奪えば、「暴れ象政治」をしてのけていっそう国力の低下を招くという悪循環である。

オバマは、金融機関救済、オバマケア、金融改革法（ドッド＝フランク法）などの「思い切った施策」を断行してきたが、7月下旬、キャンターはベイナーに債務上限引き上げの代償に、オバマケアの核心である「国民への加盟義務条項」の破棄まで迫ってきた。

共和党が暴れて合衆国の国力が低下すれば、中国にとっては願ったり叶ったりだが、大量に購入した米国債を暴落前にジョーカーとしてどこに押しつけるか？

共和党右派のほうは、自ら民主党に課した禁じ手（増税）を平気で使う。１９８１年の減税で生じた大赤字の補填に、レーガンは82年、リバタリアン作家のシェルドン・リッチマンによれば、「史上最多の増税」（租税公平財政責任法〈ＴＥＦＲＡ〉）へと追いやられたくせに（第33章）、２年後、地滑り的大勝利で再選された。

次の問題は、このときレーガンを大勝させたのは、無知蒙昧な南部白人ばかりではなく、啓蒙されたはずの他地域の白人も多々いたことだ。今回、債務上限の引き上げ拒否で脅しをかける共和党に、さすがに目がさめたアメリカ人は多かった。

「赤地域」（コラム２）の連中の蒙昧さは諦めるしかない。今日の暴れ象の施策、「弱者切り捨ての政治」の対象に入る「弱者」もティー・パーティにはかなり存在するのに、このパーどもは金持ち減税に反対と「強者」に味方する魯鈍ぶりである。

問題は、「青地域」の連中だ。連中も今にして目が覚めるとはあまりにもいい加減な話ではないか。レーガンから数えて31年も同じ手にひっかかり続けながら、今さら目が覚めたでもないものだ。

だいいち、オバマは今回の債務上限引き上げ拒否作戦に対して、前述のように、高齢者健保の受給年限（今は65歳以上）の引き上げまで譲歩しようとしたが、これは共和党右派の有権者ですら望まない譲歩だった（ただし、健保の基金不足から年限引き上げは早晩必至なのだが）。それでもキャンターらはベイナーにオバマとの妥協を禁じた。政治家というより、世論無視で自党の支持層（高齢者健保受給者および受給寸前の者）という「蛸の脚」を自ら食いちぎる自爆的狂信のレーガノミクス信奉者である（2012年7月中旬のCBS調査では、国家債務の上限引き上げで共和党の姿勢を支持が21％、43％がオバマの姿勢を支持）。

キャンターらに引きずられて、上院共和党を率いるミッチ・マコネル（ケンタッキー基盤）やミット・ロムニーのような、本来なら東部エスタブリッシュメントの共和党本流に与《くみ》するはずの政治家ですらレーガノミクスによる減税で税収が増えたと嘘を言い、ティー・パーティやキャンターらにおもねる始末。まさに「赤狩り」に怯えた時期の共和党そっくりだが、アイゼンハワー大統領、そして大統領のゴルフ仲間だったブッシュ息子の祖父プレスコット・ブッシュ（上院議員。ハリマン財閥の大番頭で東部エスタブリッシュメントの重鎮）らは敢然とジョーゼフ・マッカーシー上院議員に噛みついた（第35章／拙著『ブッシュ家とケネディ家』『アメリカン・エスタブリッシュメント』参照）。今の共和党には、良識など消し飛んでしまっている。

「パンドラ」の影、無党派層と「2040年憂慮派」

無党派層は、今日、有権者総数の36％に達するが、「政治的中間層」という単純なくくりではとらえきれない。2011年夏のピュー・リサーチ・センター調査によれば、この36％の半数が、実は民主党支持（21％）、共和党支持（26％）なのだという。彼らは、その支持政党を明示したくないのだ。別の20％は民主党をうろんな目で見ており、別の16％は不満だらけの「ポピュリスト」だという（むしろティー・パーティに近い）。残る17％は、低学歴の若い無関心層で、その5分の3はそもそも投票もしない。

2011年夏の「ウォールストリート・ジャーナル／NBC世論調査」では、無党派層のオバマ支持は就任後の52％から26％に低下していた。ただし、この調査がピューの精緻な無党派層を反映していたとは言えない。とはいえ、党派的合意を前提とするオバマの「ナッジ路線」が、民主党支持層と共和党支持層、そして多様な無党派層の三方から「彼はチキンだ」と見られる逆効果となってきたことはうかがえる。

他方、ギングリッチとキャンターの手法は、ニクスンやレーガンの手法に比べて「暴れ象」の度合いがはるかに具体的で、したがって破壊的になってきた。つまり、この部の冒頭に引いたマディスンの懸念、「各州の連合」、つまり合衆国連邦の「公然たる敵」、「恐るべき箱を開いたパンドラ」の本性をむき出して恬《てん》として恥じることがなくなってきた。

レーガンは確かに「連邦政府は悪だ」と言ったが、それは彼の思想の綾にすぎず、大統領弾劾や国家債務の上限引き上げ阻止を使って民主党大統領を仕留める、「きわめて具体的な悪」までは駆使できなかった。この種の「悪」を突き詰めれば、アメリカ史上2回目の「連邦離脱」へと突き進みかねないのである。

ビル・クリントンいびりをヒラリー・クリントンは「膨大な右翼の陰謀」と呼んで、夫の側近たちから「馬鹿げている」と言われた。これらの「とんまドンキー」どもは、そのくせ、保革の対立を「文化戦争」と呼ぶのだ。いや、「第二の南北戦争」とすら呼ぶ。しかし、あくまで言葉の綾にすぎない。それに比べて、「膨大な右翼の陰謀」という表現は、「馬鹿げている」どころか、実態を指し示しているのだ。

さて、「恐るべき箱を開いたパンドラ」は、「多様な無党派層像」以外に以下のフィルターを通して眺める必要がある。

２０１１年11月3日の「ピュー・センター・フォア・ピープル＆ザ・プレス」の調査では、移民でアメリカ社会が多様化することに不安な白人は47％で、多様化ＯＫの白人が50％だった（後者はオバマ支持45％、ここが複雑怪奇なことに不支持47％）。

前者、すなわち多様化が不安な「47％」の特徴は、オバマ大統領への反発はもとより（オバマ支持21％、不支持70％）、「小さな政府」支持で、あれこれサービスしてくれる「大きな政府」に反対している点だ（アメリカには、日本のような「大きな政府」などありはしないのに／第49章）。

アメリカ版の「大きな政府」は、フランクリン・Ｄ・ローズヴェルト民主党政権のニューディールに始まった。

ギングリッチやキャンターが、「連邦の危機」を恐れもせず（第48章で触れたように、レーガンやベイカーが恐れたことを想起されよ）、「パンドラの箱」を引き開けたのは、国防と外交以外は連邦政府不要とする、かつての「オーストラリア症候群」が土台になっている。

具体的には、白人らにしてみれば、従来、自分らがうまい汁を吸ってこられた連邦政府の機構や装置が、今後、有色人種移民（とくにラティーノ）に利用されて、自分らの取り分が激減する恐怖が前提にある。

ちなみに、多様化不安の「47％」のうち、オバマ支持24％に対して共和党大統領選候補ミット・ロムニー支持が72％である。多様化ＯＫの「50％」は、オバマ支持52％、ロムニー支持44％。「50％」の間ですらオバマ人気が低迷しているのは、もちろん不況の深刻さゆえだ。

「47％」の不安の背景には、何度か触れてきた、２０４０年にアメリカで有色人種が多数に転じる統計予測がある。

51

世代差から見えてくるアメリカ人

―― ★４世代を通じた人気大統領はクリントンとレーガン★ ――

「沈黙の世代」とベビーブーム世代

ピュー・リサーチ・センターの調査では、アメリカ人の実勢は以下の４世代に分かれる。世代区分では、(1)何度か触れてきた「ミレニアルズ」が１９８０年初頭生まれ以降（18〜30歳、白人比率59％、登録済有権者総数比率の17％）、(2)その前の「X世代」は１９６５〜８０年生まれ（31〜46歳、白人比率62％、登録済有権者の26％）、(3)「ベビーブーム世代」は１９４６〜６４年生まれ（47〜65歳、白人比率73％、登録済有権者の37％）、(4)「沈黙の世代」は１９２８〜４５年生まれ（66〜83歳、白人比率83％、登録済有権者の17％）となる。

この４世代はピュー独自の世代区分ではなく、ウィリアム・ストラウスとニール・ハウが共著『世代――アメリカの未来の歴史』（１９９１）で唱えたものが、ピュー・リサーチが使うほど一般化したのである。

この４世代で、前章の「多様化が不安な47％」として、最も「暴れ象」をつけあがらせる比率が高いのは「沈黙の世代」である。この世代は、１９９０年代までは民主党支持多数だったのが、以後、急激に共和党支持に傾斜した（かと言って、共和党に満足してはいない)。白人比率83%と4世代中最も白人多数で、移民の受け入れでは反対46%、賛成40%と、4世代中、ベビーブーム世代とともに「反対」が上回る。今日では最も反オバマが多い(2008年の大統領選では、4世代のうち唯一、共和党のマケイン支持が多数だった)。

「沈黙の世代」は、史上最強と呼ばれた親世代と史上最大の「若者反乱」を引き起こした子の世代(ベビーブーム世代)にサンドイッチされ、双方からの圧力に逼塞した世代である。親世代は、第二次大戦を担い、7名もの大統領を同世代から生み出した「GI世代」(別名「最強世代」)(1901~24年)、そして子世代は歴代最多の人口(7500万人)を擁してカウンターカルチャーという一大文化革命を断行した。

「最強世代」は第二次大戦を背負った世代なので、ストラウスとハウの命名では「GI世代」だった。ヘミングウェイやフィッツジェラルドで有名な「失われた世代」(1883~1900年)の子供世代である。野放図さという点では、「失われた世代」は「ベビーブーム世代」と似ており、最強世代が「最強」なのはこういう親の下で苦労したせいだ。その意味では、ブーマーの子供世代、ミレニアルズも第二の最強世代になるとストラウスらは言う。「最強世代」は、1930年代の世界大恐慌も耐え抜いた。彼らが生んだ大統領は、ケネディからブッシュ父にわたる7名である(すでに5名が物故)。

「沈黙の世代」はテクノロジー開発には優れ、「高度管理社会」や「高度情報化社会」を生み出した。子供世代の反逆(カウンターカルチャー)は、まさに高度管理社会に対して断行されたのだ(前掲拙著『アメリカ「60年代」への旅』)。

第51章
世代差から見えてくるアメリカ人

筆者も「沈黙の世代」だが、日本では「安保世代」で、それほど弱いとは見られていない。「最強世代」は圧倒的に民主党支持で、「沈黙の世代」も親世代に追随したくせに、老年に入って右傾化したのである。社会保障や健保は民主党政権の産物なのに、なぜ彼らは右傾化したか？　老人は同一民族集団の若者ですら怖い。ましてや異民族集団の若者、とくにギャングが多い黒人とラティーノの若者は「エイリアン」としか見えないからだ。

「沈黙の世代」は、「アメリカは世界最強」説の信奉者なのに、「多様化したアメリカに未来はない」とするダブル・バインドにとらえられ、２０１０年の中間選挙ではほぼいっせいに共和党に投票した。

そのくせ「沈黙の世代」は、ニューディールが礎石を築いた社会保障のおかげで生活には困らず、経済的には苦闘する後続世代より恵まれている。したがって、この世代を民主党支持に引き戻すには、彼らの命綱である社会保障と健保という聖域に、共和党、とくにエリック・キャンターらが、削減のメスをどれだけ深々と差し込むかだ。ところが、キャンターはもとよりオバマですら狙っている社会保障の受給年齢の引き上げには、すでに受給中のこの世代は年齢的には痛痒を感じないのである。

４世代中最も暇で、最も投票率が高い「沈黙の世代」は、２０１２年の大統領選の帰趨を決定する中核となる。

今日の「ベビーブーム世代」には、あれだけ激烈な変革をしてのけた若い時期の面影はない。すでに彼らの「自分探し」の回り道は１９８０年代に終わり、大半がドロップアウトのヒッピーから出世志向のヤッピー（「若い都会暮らしの専門職」の頭字語）に変貌をとげていた。支持政党が変わったのも1980年代で、従来はめったにいなかった共和党支持者が増えてきた。ただし、以後、年長層（56～65歳）は民主党支持に戻り、2008年はオバマ支持がブーマー若年層（47～55歳）より多かった。

「2大政党で政権をたらい回しして民主制は安泰」との信仰から、この世代は2010年、共和党に投票した。オバマへの幻滅は「沈黙の世代」並みだが、たらい回し信仰から2012年はオバマに投票とする者とロムニー派とに割れている。最多の人口だけに、この世代の票数の多寡は致命的で、オバマにすれば景気回復によって、後述するこの世代の引退後の不安を一時帳消しにできるかどうかが、再選の決め手となる。

ブーマーは20代、30代では「大きな政府」支持だったが、今日、「小さな政府」支持に変わっている。

最大の特徴は、ブーマーの54％が「2008年危機」以降の生活苦を口にし、引退を先送りして働き、38％が引退後の金繰りに不安を感じていることだ。したがって、社会保障の受給年齢引き上げには猛反対している。その意味で、この世代の年長層は反共和党が多い。また、ニクスン弾劾が目に焼きつき、その後遺症から民主党への傾斜が続いている。

他方、この世代の若年層は、共和党支持が多い。

「X世代」とミレニアルズの動向は？

「X世代」は、「沈黙の世代」やベビーブーム世代が保守化を完了したのに比べて、保守化の緒につきかけている。かつては「大きな政府」と民主党支持、近くはオバマ支持だったのが、様変わりしてきた。最初の兆候は、２０００年の大統領選でこの世代がゴア支持とブッシュ支持に割れたことだった。２００８年では、明確にオバマ支持にまとまった。しかし、２０１０年の中間選挙では、共和党支持が微増した。今日、オバマ支持とロムニー支持が拮抗している。

ただし、ゲイ同士の結婚、マリワナ解禁、人種多様化には、先行2世代より寛容である。とはいえ、選挙の最優先事項は仕事で、引退後の暮らしへの不安は46％。

X世代も、レーガンとブッシュ父の政権時代に成人した年長層は共和党贔屓、クリントン時代に成人した若年層は民主党贔屓に分かれる。

ミレニアルズは、白人比率が59％と4世代で最も低く、「多様化はアメリカのためになる」と見る比率も圧倒的に高い。当然、２００８年には大半がオバマ支持だった。もっとも、就職年齢期の者が多いのに最多の失業率世代で、オバマ支持は激減した（２００９年2月の73％支持から、２０１２年1月、24％低落して49％）。とはいえ、２０１２年はオバマ再選を支持している。ただし、２００８年にオバマに夢中になった反動で、２０１２年には最も投票率が下がる恐れがある。

いまだに「大きな政府」支持（57％）で、民主党支持が多く（50％）、共和党支持は36％。

もっとも、白人ミレニアルズとなると違いが出る。大きな政府支持は57％から44％に低下（ただし、X世代以上の3世代の大きな政府支持率平均値27％よりはるかに高い）。２０１２年の大統領選では、ミレニアルズの61％がオバマ支持なのに対して、白人ミレニアルズは49％に減る（X世代以上の3世代の平均値は37％）。

さて、4世代ではどの大統領を最も高く評価しているのか？　4世代共通では、クリントンをトップか2位にあげる者が多い（「沈黙の世代」＝1位23％、2位12％。ブーマー＝1位27％、2位15％。X世代＝1位38％、2位18％。ミレニアルズ＝1位48％、2位12％）。

オバマは、ブーマー＝1位5％、2位8％。X世代＝1位7％、2位16％。ミレニアルズ＝1位14％、2位23％！

モニカ・ルインスキーという「煙幕」に隠されてしまったが、ニクスンの「南部戦略」、そしてレーガノミクス、ギングリッチやキャンターの「連邦解体」ものの歪んだ戦術を見れば、「かわし上手」ゆえに果断には見えなかったものの、クリントンは確かに奮闘し、ある程度の成果をあげた。

「沈黙の世代」と「ベビーブーム世代」とX世代の間では、レーガンがクリントンに匹敵する。「沈黙の世代」＝1位27％、2位10％。ブーマー＝1位33％、2位12％。X世代＝1位34％、2位9％。ミレニアルズ＝1位4％、2位4％。レーガンこそ、「パンドラ」の中では最高のマジシャンで、この数値は欺かれたアメリカ人の恥辱の度合いを示している。

コラム 10

歴代大統領の実績順位瞥見

歴代大統領の実績順位は、これまで膨大な世論調査がなされており、「大統領制研究センター（CSP）」発行の『大統領研究季刊誌』1985年秋期号によれば、以下のようになっている。

⑴18の調査でベスト・テンにあがっている大統領は、リンカーン、フランクリン・D・ローズヴェルト（FDR）、アンドルー・ジャクスン、セオドア・ローズヴェルト、⑵17の調査では、ウドロウ・ウィルスンとトマス・ジェファスン、⑶9つの調査では、ハリー・トルーマン、⑷6つの調査ではジョン・アダムズ、⑸2つの調査ではケネディとなっている。⑵～⑸の調査では、ベストテンが猫の目のように変わるため、すべての調査に入っている大統領の数が減っていくのだ。

筆者が入手できた最新の調査（『ロンドン・タイムズ』2008年10月31日）だと、以下の順位でリンカーン、ワシントン、FDR、ジェファスン、セオドア・ローズヴェルト、アイゼンハワー、トルーマン、レーガン、ジェイムズ・ポーク（第11代。「明白な運命」の唱導者／前掲拙著『カリフォルニアからアメリカを知るための54章』）、ウィルスンがベスト・テン。本書で扱った大統領はレーガンだけ（第8位）。なんと「レーガノミクス」が評価されているから、「英国病」を嘆くイギリスの代表紙らしい選択だ。

ケネディは第11位、リンドン・ジョンスンが第12位、ジョン・アダムズが第13位、アンドルー・ジャクスンが第14位、マディスンが第15位、ジョン・クインシー・アダムズが第16位、ブッシュ父が第20位、クリントンが第23位、最初に弾劾された大統領であるアンドルー・ジョンスンが第24位、ジェラルド・フォードが第25位、カーターが第32位、ブッシュ息子とニクスンがともに第37位で、お尻から5番目である。ニクスンに一片の徳義があれば、ケネディを凌げたものを。最下位は第42位のジェイムズ・ビュキャナンで、南北戦争を防げなかったのが理由。

歴史のフィルターを通すと、総じて近年の大統領は不利となる。

では、まだ歴史にはなっていない、現在のアメリカの只中での大統領と、歴史上の大統領を公平に比較するにはどうすればいいのか？　それは獲得した選挙人票で計るしかない。当然、再選された大統領は2回分の選挙人数を獲得しているから上位にくる（以下、ジョシュア・ラインドーフの算定。疑問符は筆者が順位に納得できない人物）。トップのワシントン（96・14％）は、納得がいく。2位のジェイムズ・モンロー（90・55％）は？　3位のリンドン・ジョンスン（90・33％）は、筆者は彼を高く評価しているが、やはり??　4位はジョンスンが師匠と仰いだフランクリン・D・ローズヴェルト（88・32％）、4位はフランクリン・ピアース（85・81％）も？　この大統領はペリー提督が2度目の日本来航のときに親書を託したのと、バーバラ・ピアース・ブッシュ夫人の先祖だったくらいで無能な人物。5位はアイゼンハワー（84・65％）で、ジョンスンより劣る。

クリントンは69・65％、ニクスンは64・46％。後者は、初回でジョージ・ワラスに選挙人をとられたせいか。1期限りのケネディ（56・42％）、まだ1期だけのオバマ（67・84％）は、いかに彼らが大勝したかを物語っている。筆者が好きなマディスンは64・02％、リンカーンは64・18％!!　後者は本来なら75％だった（再選時には南北戦争のため南部票がなかった）。それでも彼がいかに時代の激動の只中で苦戦したかがわかる。

レーガンは本来なら94・23％で2位なのに、1976年、フォードの選挙人がレーガンに投票したので（不実選挙人）、66・44％?!

Ⅵ

2012年大統領選の歴史的意味合い

52

2012年アメリカの悲劇の原点

――★「りっぱな南部人」の今日版と「スコウプス裁判」★――

南北戦争の口火を切った南軍将軍の名を持つリベラル脚本家

本書では、「南部白人」をテケレッツのパー呼ばわりして、彼らのなかにもりっぱな人物がいることを最小限度でしか断ってこなかった。

その「最小限度」が「建国の父たち」、とくに第4代大統領ジェイムズ・マディスンで、本書ではこの南部白人にして奴隷所有者には最大の敬意を払ってきた（第8～10章、第45章）。

ちなみに、マディスンの基盤ヴァージニア州は奴隷州で、「南部同盟」の首都はこの州のリッチモンドに置かれていた。連邦政府の首都ワシントンDCとは指呼の距離である。南北戦争の前半は、ロバート・E・リー将軍によるDC占領が南部同盟の死活的命題だった。

また、ヴァージニア州からは、ワシントン、ジェファスン、マディスン、モンローと立て続けに建国期の大統領が出た。この後、19世紀に同州出の大統領が3名登場し、20世紀初頭にはウドロウ・ウィルスンが出て、合計8名も大統領を輩出した。

本書執筆の終わり近く、真っ先に連邦を離脱し、真っ先に南北戦争をおっぱじめたサウスキャロライナ州生まれの白人青年と会う機会があった。ジョージ・クルーニー監督・出演の映画『スーパー・チューズデー——正義を売った日』（２０１１）の脚本家ボー・ウィリモンだ。彼において今日の「りっぱな南部白人」のお手本を眼前にすることになった。

(1)「ボー」というのは、サウスキャロライナで生まれた彼に、親が南軍のピエール・ボーレガード将軍の姓からつけた。将軍は、サウスキャロライナの州都チャールストンの砲台から連邦軍（いわゆる北軍）が立てこもるサムター砦を砲撃し、南北戦争の火蓋を切った人物である。この若い脚本家は、郷土の英雄「反乱将軍」の姓からファーストネイムをもらい受けていた。

(2)ところが、ウィリモンは２０００年のヒラリー・ロダム・クリントンの上院選出馬のときの選対要員だった。他にも、２００４年の民主党大統領予備選候補ハワード・ディーン、ニューヨーク市基盤の民主党上院議員チャック・シューマーらの選対でも働いた。

ボー・ウィリモン（撮影：Rubenstein）

(3)その経験を『ファラガット・ノース』（２００８）という戯曲に書いて上演され、それが名うての民主党支持者の俳優クルーニーの目に止まり、映画脚本化を担当した。戯曲の題名は、「政治首都」ワシントンDCにある、政治で飯を食う連中が集中する地域の地下鉄駅名だ。映画では、『アイズ・オヴ・マーチ』という、カエサル暗殺の日（3月15日）に変えられた。「アイズ・オヴ・マーチに気をつけろ」というシェイクスピア劇『ジュリアス・シーザー』の有名な台詞《せりふ》は、アメリカ政治の何が「暗殺」されようとしていることの警告なのか？

クルーニーが名歌手ローズマリー・クルーニーの父方の甥であることは知られているが、メディア界で知られた彼の父ニックも彼もケンタッキー基盤である。ここはテネシーと南境を接し、ヴァージニア、ミズーリ、キャンザスと同緯度で、奴隷制を維持するか自由州となるかで揉めた州だ。結局、中立を宣言して南北双方の軍隊の侵攻にさらされ、当然、今でも保守派が強い。そんなケンタッキーでクルーニー家は民主党員である（のちにオハイオなどに移る。この映画の舞台はオハイオのシンシナティ）（ウィリモンと映画については、松竹事業部発行宣伝パンフレット所載の拙稿参照）。

ともかく、数は少ないけれども、こういう南部白人もいるから捨てたもんじゃない。とはいえ、この短い部でも南部白人やティー・パーティという「劣化文化」の犠牲者が、２０１２年のアメリカ総体を「生贄《いけにえ》」に巻き込む恐れに触れざるをえない。

悲劇の始まり――2種類の「民衆」の代表が激突した「モンキー裁判」

本書で描いてきたアメリカの分裂の出発点が、完全に悲劇的構造を持っていたことに触れておきたい。「合衆国憲法のマスタービルダー」、マディスンが奴隷所有者だったこと、それゆえに彼の尽力の賜物である憲法を今日の共和党右派が「州権派」の典拠に悪用し、合衆国連邦政府をかつての大英帝国に擬して反旗を翻す愚を冒して恬《てん》として恥じないこと――これは喜劇だが、それ以上にアメリカの

第52章
2012年アメリカの悲劇の原点

悲劇である。またこのことが、貧しい南部白人が北部の貧しい白人労働者をいまだに敵視するという悲しい内部分裂の構図も、明確にわからせてくれる。もっとも、今日の北部労働者の多くが蒙昧化し、南部白人同様、劣化した共和党の支持にまわり始めて久しい。

さて、悲劇的構造は「スコウプス裁判」（1925年）に遡る。この裁判は、「モンキー裁判」という別名のほうがよく知られ、映画『インヘリト・ザ・ウィンド（風を受け継げ）』（1960、邦題は『風の遺産　聖書への反逆』）に描かれた。

この映画の原作・戯曲は、1950年代に荒れ狂った赤狩り、「マッカーシー旋風」を批判する意図で書かれた（その点で、ピューリタン時代のセイラムでの魔女狩りと魔女裁判に赤狩り旋風を擬したアーサー・ミラーの『クルーシブル』と同工異曲。ミラーの作品は1996年、同名で映画化された）。

アメリカには「ダーウィンの進化論を生物の授業で教えるな」という勢力があることをご存知の読者は多いだろう。聖書ではヒトは「神の似姿」として創られたとしているので、「ヒトが猿から発達したとする進化論は冒瀆だ」とする勢力が、主に南部各州で進化論を御法度にする州法を生み出してきたのである（またもや、州権主義と合理主義否定との連動の例）。

ジョン・T・スコウプスは、テネシー州デイトンの高校の生物教師。隣州ケンタッキー生まれで、勇気ある革新派南部白人の彼は、テネシー州の進化論授業禁止の法律に挑戦し、授業で進化論を教えて有罪となり、罰金100ドルを食らった。「挑戦型裁判」の常套手段で、スコウプスは控訴院に上訴、「この奇怪なケイス」は評決で有罪判決を覆されたうえに却下され、スコウプスは最後に無罪を勝ち取った。

「モンキー裁判」では、反進化論者のウィリアム・ジェニングズ・ブライアンが検事役、親進化論者で高名な労組弁護士クラレンス・ダロウがスコウプスの弁護役として対決した。ブライアンは、過去に民主党を割ったポピュリスト勢力を背負って3度も大統領選に挑んで共和党候補に敗退し、ウィルスン民主党政権では国務長官を務めた（史上最大のミスキャスト）。当時の「南部民主党」は、州権主義の保守反動政党だった。映画では、ダロウをスペンサー・トレイシー、ブライアンをフレデリック・マーチが演じ、いずれも燻《いぶ》し銀の名演技だった。

第29章で触れたように、裁判はブライアンの惨敗に終わった（ただし、州法に守られ、デイトンでの裁判には名目では勝利）。その惨敗の光景を瞥見する。

ダロウ「神は世界を創世される過程で、4日目に太陽を創られた。そうでしたな、ブライアンさん？」。ブライアン「聖書にはそう書かれております」。ダロウ「では、神は3日目までは何を基準に日にちを計算しておられたのでしょうかな？」（第29章）。もう1つだけ。ダロウ「神はこの世を6000年前に創られた。そうでしたな、ブライアンさん？」。ブライアン「聖書にはそう書かれております」。ダロウ「では7000年前に中国文明が存在したことは、どう説明すればいいんでしょうか？」。

古希を過ぎていたブライアンは、この裁判の屈辱から5日後に死亡した。反進化論も一挙に逼塞した。しかし、20世紀初頭から息を吹き返し、本書で触れたニクスンの「サイレント・マジョリティ」、そして「レーガン・デモクラッツ」、ブッシュ父子支持の「キリスト教右翼」、反オバマの「ティー・パーティ」などとして、盛大な復活を遂げた。まさに前述の映画で、ダロウに擬された弁護士の台詞、「狂信と無知は、いつも猖獗《しょうけつ》を極め、猖獗するために餌を求める」。

　では、なぜ復活したのか？　連邦分離、南北戦争の惨敗と連邦軍による占領行政への怨念、卑劣にもその怨念を弱い黒人に転嫁してきた宿痾《しゅくあ》、公民権運動への反発、何よりも「ごろつき」になり果てた自身への居直り――これらが南部白人の多くの精神に複雑骨折を引き起こしてきたからである。同じ内戦でも、会津の薩長土肥への怨念は、ここまで深刻ではないだろう（会津に奴隷制はなかった）。

　筆者が言いたいのは、反進化論者らの無知蒙昧さではない（もはや書き尽くした）。言いたいのは、以下の悲劇である。(1)ダロウもブライアンも、ともに民衆の側に立つ指導者だったのに、裁判では敵対せざるをえなかったこと。理由は、「近代の科学的合理主義」（ダロウ＝労組）vs「中世以来の宗教的信念」（ブライアン＝反進化論者）の対決だったからだ。ブライアンらは、ローマ教皇を神と人間の間に割り込んだ「反キリスト」と見なし、聖書だけを典拠とするあまり「聖書無謬説」の妄執にとり憑かれたプロテスタントの過激派（「福音派＝根本主義派」／この2つの宗派は異なるが、以下を参照。拙著『〈終末思想〉はなぜ生まれてくるのか――ハルマゲドンを待ち望む人々』1995、大和書房）。

クラレンス・ダロウ
（撮影：Underwood & Underwood）

　労働者も福音派＝根本主義派も、その多くが学歴で不利な階層だが、この2つの集団は「知性」のありようについて根本的に相いれなかった。団結して富の公平な再配分を国家や財界に求めるべき2つの集団が、アメリカにおいては断裂され、あまつさえ福音派＝根本主義派はレーガン以降の共和党の富裕層優遇措置の肩を持つ始末である。共和党指導層は、この愚かな集団を「馬鹿を承知で手足に使ってきた」（元ネオコン、マイクル・リンドの告白／第27章）。

⑵ダーウィンの進化論のキーワード、「自然淘汰」と「適者生存」が、資本主義者に悪用され、「弱肉強食」の正当化に転用された背景。つまり、不況でレイオフされる労働者も「福音派＝根本主義派」も、ともに「淘汰」される「不適者」、「弱者」と見なされてきたこと。この進化論の悪用を、「ソーシャル・ダーウィニズム」と言う。つまり、福音派＝根本主義派は、自分らが信仰を賭けて異議申立を行う進化論を、いけしゃあしゃあと悪用してきた資本主義勢力の走狗となっても、そのことに気づかないのだ！

救いもないわけではない。⑴２００５年、ペンシルヴェニア州で起きた、福音派＝根本主義派の「天地創造科学（クリエイション・サイエンス）」という、進化論否定の「エセ科学」を「生物学と平行して教えよ」という訴えがなされた。隠れもないキリスト教右翼の大統領、ブッシュ息子が任命した判事ジョン・E・ジョーンズ3世が、この訴えを「際立った無知」にして「息を呑む愚鈍さ」、「裁判所での宣誓に背いて虚言を弄した」と断定して、却下した。デイトンの「スコウプス裁判」の判事とは大違いだった。

⑵前述の映画で、「貴殿にとっての神聖さとは？」と聞かれて、ダロウに擬された弁護士が「子供が九九を覚えていく能力、これにはあなたたちが叫び立てる『ホザナ（神よ、救いたまえ）！』より神

聖さが満ちている」と答える。(3)映画の最後で、法廷に1人残った弁護士が、片手に聖書、片手に『種の起源』を持ち、笑みを浮かべ、2冊をパチリと合わせて小脇に抱える。

デイトン法廷では、弁護士は進化論を認める牧師を証人に申請して判事に却下され、仕方なく前述の「天地創造教義問答」でブライアンを仕留めたのだ。映画の最後で見せた弁護士の、この仕種の意味は、アメリカ史全域に鳴り響く深刻さを持っている——この深刻さの只中で、モンキー裁判の喜劇は、ものみな絶句する悲劇に一変するのである。

53

脱落するギングリッチ

―★共和党に使い捨てられた「ゲイム・オヴ・チキン」の猛者《もさ》★―

オバマ陣営にはお呼びでないロムニー

本書執筆中の2012年3月6日、「スーパー・テューズデイ」で、どうやらミット・ロムニーがワイオミング州も入れた11州のうち7州を制した。これまでの獲得代議員数合計454名、後を追うリック・サントーラムは217名、ニュート・ギングリッチは107名、ロン・ポールは47名となった（『ニューヨーク・タイムズ』2012年3月11日付）。勝利の目安は1144名である。

これは、オバマ陣営には有り難くない結果だった。オバマの勝機は、景気回復以外には（幸い9・2％あった失業率が2012年2月、8・3％に低下。3月も同じ）、穏健に見えるロムニーではなく、2011年1月21日のサウスキャロライナ、3月6日のジョージアで勝ったギングリッチが共和党候補に指名されるときに訪れると言われた時期があった。今日では、スーパー・テューズデイ時点までに7州を制したリック・サントーラムがロムニーに勝つことを、オバマ支持者は本気で望んでいた。

事実、党籍がなくても投票できるミシガン予備選では、地元の民主党員らがサントーラムへの投票を呼びかけ、ロムニーとの接戦に持ち込んだ（全投票者の30％が無党派層で、うちほぼ10％が民主党員。その半数がサントーラムに投票した／『ニューヨーク・タイムズ』2月28日付）。ロムニーはかろうじて勝った。

むろん、最初のうちは、喧嘩腰のギングリッチが本選挙に躍り出ると、「レーガン政権以来32年ぶりに迷妄から覚めたアメリカ人」の数が激増するはずだった（第50章）。ミレニアルズはもとより、X世代、ブーマーの確信的な民主党贔屓《びいき》はもちろん、目下「フェンスの上にいる」日和見組も、いや「沈黙の世代」すら、どっとオバマに雪崩を打つだろうと言われた。

支持者と握手をかわすギングリッチ
（アイオワ州エイムズ、撮影：Gage Skidmore）

理由は、ギングリッチが「ゲイム・オヴ・チキン」でクリントン吊るし上げには成功しても、大統領としては通用しないからだ。大統領は、衝突進路を相手と激突し自爆するまでは突っ走れない。大統領は自爆することを許されないのだ。２０１１年12月13日時点の『ウォールストリート・ジャーナル』＆ＮＢＣ合同調査では、ギングリッチが指名されれば、オバマの勝機51％、ギングリッチの勝機は40％だったが、ロムニーだと、オバマ47％vsロムニー45％と、相手を2％上回るだけだったのである。

ギングリッチ人気は、喧嘩強さを高く買う「州権派」という差別的な地方人の傾向に依存していた。大統領を量産してきた民族集団は、「スコッチ＝アイリッシュ」という北アイルランドから移住してきたプロテスタント・ケルトだ。喧嘩の強い、地方人の人気に投じる政治キャラで、その初代大統領が第7代大統領アンドルー・ジャクスンだった。以後、民主党のクリントンも含めて13名の大統領がスコッチ＝アイリッシュだ（第47章）。

ギングリッチはアイルランド系だが、宗旨は、最初はカトリックでなくWASP風で、まずは実母のバプティスト、次いでドイツ系の義父の宗旨、ルーテル派と、いずれもプロテスタントだった。だから、ケルト・プロテスタントのスコッチ＝アイリッシュの喧嘩強さの呼吸は呑み込んでいた。ところが、今日の彼はカトリックである（結婚も3回目で、3回の宗旨替えともども不安定な印象を選挙民に与えている）。

2012年の最大の特徴、共和党右派の大分裂

本選挙でオバマとの競り合いに弱いという世論調査が執拗に出始め、ギングリッチは自身の基盤ジョージアで勝てるまで、ロムニーとサントーラムに後れをとり続けてきた。

ギングリッチは、州権派、今日のティー・パーティなど、無知ゆえに「暴れ象」と化した共和党の最低の支持層の誉望を担って民主党政権に荒技をしかけるのが最大の取り柄で、野党に甘んじている間は、共和党中枢は彼の荒技を大いに重宝がってきた。

そのくせ、2012年、オバマを倒せる可能性が出てくると、「ゲイム・オヴ・チキン」だけが取り柄の暴れ者は、民主党贔屓はもちろん、無党派層までオバマ支持に追いやる恐れが濃厚となって、

第53章
脱落するギングリッチ

共和党中枢はギングリッチを敬遠し始めたのである。

同時に行われる議会選挙の帰趨は定かではないが、共和党中枢は「ギングリッチでは議会選挙も負ける」と言いだした。

以上の次第で、共和党中枢はロムニー、ティー・パーティその他はギングリッチからサントーラムに乗り換えた。サントーラムは、突如、アイオワでロムニーに勝てるまでは、支持率1%台と低迷してきた。おそらくイタリー系カトリックで、一見おとなしそうなのが裏目に出ていたのだが、共和党右派層は贅沢を言っていられなくなったのだ。しかも、どうあがいても代議員数でロムニーに水をあけられっ放しで、ついに言動が荒れ気味となり、「サントーラムのタントラム（癇癪《かんしゃく》）」と揶揄され始めた。

共和党右派選挙民の右顧左眄《うこさべん》は、以下の事実にあますところなく露呈していた。ギングリッチは、ギャラップ調査で、⑴2011年12月8日、突如最下位近い低迷から、ロムニーに迫る支持率に跳ね上がって、18日には急落、⑵前述のサウスキャロライナで勝ち、以後、⑶地盤のジョージアでの勝利と、3度の有為転変を経た。

これをキリスト教右翼、つまり福音派＝根本主義派に限れば、予備選の2月段階で、彼らの票はサントーラム40%、ロムニー23%、ギングリッチ20%（1月下旬のサウスキャライナ予備選では実にキリスト教右翼の40%が彼に投票したのに）、ロン・ポール6%に分裂していた。

ギングリッチのこの激しい上昇と転落には、無党派層も関係していた。2012年2月29日〜3月4日の『ワシントン・ポスト』／ABC合同調査では、どの候補も無党派層の支持率が40%を割っていた（トップはリバタリアンのロン・ポールの支持38％／不支持35％、以下、ロムニー32％／48％、サントーラム32％／40％、ギングリッチ21％／56％）。他方、共和党支持層だと、ロムニー支持60％／不支持30％、サントーラム58％／23％、ギングリッチ42％／44％、ポール38％／44％。

共和党右派の分裂はなおも続き、3月13日のミシシッピ、アラバマという深南部2州で、サントーラムとギングリッチが右派票を二分した（サントーラムが勝利。この2州はあのジョージ・ワラスの本拠地）。これまた保守が強いキャンザス州でも勝ったサントーラムは、代議員数252名、ハワイその他で勝ったロムニーは475名、ギングリッチは24名増えて131名。ロン・ポールは元の48名（『ニューヨーク・タイムズ』3月14日付）。ギングリッチが下馬すればサントーラム有利となるが、以後、代議員の68％獲得が不可欠で、これはたいへんな難題。

54

共和党再生の手段

―― ★自党の過激化こそ政党再生のショック療法に★ ――

「自分の娘がレイプ妊娠しても中絶させない」

要するに、ティー・パーティという「極右」に乗っ取られた共和党は、本書で触れたジョージ・マッガヴァンという「極左」に乗っ取られた時期の民主党に相当する。つまり、過激派に乗っ取られた党が、術策を弄せる悪達者な相手の党派にしてやられる歴史がある。マッガヴァンは1972年、ニクスンにしてやられた（第25章、コラム8）。それから12年後、マッガヴァンほどではなかったが、旧来のニューディール路線のウォルター・モンデイルも、レーガンに手もなく敗れた（筆者は33年後の今日でも、「アイム・イン・トラブル〈窮地だ〉」と、有権者に訴えたモンデイルの困惑に満ちた表情を忘れない）。この2人の民主党「過激派」は、ともに1州しか勝てなかった。

サントーラムが前章の最後で触れた戦果をあげたことを、90歳のマッガヴァンは「1972年と似ている。私もまさか党指名が転がり込むとは思いもしなかった」と述べ、こう言い足した。「この国がサントーラムに勝たせるほど極右化しているとは考え難い。アメリカの有権者は中道寄りだ」。「雀百まで踊り忘れず」――マッガヴァンは90歳になっても相変わらず。

リック・サントーラム
（アイオワ州ウェスト・デモイン、撮影：Gage Skidmore）

ともかく、万が一、サントーラムが予備選に勝てば、その「中道寄り」がオバマを再選させるだろうが……。

とはいえ、どん底に落ちることがその政党のショック療法になる。奈落に落ちた民主党の再生は、8年後のクリントン当選でなされた。2012年、サントーラムが指名され、オバマに惨敗すれば、共和党の「過激派」は衰退して、リンカーンの共和党に近いものが再生されてくる理屈なのだが。景気回復とギングリッチ（またはサントーラム）指名が重なれば、まずはオバマ再選は動くまいと言われた。過去、失業率8％以下で再選されなかった大統領はいない（フランクリン・ローズヴェルトは、選挙当日ですら失業率7・2％以上でも再選された）。2011年12月20日のCBS調査では、オバマ支持率は44％から47％に微増した（同日の『ワシントン・ポスト』／ABC調査では49％）。下院の共和党が、国家債務上限引き上げ阻止戦術以降、中流層優遇をめざすオバマ案をことごとく蹴ってきたことに、やっと有権者が気づき始めたからだ。ベイナーとキャンターが牛耳る下院共和党への支持は、9%と最低となった。

苦肉の策として、コラム3で触れたように、バイデン副大統領を国務長官に、ヒラリー・クリントン国務長官を副大統領に、それぞれ入れ換える「どんでん返し」が、執拗に話題になっている。バイデンは、「国務長官は1度はやってみたいポスト」と言っているのである。

そうなれば、本書で語り次いできたアメリカ大統領選の明るくはない物語が、ギングリッチとヒラリー・クリントンという宿敵が再び相まみえる「最大の歴史の皮肉」として、輝かしい大団円を迎えることになるはずだった（サントーラムでは「歴史の皮肉」でなくなってしまう。もっとも、ヒラリーはサントーラムも「友人」にしてしまっている）。

アイオワでの逆転勝利（いったんロムニー勝利が公表され、票の数え間違いでサントーラムが勝利）までは、サントーラムは最下位に低迷していた。予備選突入後の彼の突如の浮上は、カトリックながら中絶反対、ゲイの結婚反対など、相も変わらぬ「キリスト教右翼」におもねる政策メニューを掲げている彼に、キリスト教右翼とティー・パーティの一部がついに雪崩を打ち始めたせいだ。

ちなみに、キリスト教右翼は宗派ではなく、プロテスタント各宗派内の右派派閥だが、とくに南部に根を張るプロテスタント最大の宗派、「サザン・バプティスト」に集中していた。ここ数年、右派が執行部を追われ、クリントンやゴアのような同教団の左派が盛り返して今日に至っている。

なにしろ、サントーラムは、中絶絶対反対のキリスト教右翼、つまり福音派＝根本主義派におもねるあまり、演説で、「自分の娘がレイプで妊娠しても中絶させない」とか、「ケネディが大統領選で

『当選すればローマ教皇の支持は無視する』と言ったのは、信仰に反する。反吐《へど》が出る」と言い、死産した子供の遺体をその兄や姉となるはずだったわが子らに抱かせた人物である（最後の例は、わが子の死を受け入れ難い事態だから、筆者も気持ちはわかる）。ケネディとは同信者だが、この発言でサントーラムは「政教分離」を否定したのだ（「建国の父たち」は、ヨーロッパでの宗教戦争による荒廃をアメリカでは封印すべく、政治は民主共和制で一元化し、宗教は多元化して、政治の下位に封じ込めたのである〈第10章〉。さすがにサントーラムは、すぐケネディ誹謗を撤回した）。

また、サントーラムは、「アメリカ人全員が大学へ行ける日を願う」というオバマ発言に噛みつき、自身、イタリー移民1世の炭鉱労働者の孫だったことを楯に、「なんという俗物か！」とけなした（彼の父親は臨床心理専門家、自身はペンシルヴェニア州立大、ピッツバーグ大でＭＢＡ、ディキンスン・スクール・オヴ・ローで法学博士号取得）。

ちなみにこの祖父は70代まで炭鉱で働き、労組リーダーで、自宅にアメリカ唯一のカトリック大統領、ケネディの写真を掲げていた。孫は祖父の意思をねじ曲げる発言をしたことになる。それにしても、この学歴で、どこを押せばオバマ発言を「俗物」と決めつけられるのか？　サントーラムがブルーカラー有権者におもねったとしか考えられず、その彼こそが「俗物」だった。

それとどう関係するのかわからないが、肝心のカトリック票がサントーラムを見限りだしたのだ。ミシガンやオハイオでの敗退も、カトリック票がなんとモルモン教徒のロムニーに流れたことが原因だった。オハイオでは、サントーラムは１２０万票の投票総数で１万２０００票の僅差でロムニーに敗れた（ＣＮＮの出口調査では、サントーラム37％、ロムニー38％）。同じ出口調査では、ロムニーが得たカトリック票43％、サントーラム31％だったから、サントーラムは自分の宗派に裏切られてオハイオを失ったわけだ。オハイオのカトリック票は、アイルランド系とイタリー系とラティーノが中心で、共和党票の3分の1に当たる。サントーラムは他州でも、テネシー以外、カトリック票でロムニーに負けた（テネシーでも、彼は36％、ロムニーは35％の僅差）。

ちなみに、カトリック票は、同信のギングリッチも見限った（地盤のジョージアですら、カトリック票は12％と少ないながら、多くはロムニーに流れた）。彼は妻も宗旨も2度変えているので見限られて当然ながら、離婚も宗旨変えもゼロのサントーラムにカトリックが冷淡なのはなぜか？ プロテスタントのキリスト教右翼票におもねるサントーラムやギングリッチへの反発？ それとも、カトリックのほうがキリスト教右翼より硬直した信仰姿勢からの脱皮が進んでいるのか？ 全米の共和党支持票総体では、カトリック票はわずか9％だが（それだけ民主党票が多く、とくにラティーノは圧倒的に民主党支持）、意外にもロムニーが「油揚をかっさらった鳶」になった。

共和党が奈落に落ちた光景

さて、共和党は奈落に落ちないと、今日の無頼性から脱出できない。その共和党が奈落に落ちた終末の光景は、共和党無頼化を加速してきた悪名高いラジオ・パーソナリティ、ラッシュ・リンボウの高転びで実現した。

このきっかけを作ったのがサントーラムだった。問題の軸は避妊薬の保険薬指定化で、これへの反対は共和党側の「オバマケア」攻撃の一環だった。避妊は女性が中絶の苦しみを回避する大前提である（それどころか、ピルこそ女性が恋愛や夫婦生活を続けながら、自身の学歴や経歴を積み上げていける大きな躍進剤だ。これ以前、社会的に成功をめざす女性は、厳しい独身生活を余儀なくされた）。共和党も反中絶は譲れないが、女性票を失いたくないので避妊薬問題までは「言わぬが花」としてきていた。

民主党側は、サントーラムや共和党の戦略を「女性にしかけた戦争」と反撃した。事実、女性票がドッと民主党に流れるとする世論調査が頻出している。

ラッシュ・リンボウ
（2009年、ワシントンDC、©AFP＝時事）

ところが、サントーラムは「胎児検査」と避妊薬の保険薬指定化に反対した。前者についてサントーラムは、「検査が胎児がダウン症かどうかの確認に使われ、ひいては中絶の動機になる」と主張した。ダウン症の発生率は８００例に１例という高率ゆえに、多くの親たちの身になればもっともな配慮だし、サントーラムの娘の１人は別種の遺伝的不調を抱えている。しかし、避妊薬の保険薬指定化への反対は、カトリック団体が雇用者の避妊薬に保険金を支払うがために、信仰上の問題に抵触した。

ここでカトリック系のジョージタウン大学（クリントンの母校）の法学部の女子学生サンドラ・フ

ルークが、議会の公聴会に出席し、避妊薬が保険薬指定されないゆえに購入する余裕がない級友たちの身に起きた例をあげて保険薬指定を求めた。

それに対して、リンボウが狂ったような攻撃を公共の電波を使って断行した。あまりのことにオバマがフルークに電話して励まし、リンボウ監視団体の抗議で10社ほどが彼の番組のスポンサーから下りた（団体はクリントン政権の元幹部の肝いりで民主党が創った「センター・フォア・アメリカン・プログレス〈CAP〉」。そのブログ、「シンク・プログレス」でリンボウへの抗議を展開したのだ）。

リンボウ発言をいくつか紹介しよう。「そんなに避妊薬が要るのか。セックスやり過ぎて腰が抜けたと思ったら、アラ、あたしまだ歩ける！　たまげた！」、「避妊薬を購入する余裕がない？　セックスが頻繁過ぎて、ほしいだけの避妊薬を購入する余裕がないんだろ」。2つ目の前には、「お肌引き締めにボトックスをしこたま注射したナンシー・ペロシが開いた議会の公聴会にわざわざ出向いて」という文句が入る（ペロシは民主党下院の元締め女性議員）。

さらにリンボウはこの学生を、「あばずれ（スラット）」「売女《ばいた》」呼ばわりし、「自分のセックスに公共の金を払ってもらいたいのなら、その場面をビデオに撮って公開して、公にわれわれを楽しませてくれや」と言い募るまでその発言はエスカレイトした。これは相当病的な興奮ぶりで、彼自身が深刻な情緒不安定（たとえば「強度の女性嫌悪症〈ミソジニー〉」）を抱えていることをうかがわせる。

これは法的に見てりっぱな中傷で、憲法第1条（表現の自由）を楯にしても逃げられない犯罪である。さすがに共和党でも、オバマを国家債務上限引き上げ拒否で十字架にかけたジョン・A・ベイナー下院議長（ドイツ系カトリック）らが、「不適切」とやんわり非難した。

肝心の共和党予備選候補はどうしたか？　ロムニーもきわめてやんわりで、「私なら使わなかった言葉だ」。サントーラムは、「リンボウはバカ言ってるんだ。芸人はバカが言える」とかわした（女子学生からすれば、「バカ言うんじゃないわよ！」）。ギングリッチは、舌がしびれたか、リンボウが珍しく謝罪したあとで、「侮蔑的な言葉遣いだった」と批判し、謝罪は「適切だった」とかばった。ロン・ポールだけが、「リンボウの謝罪は不十分だ。スポンサーが下りたから謝罪した。それが彼の最低線だ」と、まっとうな批判を行った。

後述するアナキストに近いリバタリアンのポールにしては、常識をわきまえ、何よりも「アメリカ随一のリベラルいびりのガキ大将」（リンボウ）を恐れない果断さがある。国内の、ラジオ電波だけが武器の「ガキ大将」を怖がる共和党候補らは、「プーティン、アフィマデニジャド、金正恩らをひと睨みで、射すくめられるのか？」（ユージーン・ロビンスン＝『ワシントン・ポスト』の黒人オプエド・コラムニスト）。

リンボウはめったに謝罪しない。理由は、彼自身の言葉だと、「この20余年、愚かしいものを愚かしさで活写してきた」からだ。つまり、「バカをバカで笑いのめしてきた」。リンボウの謝罪は続く。「この場合、状況の譬えで間違った言葉を選んでしまった。フルークさんを個人攻撃するつもりはなかった」。この後、オアバマケアと避妊薬保険薬指定化への攻撃が続いた。リンボウ番組からのスポンサーの引き揚げは続いたが、彼と契約しているラジオ局600社では、契約解除は2局に止まった。彼の人気の秘密は、以下に引く彼の破れかぶれの異様な「幅」にある。

謝罪の文句はきわめて印象的だ。「識字率ゼロに近い、底知れぬ無知なとんま相手、何を憎めばい

第54章
共和党再生の手段

いかもわからない手合いの偏見と危険性につけ込んで」名声と巨富を積んできたことを認めたのである（巨富については、２００９年のリンボウの収入は５８７０万ドル）。ロムニーやベイナーが自分を攻撃しないのは、「おれが出っ歯のカッペとうすのろどもをアッというまに連中にけしかけるし、その出っ歯のカッペとうすのろどもが、連中の党の基底部を乗っ取っているからさ。連中の党は四分五列、カッカきた、偏狭で、正確な情報とは無縁なでくのぼう同士が文法も何もなってない言葉でおたがいを罵り合ってるからさ」（いいかい？　筆者がテケレッツのパーどもが共和党の「基底部」をなしていると言ってきたことを、共和党側最大のデマゴーグが認めてるんだぜ！　興奮するじゃあないか！）。

　これで頭に来たのが、『ニューヨーク・タイムズ』の保守派のオプエド・コラムニスト、デイヴィッド・ブルックスで、リンボウを指して、「いつも言ってるように、やっこさんは民主党から金もらってる隠れ煽動要員としか思えない」と息巻いた。

　しかしリンボウは、気骨はみせたのだ。スポンサー各社にも、「おれのショーを袖にするならしてみやがれ！」と啖呵《たんか》を切ったのである（ギングリッチ同様、筆者がリンボウを面白いと思うのはここだ！）。

　とはいえ、共和党の病理も極まれり、と言えるコメントはここからだった。リンボウは太った自分の体への嫌悪感を、「ゼラティンの球体、タピオカ・プディングと鼻くそが詰まった観測気球」と表明してこう結ぶ。「オバマ大統領みたいにグレイスフルな身ごなしができたら言うことない。彼の身ごなしはスーイスイ、フレッド・アステア並、見てて切なくなるほど優美だ」（そうなんだよ、あんただけじゃないよ、共和党全体がオバマの体型とはまるでかけ離れてるのさ！　そして、これこそがあんたのミソジニーの原点なんだよな！）。

55

興味深い「人間標本」

――★共和党大統領選候補ギングリッチとロン・ポール★――

ギングリッチ――共和党左派から右派への転向

なぜロムニーがオバマの強敵になるかについては、あとで簡潔に語るとして、ここではギングリッチの「変身過程」と、ロン・ポールというリバタリアン候補について、「アメリカン・マインド」のふしぎさの典型として少しだけ語っておきたい――最大の敵オバマを賛仰するリンボウより、この2人はもっとわかりにくいのだ。それはとりも直さず、共和党右派の病理のわかりにくさの原点でもある。

章題の「人間標本」とは、チャールズ・ディケンズの言葉だ。19世紀も後半、さしもの大英帝国もついに斜陽化が始まり、テケレッツのパーが巷にも上流にもあふれていた。彼らへの絶望を突き抜けて活写し切るには、喜劇と風刺を武器に使うしかなかった。ディケンズは、昆虫標本のようにおつむがパーの手合いを分類・活写しては母国への絶望ゆえに起こる自身の発狂を防いでいたのである。思えば、共和党の劣化は、ついに20世紀の覇権国家アメリカ合衆国も、ディケンズのイギリス、すなわち19世紀の覇権国家の落魄を繰り返し始めた証拠なのかもしれない。

さて、ギングリッチの声を聞かれただろうか？　その声は、リンボウではないが、「ゼラティンの球体」を連想させる体型と童顔から出てくるとはとうてい思えない、どこか遠くから聞こえてくる、ディタッチメント（超然さ）の効いた、高遠な声音なのだ。オバマの優美さを羨むリンボウ同様、自身が二枚目の容姿をもって生まれていれば、ギングリッチもリンボウも、それぞれの複雑な性格と止めても止まらない攻撃性は、アイロンで皺をのばしたようにほとんどとれていたことだろう。

人間は、ほんのちょっとした偶然で変わる。「ネオコン」がかつてはトロツキストだったことはよく知られている。「極左」から「極右」への「どんでん返し」は、日本でもよく見られた（非合法時代の第二次日本共産党委員長、田中清玄は1934年、獄中転向して天皇崇拝者に）。「両極点は相会す」――つまり、「過激派」の気風は、「メビウスの輪」さながら、イデオロギーを通底するのだ。

また、ブッシュ息子政権が、ネオコンのチェイニー副大統領に牛耳られていたこともよく知られている。チェイニーの私的な弱点は、以下の背景から出ている。ワイオミングの片田舎から奨学金でイエールに入って上流WASPの流儀に劣等感を抱き、落第して帰郷、復学後また落第し、以後、地元の大学を出て権力への意識ががらりと変わった。副大統領時代、法務顧問デイヴィッド・アディントンを「法的悪ガキ」に使って、ドナルド・ラムズフェルド国防長官とグルになり、アフガニスタンとイラクでの同時戦争の惨禍にアメリカを巻き込んでいく。その横暴の凄味は、以下の挿話（2005年12月）でわかる。

ブッシュ政権第1期に黒人初の国務長官となり、以下の挿話時点ではもはや私人に戻っていたコリン・パウエルが、仲間内でブッシュが独断で「国家安全保障局（NAS）」の盗聴を許可したことが話題になったとき、唐突に、「アディントンだ！」と叫んだ。この盗聴命令は、「連邦諜報監視法廷（FISC）」の判事の許可抜きで出された（J・エドガー・フーヴァやニクスンによる盗聴の再現を防止すべく議会が決めたのがFISCだから、これは深刻な違反行為）。パウエルの発言からわかるように、ブッシュではなく、アディントンの進言でチェイニーが出した命令である。

パウエルは、ブッシュ父政権で統合参謀本部議長として、国防長官だったチェイニーを補佐し、みごとに「湾岸戦争」の組織化をなしとげたことからもわかるように、もともとチェイニーとは友好的だった。しかし、ブッシュ父が、息子がネオコンに振り回されないためのお目付役としてパウエルを息子の政権に加えさせた（前掲拙著『ブッシュ家とケネディ家』）。このため息子の政権では、パウエルはチェイニーらのネオコン路線と対立し、イラク侵攻に断固反対して、アディントンの痛烈ないびりによって政権を去った。このネオコン法務顧問の横暴は、パウエルの脳裏に焼きついていたのだ（前掲拙著『アメリカ大統領はなぜ戦争をしたがるのか』）。

チェイニーは、ブッシュから多くの権限委譲を受けた異例の副大統領ゆえにきわめて多忙だったが、月に数冊は読む読書家だった。ただし、この読書は、知性よりも己の性格の屈折の溶鉱炉で沸き立つ権力欲を先鋭化させる手段だった。政権中枢にいれば、誰もが権力欲の亡者に見える。だから容易に、〈こんな手合いをどう料理しても道義的責任なんかかぶる必要がない〉という気になってしまうのだ。

ネオコンは、キリスト教右翼を「手足」として利用した（第27章と終章で触れた、元ネオコンのマイクル・リンドによれば、「馬鹿を承知で連中を手足に取り込んだ」。ネオコンから覚醒したリンドの心の道筋は興味津々だが、データがない）。

さて、ギングリッチもまた、ネオコン風に、左から右への転向を経ている。レーガンも転向したが（ハリウッドで「俳優組合」委員長から赤狩りゆえに保守へ転向）、１９８３年の鮮烈なデビュー当時、ギングリッチはそのレーガンを冷笑していた。極めつけは、「実際、レーガノミクスは挫折だ」との、１９８２年の発言である。そのくせギングリッチは、「キリスト教右翼」の支援は受けていたのだ。ところが彼は、右翼の中絶反対などは「オリンピアの神々の高みから見下していた」。そして、側近によれば、「しょっちゅうレーガンを馬鹿呼ばわりするので、こりゃあいつか厄介なことになるんじゃないかと心配だった」。

何のことはない。筆者がギングリッチをテケレッツのパー呼ばわりし、そのギングリッチがレーガンをテケレッツのパー呼ばわりしているのである。

その10年前の１９７４年、ギングリッチは断固たるリベラルだった。環境保護論者として連邦下院選挙に打って出て落選している（西ジョージア大学での環境保護研究の肝いりでもあった）。続く76年の選挙でも、中絶制限の憲法修正条項案に反対し、カーター大統領の教育省設立案に賛成していた（保守は教育は州中心、連邦政府への中央集権に強硬に反対が普通）。１９６０年代には、キング牧師の暗殺にショックを受け、共和党左派のネルスン・ロックフェラーの大統領選でこの候補のために働いた。

１９９８年ですら、ギングリッチはレーガンの「弱点」を演説であげつらっていた。とくにレーガンの十八番、「連邦政府は悪だ」が、「社会的行動を強化する組織メカニズムとしての政治の中心的役割を手ひどく過小評価している」と非難していた。そんなむつかしいことがレーガンにわかるはずがなかったのだが。

ギングリッチの学識、とくに歴史認識の深さはチェイニー並だったが、彼同様、ギングリッチも自身を歴史の巨人たちと同列に置く幻想の虜だった。心臓に爆弾を抱えたチェイニーは副大統領止まりを決意していたが、ギングリッチはついに2012年、大統領への道程に身を投じ、ほぼ挫折した（権力との接点を失った彼は、今後、何をよすがに生きていくのか?）。

2012年には、NASAがあるフロリダでの予備選の遊説中、「月に基地を造る」と言いだしたが、すでに1983年、「年間6000万ドル出して、月に12の基地と鉱山を開発し、宇宙での労働者には労組を結成させる」と言っていたのである。

「陰謀をしかけられた者たちの陰謀」

お次のロン・ポールだが、その前に「リバタリアン」の主張点を披露しておく。彼らは以下のすべてに反対する。国連、WTO（世界貿易機関）、NAFTA（北米自由貿易協定）、連邦準備銀行（紙幣発行、金本位制廃止）、証券取引委員会、CIA、FBI、エネルギー省、教育省、住宅都市開発省、内務省、「2008年危機」でブッシュ政権とオバマ政権が手がけたような金融機関の救済、連邦所得税、連邦予算増額、社会保障、福祉、最低賃金、オバマケア（それどころか、高齢者健保のメディケア、低額所得層健保のメディケイド）、「ドッド＝フランク法」（オバマの金融規制法）、死刑、中絶（ロン・ポールは産科医）、銃規制、公民権法、アファーマティヴ・アクション（マイノリティ・女性などの進学・雇用・昇格・ビジネス契約の優遇措置）、ゲイ差別、未成年の飲酒禁止、外国への援助や米軍駐留、徴兵、軍産複

アイオワ・コーカスを翌日に控えた集会で演説するロン・ポール
（2012年1月2月、アイオワ州、Ⓒ時事）

合体、麻薬戦争、テロとの戦争、「US愛国者法」、テロ予防の空港での身体検査、売春取締、自殺禁止、ポルノ禁止、エトセトラ・エトセトラ……以上のすべてに反対なのだ。

いかがだろう？　保革の反対項目が入り交じっているのが特徴だ。むしろ「無政府主義者」と言ったほうがわかりやすいのでは？　保革項目の入り交じりゆえに、サウスキャロライナ予備選でのロン・ポールは、獲得票比率13％と4候補で最低ながら、「ティー・パーティ」に反対する有権者の票は、彼が一番多かった。そのくせ、２００８年の大統領予備選では、ポールは「ティー・パーティのゴッドファーザー」と呼ばれていたのである。

公民権法などへの反対は、人種差別というより、マイノリティへの優遇措置が十把一からげで、マイノリティ個々人の努力や競争への参加の意欲を殺してしまうことが、国連や官庁の十把一からげ主義と同様、個人主義にもとる点への異議申立になる。これは、黒人側からアファーマティヴ・アクション（AA）に対して出てきた異議申立、「AAはわれわれの競争力を無視する」と符節が合っているのだ。

一方、ティー・パーティは、当時から2010年にかけて、共和党・民主党の2大政党制（デュオポリー）を突き崩す勢いにあふれ（第1&7章）、共和党中枢は恐れおののいていた。ところが、ティー・パーティ自体は、党内で右顧左眄、自分らのエネルギーを引きまとめる「女神」、「ノース・スター（北極星、導きの星）」と自称してきたアラスカ基盤のセアラ・ペイリンが2012年の予備選についに立たなかった結果、四分五列、10余名の右派候補の間を揺れ動いて、オバマ撃破どころではなくなった。

ペイリンは、2016年を射程に入れた。つまり、共和党中枢が自分を受け入れないことを表面の理由として、実は現段階ではオバマを撃破できないと判断し、2016年に賭けたと思われる（ヒラリーとの対決となっても、若い自分の「政治的エロス」で勝てると踏んだ）。

6、7名の共和党右派候補らが脱落後のティー・パーティは、残ったギングリッチ、サントーラム、ロン・ポール、果てはロムニーと揺れ動いた。エネルギーは新しかったのだが、そのエネルギーをイデオロギーへと新たに公式化する作業には挫折した。そして旧来のネオコン、キリスト教右翼などへと吸収され始め、ポールの一貫した先鋭なリバタリアニズムからもこぼれ落ちてくれたものだから、共和党中枢は安堵の胸をなでおろした。〈これで、連中がポールの後にくっついていって、あげくの果てに党を割って第三政党へと籠脱けせずに党内に止まり、サントーラム支援からやむなくロムニー支援にまで後退してくれる目処《めど》が立った〉という安堵である。

中央政府は、帝政、ファシズム、共産主義などの体制下では、「恐怖による統治」が目立ったが、合衆国や日本その他の巨大な民主国家では「統制による統治」が中心になる。後者は恐怖が重圧となる前者よりましだが、重苦しい。だから、中央政府はなるたけ軽いものほど居心地がいい。

筆者は年金暮らしになって、なけなしの年金にも税金がかかると知って、とたんに政府や市役所や健保が疎ましくなってきた（年金全額を生活費に使えると思い込んでいたのだ）。おかげで、アメリカ人の保守派が、オバマケアや増税にあれだけ反対する理由の一端はわかった。しかし、年金暮らしは病気との抜きつ抜かれつで、健保は死活問題であり、オバマケアに反対する連中の気が知れない。

本書で書いてきたように、アメリカ人は州が中心で、彼らの連邦政府への猜疑心の深刻さは日本人にはわからない。「連邦政府は常にわれわれアメリカ人に陰謀をしかける。陰謀をしかけられた者たちこそ、連合して陰謀で切り返さないといけない」。これがロン・ポール、そしてリバタリアンの主張である。

連邦政府解体を叫びながらその政府の頂点・大統領をめざす

さて、以上のリバタリアンの特性を、ロン・ポールはいかに体現しているのか？　まず彼は、大統領候補の党指名を受けられるとははなから思っていない。それでも最後まで闘技場に残って、コツコツと代議員票を積み上げていく。スーパー・テューズデイまでには47名と、ロムニーの４５４名の９％弱にはなった。２００８年も最後まで下馬しなかった（それだけの資金力があることが異様）。ロムニー、とくにサントーラムのように右顧左眄せず、右記の保革混淆の論点を着々と繰り返せば、それなりに寄付金も聴衆も集まると達観している。その様子は、「まるで完全に別の選挙を戦っている男」としか見えない。たとえば、メイン州で演説したあと、支援者たちの希望で一緒に写真に写りながら、「あ、肝心、肝心！　選挙のこと言い忘れてた」と言って、ニヤリとして「来週はみなさんの票をどうかよろしく」とやる。

こんなに有権者に三拝九拝せずにすむ選挙なら、筆者だってやってみたい。ポールは筆者より1歳上の76歳、痩躯の老人で、目尻の下がる笑顔が味わい深い。これほど無造作に振る舞ったメイン州ですら、ポールはロムニーに僅差の2位につけた。選挙民に必死でおもねる立候補者とまるで違う彼の飄然たる立ち姿は、リバタリアニズムを説いた6冊の著書を持つ「布教者」の超然ぶりに起因している（歴史学者を気取るギングリッチには、著書はない。奔放すぎて、論考化できないのだろう）。

1月の候補者討論の場で、年齢のことを話題にされると、ポールは「だったらテキサスの猛暑の中で自転車競争をやろうか？」と挑戦、返す刀で「年齢差別禁止法もあるでよ」とやった――ニヤリと笑って。

ポールは、ピッツバーグの乳牛牧場を経営するドイツ系の家に生まれた。ドイツ系移民は、計画性に満ちた国民性から小金を貯めて移住してきたので、文なし移住のアイルランド系やイタリー系のように日雇い仕事のある都市での暮らしでなく、農村部で安価な土地を購入できた。その結果、ドイツ系は、アメリカ農業を支える屋台骨であり続けてきた。

ポールのリバタリアニズムは、アメリカの大学に移住してきたオーストリーの経済学者集団の思想で焼きを入れてある（日本でも広く知られているフリードリッヒ・ハイエクが1950〜62年、シカゴ大で教えていた。ポールの6冊の著書はこの「焼き入れ」の成果）。この一派の経済観は、経済は自然発生的秩序で動く非合理なものだと見切り、ハイエクらが中央政府の経済介入を認めるイギリスのケインズらと対立した構図が、ポールの反連邦主義の構図に通底している。規制の箍をすべて外せという主張は、当然、ローズヴェルトのニューディール政策やオバマの金融改革法に反するため（前掲拙著『ニューヨークからアメリカを知るための76章』）、ポールの主張は共和党とウォールストリートが採用してきた「市場原理主義」という市場無規制主義と合致する（これは同じウォールストリートでも、民主党支持のジョージ・ソロスとまったく食い違う／拙著『ジョージ・ソロス伝』2012、李白社）。

テキサス州の油田地帯、ギャルヴェストン市とその周辺が基盤の連邦下院議員ロン・ポールは、今回を入れて、大統領選には4回関与したが（1回〈1992年〉は立候補をパット・ビュキャナンに譲った／第25章）、共和党を割ってリバタリアン党（第三党）で立候補したのは1988年の1度きりで、あとは共和党に止まった。第三党の強みは、予備選以後も本選挙に残って戦え、戦果次第で勝った政党と政策協定に持ち込めることだ。このときの本選挙でのポールの一般投票の得票数は48万ほどで、1980年の別のリバタリアン候補は92万余票だったのに見劣りし、以後は復党した共和党の予備選に限定した。

ちなみに1980年、リバタリアン党の副大統領候補だったビリオネア、デイヴィッド・H・コウクは、2011年、反オバマのティー・パーティへの高額な匿名寄付者であることが暴かれて話題になった。コウクは兄と保守が強いキャンザス州ウィチタを拠点に、石油・天然ガス・製紙・肥料・アスファルト・牧畜その他のコングロマリトを経営する「反東部エスタブリッシュメント」の「地域資本」の雄だが、「東部」の社交界が大好きでニューヨーク住まい。この点、反オバマのくせにオバマの優美さを羨望するリンボウの矛盾に酷似している。なお、地域資本には、自分らを規制するのは「東部エスタブリッシュメント」だと敵視する生理がある。

共和党の恐れはポールが再び党を割って本選挙に食い込み、ロムニー票を食ってオバマを利することだ（ブッシュ父は1988年にはポールの第三党に脅かされなかったが、1992年は第三党のロス・ペローに票を食われ、クンリントンに敗退)。しかし、2010年の中間選挙で息子のランド・ポールが連邦上院議員に当選している今日、ロン・ポールが再び党を割れば、息子の党内での位置に影響を与える。

それにしても、連邦政府を破壊するための大統領選立候補は、「連邦政府は悪だ」と非難しながら、その連邦政府の頂点である大統領になったレーガンと同工異曲なのだ。ポールは、最も奇怪な共和党候補ということになる。

56

なぜオバマ側はロムニーが苦手なのか？

――★唯一の攻めどころは「生地」が出せないぎこちなさ★――

2人の「忍人《にんじん》」型政治家の対決

ミット・ロムニー候補を一筆で描くとすれば、筆者には以下の挿話に尽きる気がする。2008年の予備選に立候補していた彼は、カリフォルニア州オレンジ郡で聴衆からこう聞かれた。「大統領になったら、ファースト・レディは何人に？」(聞かれたのは、2007年秋)。言うまでもなく、1890年までモルモン教(末日聖徒イエス・キリスト教会)が固執してきた一夫多妻制にひっかけたのだ。この慣習の廃止後117年もたった2007年に口にすべき台詞ではない。ロムニーは激怒してしかるべきだった。

だが、ロムニーはこの質問に唖然とする聴衆を前に、この不敬な男性にこう答えた。「教団のウェブサイトを見てほしい」。

筆者は、「忍人(耐え忍ぶ者)」という古語を思い出した。「にんじん」と読む。信長と秀吉の猛威を耐え忍んだ家康に冠せられた呼称である。

ギングリッチやサントーラムなど、民衆におもねる競争相手の暴論にも、笑顔を絶やさず対応するロムニーにもまた、「教団のウェブサイトを見てほしい」と回答したときの、えも言われぬ抽象的な感じがつきまとう。

その感じは以下の微妙なものだ。2007年の予備選で、ロムニーはニューハンプシャー州の小さな都市のダイナー（簡易食堂）へ入り込み、客に声をかけて回る過程で、老女2人に飲み物の名を聞いた。「フラッペよ」との答えに、「中西部ではミルクシェイクって言うよ。こっちではフラッペって言うのか」。中西部とは彼の郷里ミシガンだが、当時で36年、ニューハンプシャー隣州のマサチューセッツ州で暮らしてきて、それはないだろう。こういう「抜け目」は、生活にどっぷり漬かっている老女らには違和感をかきたて、たぶん投票してもらえまい。さらに悪いのが、そんな違和感などどこ吹く風で、「アイスクリームと？」問いかけ、相手が「ミルクよ」と言うと、「と、ミルクね。やあや あ、ぼくはミット・ロムニー」とやったのだ。

要するにさりげなく自然な感じで「生地」が出せないのである。2012年の予備選でギングリッチの挑発にもぎごちない笑顔で対するのをやめて、やっと切り返しても、「何だか少年の告げ口屋みたいに」（フランク・リッチ）パンチが効かない。まあ、「とんまドンキー」の共和党版に見える。

同時に筆者は、もう1人のアメリカ最大の「忍人」を思い出した。言うまでもなく、バラック・オバマである。彼が共和党の無頼戦術、「ゲイム・オヴ・チキン」で衝突進路への突入を辛抱し抜いたことから見て、読者諸氏にも納得いただけるだろう。また、オバマ陣営が、ギングリッチやサントーラムでなく、ロムニーと本選挙を戦うことを回避したかった根本原因こそ、ロムニーの「忍人」性、これだったのだ。つまり、ロムニーは怜悧な剃刀を思わせる頭脳と、それを研ぎ澄ます底知れぬ忍耐力の砥石を併せ持っているからである。オバマには、ロムニーの「生地」が出せないぎごちなさを突くしかなくなる。

生地を出しすぎるギングリッチが相手なら、至極簡単だ。フロリダの予備選でギングリッチは、すでに党指名を獲得した候補気取りで、「オバマが逃げても、どこまでも追いかけて討論を挑む」と力んで見せた。すかさず聴衆から「ケニアまで行くか？」の声があがり、ギングリッチは「あんたら残酷だよなあ。われわれはアメリカで選挙やるんだぞ」と応じた。聴衆は、「ニュートは血の滴る生肉を投げてくれる。燃えるぜ、おれたちは！」と叫んだ。

ニュートはギングリッチの名、ニュートンの縮小辞だが、「イモリ」の意味もある。「燃える」の英語は「ラビッド」で、「狂犬病にかかった」の意味もある（筆者もわれながら「残酷だよなあ」）。

かりに本選挙でギングリッチがオバマとの討論でこれをやったとしたら、オバマはこう切り返せばすむ。「ギングリッチ氏がどうしてもケニアの票がないと私に勝てないのなら、ケニアとアメリカの国民に相談してあげてもかまわない」。これでギングリッチも「狂犬病にかかった」、ではなかった、「燃えるぜ」の聴衆もギャフン。ロムニーだとまずこういう相手に乗ぜられる引き技で、逆浴びせ倒しを食らう愚は見せない。だいいち、本選挙の聴衆にこの手の「劣化分子」は少ない。

一方、オバマの砥石は、黒人と白人の混血児として受けてきた疎外を武器に一変させることで得られた。常に自分を疎外する現実を総合的に見定め、自身の行動をそれに適合させ、自分を疎外する現実を逆に動かす離れ業を発揮できた。

ロムニーの砥石は、モルモン教へのアメリカ人の偏見に加えて、教祖の命令を断行する完遂力の複合物だった。教祖ジョーゼフ・スミスをリンチで殺されたモルモン教徒は、2代目教祖ブリガム・ヤングの描いた約束の地、ユタの荒野へ向けて直線進路で幌馬車隊を押し進め、グランド・キャニオンすら回避せず、大峡谷に馬車を吊り下げ、対岸では吊り上げて西進した。あらゆる職業の者が参加する宗教団体は才能の宝庫で、臨機にこの大難題に対処できる技術をその場その場で開発し、実地に使用してのけたのだ。ロムニーの曾々祖父は、ソールトレイク峡谷へ抜ける峠道を最初に切開した。この曾々孫には、この伝統が脈々と受け継がれている。

モルモン教には原罪や予定説がなく、グランド・キャニオンというこの世の障害を迂回せず、真正面から挑戦する勇気と智恵を発揮すれば、あの世では信徒は神のような存在になれるとする楽天主義がある。これが今日の世界への教線拡大の理由とされているが、この楽天主義はこの宗派がアメリカ最初の地生え宗派であることを雄弁に物語っている。また、モルモン教がなぜキリスト教右翼から目の敵《かたき》にされるかもこのことからわかる。聖書無謬説と原罪観とハルマゲドンと最後の審判説とで自身をがんじがらめにしたキリスト教右翼には、アメリカ人の多くが「明白な運命」という、ヘブライズムとヘレニズムが合体した楽天主義で大西部を劫掠した野放図さはない（前掲拙著『カリフォルニアからアメリカを知るための54章』）。したがって、モルモン教の楽天性は、右記の完遂力を称揚する、きわめてアメリカ的な「キャン＝ドゥ・スピリット（完遂精神）」に結実する。

19世紀末まで一夫多妻制によって自ら招いた窮地から、グランド・キャニオンの逸話、いずれも教徒は自らに絶体絶命の極限状況を日常化することで完遂力を引き出している。これは才能開発の基本的テクニックで、要はアウトサイダーに徹すれば、火事場の馬鹿力が発揮される——ユダヤ系がその典型だった。ユダヤ系は、わが子が同年の仲間（ピア・グループ）と交わる過程で個性を磨耗されていくのを防ぐべく、仲間との交際を禁じた。これを「アザニス（他者性）の涵養」と言う。

筆者自身、これと似た状況で育った。教師だった父親の転勤のたびに引っ越し先でピア・グループに「こってり可愛がられ」、否応なしに孤立に追い込まれて、その絶体絶命の渦中から自身の才能となりゆく「原動力の芽」を引き出せた。

絶体絶命の日常化は、以下の例に顕著だ。ハーヴァード時代の院生仲間が、ロムニー家でアン夫人から一家の地下室を見せられたが、そこには教団の慣行に従い、1年分の食糧が備蓄されていた。

ロムニーの『アザニス（他者性）』は実存的

ただし、ロムニーの学友には、この備蓄が示す教徒の絶体絶命さは、感覚的についていけなかった。おそらく本章冒頭であげた聴衆の無礼に対してロムニーが示した冷静極まる対応も、この院生が目撃していれば強い違和感を覚えたろう。これが、今日、テケレッツのパーの共和党右派層の間でロムニーが容易にフロントランナーの地歩を確保できない一因である（彼らには、ロムニーは異星人にしか見えまい）。

いや、ユダヤ系すら、「ロムニーのアザニスは、スタイルや家系ではなく、実存的なものだ」と違和感を口にする（最近まで31年も『ニューヨーク・タイムズ』の演劇およびオプエド・コラムニストを務め、『ニューヨーク』誌に去ったフランク・リッチ）。筆者にはリッチこそなみいるコラムニストでは最も感銘を受ける存在（つまり、最も鮮烈な「アザニス」の持ち主）なのだが、そのユダヤ系でも随一の彼ですら、ロムニーの「アザニス」になじめないのだ。それだけに、ロムニーがいかにオバマの強敵であるかを示している。

リッチはさらに、ロムニーを「アンドロイド（人造人間）」と決めつけ、「ニクスンもすこぶるぎごちない男だったが、われわれと同じ人間として通用した」とまで言い募る。もっと具体的にはこうだ。ロムニーの元の同僚たちでさえ、「廊下での立ち話程度の、さりげない社交すらできない。人とつながれないブリキ男。視線がこちらをまともに見据えないで、そのまま素通りする」と異口同音にぼやく。

モルモン教徒でも異例の存在なのだろうから、ロムニーの生地が見えてこないもどかしさは、この宗教が原罪を容認しない楽天主義が原因だとは言えまい。あくまで、このもどかしさこそ、「ロムニーの生地」であり（別の機会に精神分析してみたい）、またこの生地と宗派の楽天性が両々相まって彼の並外れた才能開発の原因となったと思われる。

他方、オバマの「アザニス」は、ロムニーほど異様な表れ方をしない。同じ「忍人」でも、きわめて人間的な安定感と現実感がある。それは、彼の二枚腰、三枚腰の「忍人」型の政治姿勢の基底を形作っている。彼の姿勢は、弱体化した今日の合衆国では大統領は豊かな覇権国家だった冷戦時代の硬直したイデオロギー的対処はやれず、「結果主義」、すなわち「行為の善悪はその結果によってのみ判断されるとする姿勢」しかとれない事態には最適だ。

たとえば彼は、ブッシュまでは中東に傾きすぎてきた従来の合衆国の外交機軸をアジアに切り換える大方針を立てた。アジアにこそ、次の覇権国家・中国がいるではないか。すなわち、合衆国にはASEAN諸国と印日韓を基軸に、米加豪NZが後背軸をなす中国包囲網の構築こそ急務なのだ（たとえば、「6ヵ国協議」は、北朝鮮よりも中国をこそやんわり封じ込めるのが狙いで、これはブッシュ息子政権の外交的ヒットだった）。

ところが、「アラブの春」に直面するや、臨機応変にその大方針を転換し、国連66年の歴史で初めてカダフィによる「切迫した虐殺」への「先制攻撃の動議」を議決させた（2011年3月17日）。国務長官ヒラリー・ロダム・クリントンは、この2008年の大統領予備選での宿敵のために獅子奮迅の外交的根回しを断行し、安保理（安全保障理事会）でこの動議へのロシアの棄権の約束をもぎ取り、それによって中国の拒否権発動を封じ込めた（ロシアは最初、カダフィ側に対して「飛行禁止区域」を課すことにすら反対していたのだ。また中国は、安保理では常にロシアと同調してきたから、クリントンはロシア説得に的を絞った）。人権団体の代表は、「どう客観的に見ても、切迫した人権の危機への多国籍的軍事対処では、史上最も迅速になされた」と称賛した。リビアのロシア製戦車への空爆が開始された。

まあ、テケレッツのパー有権者相手に世迷い事ばかり並べているギングリッチやサントーラムでは、とうていさばけない芸当だ（キリスト教右翼は、史上初の黒人大統領オバマの当選で「世界の終末」到来と諦めたが、2010年の中間選挙でティー・パーティ議員が87名も当選、「ハルマゲドンはまだ先らしいや」と考え直したのである！）。ロン・ポールはその反連邦政府、反国連の姿勢、さらには外国の紛争への関与反対のイデオロギーから、「アラブの春」を見殺しにしただろう。

ロムニーならどうか？　彼はあらゆるデータを蒐集し、彼の国務長官に安保理メンバーの籠絡を命じるだろう。マサチューセッツ州知事としても政策課題のデータの暗記力は圧倒的で、政敵、いや味方ですらめったた斬りにできた。「まるで資料を読み上げてるようだったが、みーんな頭にたたき込んでたんだ」と、その味方（数少ない共和党州上院の領袖）は言う。「スコアをつける者がいれば、私は完全にＴＫＯ（テクニカル・ノックアウト）だったな」。しかし、ロムニーはマサチューセッツ州では、「選挙運動も、知事としての統治期間も、州政治を去るときも、終始一貫、アウトサイダーで通した」（今日、ロムニー選対の要員で元は知事の側近トップの発言）。なにしろ、２００３年時点で州議会の共和党議員29名（民主党議員１７１名）、翌年、１３１名を押し立て、膨大な資金を投入するも、逆に共和党は議席を失った。民主党議員の懐柔はおろか、自党議員すら知事に疎外感を抱き、ロムニーは議会法案に拒否権を乱発して対抗するしかなかった（つまり、「ＣＥＯ型州知事」だった）。

これはオバマの流儀とは相当異なるが、共和党の連邦議員らはクリントンに比べれば非常にとっつきが悪いと感じているオバマよりも、ロムニーに対してこそはるかに違和感を覚えるだろう――たとえ自党の大統領だとしても。なにしろ、世間話など真っ平なロムニーには、マサチューセッツ州議員らはとりつく島がなかったのだから。要は、妥協と「持ちつ持たれつ」の政治活動で、「ＣＥＯ型大統領」が存在し得るかどうかだ。

57

「イエス・ウイ・キャン」と「キャン＝ドゥ・スピリット」の違い

★オバマvsロムニーとなったら★

ロムニーは「創造的破壊型」大統領となるか？

ロムニーは6代目のモルモン教徒（末日聖徒イエス・キリスト教会信徒）である。したがって、彼の曾祖父までは一夫多妻だった。

教団トップへの絶対服従、トップに与えられた課題の完遂は、教徒の恐るべき完遂力の高さを生み出した。ロムニーは、ミシガン州知事を務めた共和党の領袖ジョージ・ロムニーを父に持っていたが、この人物は自動車メーカーでもあり、GMを再生させた（ニクスンは、大統領の椅子をめぐってのこの恐るべき競争相手を政権に取り込み、住宅都市開発長官という格落ちの部署でいびり、翼をもいだ）。

ミット・ロムニーは、教団のブリガム・ヤング大、ハーヴァードのビジネス＆ロー両スクールの合併講座（開設早々）をきわめて優秀な成績で出た。この講座は徹底した「ケイス・スタディ方式」で、理論・原理抜き、いきなり危ない企業の救出法を院生らに案出させ解答させる臨床例方式だった（つまり、医学部でいきなり末期患者の手術から実地授業をやらせる無謀さと同じ）。

ジョージ・ロムニー（左）とニクスン
（1969年6月23日、撮影：Jack E. Kightlinger）

本書はアメリカ大統領を知るための本でもあるので、以下の挿話を、ロムニーがいかにオバマの強敵であるかを示す逆の例としてあげる。ハーヴァード・ビジネススクールでロムニーの1年後輩に、ジョージ・W・ブッシュがいた。後者が卒業写真にチューインガムをパンパンに膨らませて納まっているのは、落第寸前で「ジェントルマンズC」の成績でヤットコ卒業できたことを示しており、後年の彼が「ポピュリズム候補並びに大統領」となる運命を予示していた。当然、両者に交流はなかった。オバマは、その10余年後、ハーヴァード・ロースクールに入ってくる。

もっとも、のちにロムニーは、ブッシュ息子について、「院生時代、彼が政治の道を選ぶとわかってたら、金輪際離すもんかとピッタシ貼りついてたろうに」と残念がった。

卒業から数年後の１９９０年代初頭、ロムニーはベイン・キャピタルに入社、「臨床的企業再生専門家」になる。すなわち、他社を糾合して投資集団を形成し、レヴァリジで買収した企業を梃子に、統計予測・計算処理その他に最新テクノロジーを駆使して利益を膨らませ、株主を喜ばせる。さらなる買収合併でその最初に買収した企業を太らせ、人員削減で借金を返済し、同時にベイン株も同社に買い取らせ、儲けるだけ儲けて同社を売りに出す（同社が倒産しても、先の方式を繰り返せば利益が見込めるので、ちゃんと買い手がつく）。まさか、「ＣＥＯ型大統領」としてアメリカ合衆国をこの買収企業なみに骨までしゃぶり尽くすつもりではないだろうが。

人件費は通常、利益の10倍かかるので、新テクノ導入で浮かせる。新テクノが操れる人員は採用するから、レイオフ専一ではないため、「創造的破壊」と呼ぶ。企業再生は「ターナラウンド（１８０度の転換）」と言う（父親ジョージもGMを再生）。標的にされた側から見れば、これは「企業攻撃」で、ロムニーは「ハゲタカ」ということになる。

この非情さは、たとえばリーマン・ショック以後の不動産不況も、「家屋差し押さえが底を突くまで待てば回復する」という彼の発言にも露呈している。ただし、この「待てば」という「知らん顔作戦」は共和党のほぼ一致した方針でもあり、同党はオバマ政権の家屋差し押さえ救済策を葬り去った（オバマは、この3月初旬、再び救済措置を打ち出してきた）。家屋を差し押さえられた中にも共和党の蒙昧化作戦の犠牲者はいて、「オバマと民主党が悪い！」とマジで信じ込まされている者がけっこういる（この犠牲者たちのおつむがパーぶりも、いいかげんにしろと言いたくなる）。

ロムニーは、モルモン教徒が多く関与していた、２００２年のソールトレイクでの冬季オリンピックを財政破綻から「再生」させ、その名声に乗って同年、マサチューセッツ州知事に当選する。リベラルなマサチューセッツ州の知事として、ロムニーは「オバマケア」の基本となる皆保険制度を制定した。この点からもロムニーは今日きわめて数少なくなってきた共和党リベラルで、ゲイの権利も中絶権も早くから認めていた。

「政治では、ビジネスではどうでもいいことに気配りを強いられる」

しかし、今日、右傾化はなはだしい共和党で大統領職を狙うには、リベラルでは絶対に党指名は獲得できないので、次第に「右傾化ジェスチャー」をとるしかなくなる。皮肉にも、すでに右傾化ジェスチャーに切り換えていたロムニー知事がゲイの同性婚に反対したとき、民主党州議会が大差で法案を通過させ、知事がそれに署名させられるはめになった。

ロムニーの不利は、まだあった。戒律に厳しいモルモン教徒は、前記のキリスト教右翼と宗旨面では一部が酷似しているくせに、膨大な人口を擁するキリスト教右翼（成人白人の25％にあたる。一説に4000万人）はアメリカ総人口の2％弱しかいないモルモン教徒を目の敵にしていたのだ（例の「大統領になったら、ファースト・レディは何人に？」）。2012年1月のギャラップ調査では、共和党員と民主党員合わせて22％が、「モルモン教徒を大統領に選ばない」と答えた（同じ調査で、「黒人を大統領に選ばない」は5％だった）。

ところが、ブッシュ政権の遺産で最悪となったアメリカ経済が、ロムニーのこれら2つのハンディを帳消しにしてくれた。1992年、クリントンが「問題は経済だぜ、ドアホ！」のスローガンでブッシュ父の再選を阻んだのと似た事態になってきたのだ（第41章／ただし、この2月、失業率は8・3％へと顕著な回復を示し、3月も同率）。これまでの執政ぶりから見ても、オバマもまた「忍人」であり、この2人の対決となれば、経済がさらに回復しない場合、非情な完遂力の点で現職大統領である

スーパー・テューズデイの勝利演説をするロムニー。左はアン夫人
（2012年3月6日、マサチューセッツ州ボストン、撮影：BU Interactive News）

オバマの不利は目に見えている。

ティー・パーティやキリスト教右翼の混迷も、一部はロムニーの上記のハンディが消し飛んだことが原因で、比率的にキリスト教右翼が多いサウスキャロライナ州ですら、予備選前までは「オバマに勝つにはロムニーやむなし」の機運に固まりつつあると見られていた（結果的にはギングリッチが勝てた）。

その証拠に、企業の「再生屋」ロムニーを「首切り屋」として攻撃した「ティー・パーティおもねり屋」のギングリッチらが、共和党中央はもとより、サウスキャロライナですら大不評で、ロムニー攻撃のTV広告（ベイン・キャピタルのあこぎなビジネスを標的）を引っ込めるはめに追い込まれた。しかし、ロムニーが税金関連や講演料などで歯切れの悪い応答ぶり（例のぎこちなさ）でミソをつけたのを契機に、やっとティー・パーティとキリスト教右翼が結束、ギングリッチを勝たせたのである。

ロムニーの「忍人」ぶりの一因は、モルモン教の絶体絶命ぶりで鍛え抜かれた「実存的アザニス」(フランク・リッチ)ゆえにものにできた己の超人的な才能と、有権者の自己満足にふやけた無能さの間に横たわる無限の距離を、頭では理解していることに由来する。彼はこう言っているのだ。「結局、政治ではビジネス領域ではどうでもいいことに気配りを強いられる」。今ごろそれがわかったのかい? オバマならそう言いたくなるだろう。

ロムニーの鈍感さは、「右傾化ジェスチャー」にも見られる。政治家は常に「二河白道《にがびゃくどう》」を余儀なくされるが、オバマは2008年の予備選と本選挙でシカゴ時代、心酔してきた過激派の黒人牧師ジェレマイア・ライトとの絶縁を迫られて、みごとな演説で窮地を脱した。彼は牧師の立場をりっぱに援護しつつ、彼との絶縁をしてのけたのである。他方、ロムニーはいくらリベラル州の知事とはいえ、民主党の綱領でしか認められない中絶権、ゲイ支持、ロムニーケアなどを連発し、予備選では右傾化ジェスチャーを咎められ続けた。「どうでもいいこと」程度にしか見ていないために、簡単に右顧左眄してしまうのだ。モルモン教の戒律遵守が優先で、一般社会の問題を軽視しているとの批判が出る所以《ゆえん》である。

オバマは、自身のアザニスの極致で開発された超人的な才能を、ほとんどリンカーンのように、黒人と白人、アジア系、ラティーノその他のアメリカ国民に捧げる非情の決意で行使してきた。彼はその才能を、ビジネスで使ったことはない。ロムニーは非モルモンのアン夫人とその兄弟まで改宗させた(実際は、父親ジョージの功績)。オバマは、ケニア人の実父に実母とともに捨てられ、有色人種との結婚を恐れなかった白人女性の母を早くに失い、母方の祖父母に育てられて、アメリカ黒人として生きる決意を固めた。そして、シカゴに異星人のように天下って、専門職の黒人女性と家庭を持った（この人生行路自体が、二枚腰、三枚腰）。ロムニーもオバマも、妻と家庭への献身は、甲乙つけ難い。

オバマの「アザニス」もまた「実存的」ではあったが、フランク・リッチですらロムニーに対して抱いた違和感は、筆者の知るかぎり、オバマに対しては表明していない。かりにロムニーが食らわされた「ファースト・レディは何人に？」に当たる質問をオバマが食らっていたら？　たとえば、「白人インターンと大統領執務室で2人っきりになったら？」と聞かれたら、オバマなら「教団のウェブサイトを見てほしい」という類の、無機的な回答はしなかったろう。オバマならば、そう、たとえばこう答えたのでは？――「すぐミシェルに電話して、執務室へ駆けつけてもらう」。これで会見場に無邪気な笑いが湧き起こる。

ただ、「2012年のオバマにとって最大の敵は、2008年のオバマである」（レイチェル・ゴーリン）。ブッシュ息子から受け継がれた惨害のアメリカ――これを抱えて再選に臨むオバマは「現職大統領の中では最も厄介な戦い」を強いられているのだ。

ロムニーの完遂力は、非情なビジネス流儀、オバマの完遂力は諸般の事情を勘案した政治向き、いやシカゴの「都心ゲットー」で市民活動家だった彼の民衆に根ざしたアメリカ再生の努力につながる。オバマの「イエス、ウイ・キャン」は完遂力の標語だが、ロムニーの「キャン＝ドゥ・スピリット」とは画然と違う。ロムニーの完遂力の正体は、彼のみならず「平等よりも自由競争」という、レーガン以降の共和党の行き過ぎた流儀であり、オバマの完遂力は「平等の回復」に置かれている。

もう1度書くが、「アメリカン・デモクラシー＝平等＋自由競争」こそがアメリカの運動律の等式なのである。

終章　「おお、キャプテン、マイ・キャプテン」——アメリカの患部切除の外科医と内科医

共和党予備選の見通し

4月10日、サントーラムが予備選撤退を表明した。4月3日、ロムニーは首都、ウィスコンシン、メリランドと3つの予備選を制して獲得代議員総数はAP通信推計で655名となった（あと489名で1144名となる）。サントーラムは278名だから、あと866名、残る18州の予備選を80％以上の比率で勝ち進まないと見込みがなかった。これで本選挙までの7ヵ月、オバマ側は、苦手のロムニーとの対決に的を絞るしかなくなった。

サントーラム側は、せめて党大会で「コンテスト委員会」に苦情を申し立てられるだけの代議員数を集め（可能なかぎり1000名に近い数）、表では党大会場でひと騒ぎ起こして、深南部その他の支持代議員らが「ウイ・ウォント・リック！」を連呼し続け、裏では党の領袖らに仲介の労をとらせ、同時に露骨な論功行賞や裏取引（閣僚ポストその他の提供）で、スーパー代議員やまだ誓約していない代議員を取り込むしかなかった。だが、彼らの多くはロムニー贔屓《びいき》である。おまけに、サントーラムは地盤のペンシルヴェニア州（4月24日）ですらロムニーに追い上げを食らいつつあり、党大会へのもつれ込みは悲観視されていた。

サントーラムの粘りは、(1)副大統領狙い、最悪でも、(2)ペンシルヴェニア州基盤の連邦上院議員職（2006年落選）の奪還のためだったろう。(1)だと、ロムニー支持の北東部その他の、共和党では比較的「正気」な票田と、サントーラムの「狂気」の票田を合体できる。しかし、オバマがはなからヒラリー・クリントンを副大統領にできなかったのは、選対と支持層が予備選で死闘を演じた彼女を憎悪してやまなかったからだ。とくに最前線で応酬を繰り返した選対の「突撃要員」同士の憎悪は半端ではなく、たとえばある選対委員長が帰宅すると、愛猫が殺され、胴体に「リベラルめ！」と書き殴られていた（アーカンソー州の連邦議会選挙の話）。

3月22日には、フロリダ州前知事ジェブ・ブッシュがついにロムニー支援を表明し、同時に自州基盤の連邦上院議員で、「ティー・パーティの皇太子」こと、キューバ系のマーク・ルビオを副大統領候補にと要望したから、ますますサントーラムの予備選勝利の芽ばかりか、副大統領候補の芽もなくなりかけていた。

ちなみに、すでにロムニー支援を表明しているブッシュの母親バーバラは、率直な物言いで名高いが（前掲拙著『ブッシュ家とケネディ家』）、「今年のは生涯最悪の予備選で、醜悪」と断じているからよほど異例で、サントーラムの票が伸びていれば党大会の波瀾はありえた。

党大会が揉めた実例、1960年の民主党大会

近年の党大会はシャンシャン大会の印象が強いのだが、昔は右のような表裏のドラマが普通だった。本書では、党大会のドラマに触れそびれたので、ケネディの党指名の挿話を簡略に披露して、そ

れに代えたい。(1)ロサンジェルスでの党大会自体がジョンスンを副大統領に取り込む修羅場となり、それに猛烈に反対する選対委員長で実弟のロバートをケネディが会場近くのホテルのバスルームに引きずり込んで説得し、さらに選対は総力をあげて未誓約代議員を取り込んだ（当時、「スーパー代議員」〈第14章〉はまだなかった）。(2)他方ジョンスンは、ロバートからの直談判で兄の依頼を断るよう説得まででされた。激怒したジョンスンがケネディ本人に電話で確認をとる騒ぎとなる。ジョンスンは、北東部の「カトリック・エリート」（ケネディ）に身を預ける憤懣《ふんまん》と議会政治のヴェテランから行政府に軸足を一変させたい自身の経歴転換の狭間で、生来の神経質さをむき出すのだ。この構図に、以下のおまけまでついた。

(3)フランクリン・D・ローズヴェルトの未亡人エレナーは、自分が惚れ込んだ、いわばジョージ・マッガヴァン（第25章、コラム8）の先輩タイプ、アドレイ・スティーヴンスンを、これを最後と3度目の大統領候補に押し立ててきた。だが、あえなくケネディに敗退（従前の2回は民主党指名は獲得したものの本選挙で共和党のアイゼンワーに敗退、この3回目は指名もとれず）。夫人は、せめてケネディ陣営に「ジョンスンではなく、スティーヴンスンをこそ副大統領候補にせよ」と迫って、支持代議員らを党大会に雪崩《なだれ》込ませたのだ（第7＆46章で触れた歴史家アーサー・シュレシンジャー2世が、『ケネディ――栄光と苦悩の一千日』１９６５〈邦訳は河出書房新社〉で活写。しかし、シュレシンジャーよりはるかにポップカルチャー的な党大会活写は大作家ノーマン・メイラーの「スーパーマン、スーパーマーケットに飛来」『エスクァイア』１９６０年11月号）。

ケネディ派の実力代議員ロザリンド・ワイマンの目には、エレナー夫人らが党大会場に「乱入してきた」と映り、ただちに自派代議員らをかき集めて結束、ドラムを乱打してアジ演説で反撃した（前掲拙著『なぜアメリカ大統領は戦争をしたがるのか?』）。

ワイマンは実力代議員のイメージとしては典型的だ。彼女はユダヤ系のロサンジェルス市議で、ケネディを指名すべく、すでに決まっていた党大会会場を、急遽、巨大なメモリアル・コライジアム（10万1000席）に変更した。「空席が目立つ」とロバート・ケネディが反対したのを押し切っての変更で、彼女は5万6000人をかき集めた（彼女こそ、まさに今日の実力派「スーパー代議員」に相当）。だから、会場の構造を知悉しており、会場を迷路に使ってスティーヴンスン派代議員らを右往左往させた。彼女は、ブルックリン・ドジャーズのロサンジェルスへの招致に与って力があった。そして1984年のサンフランシスコ党大会の委員長、2000年はゴア支持の地元重鎮と、以後も民主党への貢献を続けた。

なお、この民主党大会では、ケネディらが宿泊したビルトモア・ホテルを中心に、周辺の27のホテルに代議員らが分宿していた。

ケネディは上院議員時代の1956年、このアドレイ・スティーヴンスンから副大統領候補を打診され、それを受けかけて実父ジョーから叱責を食らっていた（コラム8）。もし1960年、彼がジョンスンではなくスティーヴンスンを副大統領候補に選んでいたら、ニクスンが南部を押さえて大統領になっていた可能性が高い（ロバートは兄に一生顔向けできなかったろう）。

ケネディは、スティーヴンスンを国連大使に任命し、映画『13デイズ』はこの頼りなげな大使が国連安保理でみごとな喧嘩達者ぶりを発揮してソ連代表をやり込める意外な側面を描き出す。

「オバマは反キリスト」？ 「キリスト教右翼」の環境破壊

本書は大統領選が主題なので割愛したが、「キリスト教右翼」には、以下の「陰謀論」が猖獗《しょうけつ》を極めている。すなわち、(1)「どのみち地球は『キリスト再臨』の前か後に（この『前か後』かでキリスト教右翼が分裂）、ハルマゲドンと『最後の審判』を経てスクラップされ」、(2)「自分ら信徒は『天国』（別の天体）へ携挙される」と、彼らは信じているのだ（「携挙」はラプチャー〈恍惚、昇天〉のキリスト教関連語の和訳／第26章）。

そう信じるのは彼らの勝手だが、彼らの「思想」（？）が私たちにも害を及ぼすのは、彼らが「どうせスクラップされる地球なら大自然をとことん開発してどこが悪い」と言い張り、「環境破壊など妄説だ。地球温暖化も環境保護派の世迷い言だ」と主張して止まないことである（前掲拙著『〈終末思想〉はなぜ生まれてくるのか』『秘密結社』）。

彼らは、ダーウィンの進化論に対して「天地創造科学」なるエセ科学をでっちあげたように、「温暖化否定説」もでっちあげた（これには、代替燃料の開発で甚大な被害を被る石油産業が金を出している）。

彼らには、妄説が正論であり、正論が妄説となる。つまり、万事神任せだから、「神が造った大自然は無限だ」と彼らは信じ込んでおり、地球資源の有限性を認めない。したがって、乱開発を放置し、地球の温暖化を頑迷にも認めない。

そこで、「建国の父たち」の多くが信じていた「理神論」こそ、「時計じかけ造りの神《ウォッチメイカー・ゴッド》」（第10章）が放置した世界（自然）を有限と見なし、長い道のりを経て、環境保護論への道筋を開いたことになる。

理神論傾斜の大統領の1人、ジョン・アダムズはこう言っている。「私は政治論争も神学論争も大嫌いだ。私の宗教の基盤は、神と隣人への愛と、自分の罪が許されることへの希望、そして悔悟（中略）、私自身そのわずかな一部である、神が創られた世界に対して不正を行わない義務感、自分にできるかぎりの善行である」。これは信徒でない私たちにも容易にわかる正論だろう。キリスト教右翼には、これが妄説になるのだ！　キリスト教右翼は、実にこの「健国の父たち」の理神論への造反勢力なのである。

共和党はレーガン以来、このキリスト教右翼を票田にしてきた。いや、共和党では高潔な政治家ジョン・マケインの選対ですら、２００８年の夏、この伝来の票田に訴えて劣勢を挽回すべく、オバマを「反キリスト」と暗示する「犬笛ＴＶ広告」を打った。制作者は選対メディア責任者フレッド・デイヴィス、彼の親友で「キリスト教連合（ＣＣ）」を率いていた犬笛の達人キリスト教右翼ラルフ・リードである。

繰り返すが、デイヴィスもリードも、前述のラッシュ・リンボウ（第54章）も馬鹿ではない。人並み以上の悪智恵に長け、この愚かな集団（キリスト教右翼）を食いものにしているのである。むろん、共和党自体が、彼らを食いものにしている（民主党ですら、彼らの啓蒙には匙《さじ》を投げているのだ！）。「福音派＝根本主義派」はキリスト教右翼の中枢だが、「福音派」にはリベラルで開明的な集団もいて（たとえば、カーター元大統領はリベラルな福音派）、その牧師の1人がマケイン陣営のＴＶ広告について以下の事実を暴いた。キリスト教右翼の「反キリスト」ものの超ベストセラーに７０００万部も売れた『レフト・ビハインド』シリーズというのがあり、それに描かれる「反キリスト」、ニコレイ・

カーパシア（かつてのオバマと同じ若手上院議員で、ルーマニア系白人）が「ザ・ワン（御一人）」と呼ばれている。

マケイン陣営の「広告」ではいかにもカーパシアの台詞《せりふ》を思わせるオバマの発言をつなぎ合わせている。「国民は癒され、世界は修復される。われわれこそ、われわれ自身が待望してきた者たちだ」。「われわれ」とは「反キリスト」の勢力を指すように作られている。広告のオバマは、暗黒に囲まれた不吉なオレンジ色の中にいて、やがて天に通じる階段が現れる。なぜか映画『十戒』（１９５６）でチャールトン・ヘストン扮するモーセが紅海の海水を真っ二つに切り割る場面が出てきて、オバマ選対が一時使っていた大統領印璽のコピーが大写しにされる（旧約聖書の「ダニエル書」では、反キリストは海中から鷲のような翼をはためかせて登場するのだ）。

マケイン陣営には好都合なことに、超人気の黒人ＴＶパーソナリティ、オプラ・ウィンフリー自身が、オバマを「ヒーズ・ザ・ワン！」と叫んでいてくれた（むろん、彼女の言葉は、同胞先祖が奴隷化されて４００年後、ついに登場する黒人大統領を指していた）。

この犬笛広告ができるはるか前から、ネットにはオバマを反キリストに擬した書き込みが70万ショット、オバマをカーパシアに擬した書き込みが20万ショットも登場していたのである。オバマが左利きであることまで、反キリストの証拠とされた（ちなみに、筆者も左利き）。本書の第1章の写真に掲げた、ティー・パーティの集団が白塗りしたオバマの写真プラカードを高々と掲げているのは、カーパシアとの合成で、他にもオバマにヒトラーのちょび髭をつけたプラカードもティー・パーティは愛用した（これらを考えた人物については前掲拙著『ジョージ・ソロス伝』第6章）。ティー・パーティこそナチスではないか！　どの白人にも、こういう有色人種への恐怖や憎悪が潜在することは、筆者が１９８０年代、タコマ空港で目撃した「白人のゾンビ化」（第49章）で明らかだ（良質な白人は知性によって懸命に自制し、ゾンビ化を抑制しているのである）。

以後、「オバマがモスレムだ」とか「出生証明書が贋物《にせもの》だ」とする申し立てが執拗に繰り返されたのは、こうした背景があったからだ。マケインの劣勢に焦った選対が、おそらくマケインに無断で、この犬笛広告を制作したのだろう（筆者には、あの良質な本来の共和党の良心、マケインがこの広告を許可するとは信じられない）。

ちなみに、何度か触れた元ネオコン評論家マイクル・リンドは、このようなキリスト教右翼の迷妄を槍玉に上げて、彼らを利用するホゾを固めているネオコンから追われた（第27&55章）。具体的には、ネオコンの理論誌『ナショナル・インタレスト』から締め出されたのである。彼は書いている。「私がパット・ロバートスンの反ユダヤ主義的な陰謀史観を批判したことが、私がネオコン運動家らに追放された主要原因だった」。

ロバートスンは、高名な「ＴＶ説教師」である（前掲拙著『秘密結社』）。また、前述のラルフ・リードはロバートスンの参謀で、ロバートスンが１９８８年、共和党大統領予備選に打って出たとき、リードはキリスト教連合を率いてロバートスンをアイオワで2位に押し上げ、首都で勝たせた人物だった。なお、リンドはユダヤ系で、ネオコンにはユダヤ系が多い。

オバマケア違憲審議と保守感情のガス抜き装置の日米比較

オバマが自身の執念で通過させた健保法による避妊薬の健保指定薬化で、たとえば「避妊薬を必要とする女性は誰もが購入ＯＫ」と穏やかな言い方をせず、「カトリック機構も避妊薬に健保料を支払わないといけない」という厳しい言い方をした。この理由は、オバマ陣営がもろに「文化戦争」の中枢部に痛打を加えることによって、共和党右派のみぞおちを打ち、サントーラムのような与《くみ》しやすい候補を浮上させ、苦手のロムニーを沈ませる高等戦略だった（『ワシントン・ポスト』記者キャスリーン・パーカー）。

ブッシュ政権で最高裁長官に任命されたジョン・G・ロバーツは、ついに3月26日、オバマケア（「オバマケア」は反対派による蔑称。公式の名称は「患者保護／低額治療法〈ＰＰＡＣＡ〉」）を最高裁での違憲審議に持ち込んだ。審議は6月までかかるので、大統領選にもろに影響する。その点では、「国家債務上限引き上げ拒否」（第48章）において、大統領選本選挙の最中にまたぞろ引き上げ騒動を引き起こせるよう、引き上げ額を少額に止めようとした共和党の作戦に呼応する。ロバーツは２００５年に物故したレーンクイスト長官（クリントン弾劾に関与／第47章）に比べて党派的には玉虫色だが、これは最高裁判事が終身職であるがゆえに起きる中立化現象で、保守判事が彼を入れて5名、革新判事が4名と、オバマ側には劣勢であることに変わりはない。かりに違憲判決が下れば、オバマに悪影響が及ぶことは言うまでもない。

さて、本書で縷々述べてきた「キリスト教右翼」その他、サントーラムを浮上させ続けてきた超保守勢力は、たとえばわが国の「尊皇攘夷派」に似ている。抵抗し難い「外敵」を前にした人間集団が陥る自縄自縛だ。明治の「元勲」らは、尊皇攘夷のエネルギーを利用し尽くして徳川幕府を倒すと、一転、開国に180度切り換え、さらに一転、将軍や大名への忠誠心の対象を天皇へと置換して、激変に怯える国民の保守的感情をこれに吸収した。

時代についていけない「サイレント・マジョリティ」やキリスト教右翼を「馬鹿を承知で手足に使ってきた」ニクスンとレーガン以後のアメリカには、「明治維新」のめまぐるしい転換がない。「元勲」らには、少なくとも、英仏米露による植民地化回避の絶対的命題が課せられていたのに、鮮烈な外交感覚の持ち主ニクスンは別として、レーガンにはアメリカが「覇権国家」であり続ける命題完遂の道筋すらなく、「連邦政府は悪だ」という袋小路しかなかった。

もとより、元勲らの「尊皇攘夷〜開国〜天皇崇拝」のアクロバットこそ、ルース・ベネディクトが『菊と刀』第3章の最後に記した、日本が軍国主義から一夜にして民主主義に切り換えた「ライト・アバウト・フェイス（支離滅裂な回れ右）」の原点となった。いまだに日本人に「民主主義」がピンと来ない最大の原因である。

ベネディクトによれば、日本にヨーロッパ近代化の梃子だった階級闘争がなく、明治維新（日本の近代化）が商人と下級武士の連携によって成立したことが、右のアクロバットを可能にした。つまり、開国は商人宿願の鎖国打破だけでなく、下級武士（元勲）らの生理でもあり、しかしながら下級武士らには開国を恐れる保守層の不安吸収装置としての天皇制を案出するだけの狡知があった。

ギングリッチとサントーラムを浮上させ続けてきた「アメリカの尊皇攘夷」は、すでにおわかりのように、奴隷制（アメリカの封建制度）と「聖書無謬説」（アメリカの負の精神的支柱の意味で日本の天皇制に相当／第52章）の合体した、アメリカ精神の「ゾンビ的鵺《ぬえ》」が基礎になっている。つまり、日本では切り離されていた幕府信仰と天皇崇拝が、アメリカでは野合していたわけだ。

「運命のアメリカ合衆国大統領」――リンカーンとオバマ

エイブラム・リンカーンは、アメリカン・マインドを蝕んできたこの厄介至極な病巣を切除した

「外科医的大統領」だった。彼の134年後に登場したオバマは、手術後も転移を続けてきた病巣、ニクスンとレーガン、その走狗ブッシュ父子によって生じた新たな病巣を「内乱」によらないで治癒しようとする「内科医的大統領」である。

この秋の大統領本選挙をめざして、スティーヴン・スピルバーグがリンカーンの映画を制作しつあるのは、右の対比を際立たせるためだろう。

1860年2月27日、ニューヨークでの立候補演説でリンカーンは、「恐れを振り払い、有効な戦いに立ち上がりましょう。妥協はもはやありえません。力こそ正義だと信じ、その信念の下に義務を果たしましょう――すでに諸君、おわかりのとおりに」と告げた。聴衆の大歓声の只中で、リンカーンだけが「自信なげに孤独で悲しそうに見えた」。彼には、聴衆が「おわかり」でないことがわかっていたのだ。つまり、「悲しみは知識だ。最も知っている者こそ、致命的な真実を最も深く悼む者となるしかない」（バイロン）。

ちなみに、サントーラムは、自身の予備選撤退をなんとゲティスバーグで公表した。

いくらペンシルヴェニア州が地盤とはいえ、リンカーンから最もかけ離れた主張で無知蒙昧な層に媚びてきた彼がこの期に及んでまたもや「喜劇」を演じた。オバマを凌ぐ「忍人」だったリンカーン

も、さすがに墓の中で舌打ちし、怒りの寝返りを打ったのではないか。ゲティスバーグでの南軍の敗退は、ジョージ・ピケット将軍が自分の師団の半数を失った「ピケットの突撃」が原因だった。せめてサントーラムに、その故事に自身の撤退をなぞらえるだけの「知性」が残っていたことを祈りたい。

南北戦争では、彼我双方で62万余の戦死者が出た（J・デイヴィッド・ホッカーによれば、75万〜85万。非戦闘員を含めれば103万。これは独立戦争から両大戦も含めたアメリカ軍戦死者の総計を上回る）。世に知られたリンカーンのゲティスバーグでの演説は、戦死者に墓地を捧げるためのものだった。

にもかかわらず、この「内乱鎮圧」の総指揮をとったリンカーンは、「これは感情の問題ではない。馬力か蒸気力の問題だ。この馬力を維持できれば連邦は救える」と一歩も引かなかった。まさに修羅場の手術室で阿修羅となった外科医だったのである。

「誰に対しても悪意は持たずに、誰に対しても明晰に、神が正しいものを私たちに見させて下さるがままに、正しいことを、断固として」。これが1864年の四面楚歌での再選の就任演説である。これと第V部冒頭に引用した、ジェイムズ・マディスンの痛切な遺言と響き合わせてみていただきたい。アメリカの自己矛盾の頂点で、このような指導者（大統領）が登場した偶然は、「運命」としか言いようがない。当時のアメリカ国民は、辛うじてこの人物を再選させたのだ——なんという僥倖《ぎょうこう》だったか！

トルストイは死ぬ1年前の1909年、以下の話を残した。「カフカスの戦士らはリンカーンをナポレオン以上の大将軍と勘違いしていた。乗馬姿がさまにならなかったと言っても信じないので、若者を近くの町へ連れていき、リンカーンの写真を買い与えると、相手の目にみるみる涙があふれた。理由を聞くと、彼はこう答えた。『わからないんですか？　この人の目には涙があふれ、唇は秘めた悲しみに満ちているのが』」。

リンカーンは、「最初から終わりを見ていた」のだろうか？　彼は、「われわれは歴史を逃れられない」と言った（１８６２年12月、議会演説）。暗殺の懸念を友人から言われて、「神のご意思は成就される。私は神の御手の中にある」と答えた。「内乱鎮圧」で自らが出した厖大な犠牲者が念頭にあったのだ。だからこそ、ウォルト・ホイットマンはリンカーンの死にこう慟哭した。「おお、キャプテン、マイ・キャプテン、われらがおぞましき航海はついに終わりました」と。

アメリカ国民が、２００８年秋、バラック・フセイン・オバマを合衆国大統領に選んだことは、この国の歴史における「第二の僥倖」だった。そのアメリカ国民が、オバマを今一度、自国の船首に立たせるかどうか？　それとも別人を船首に立たせることによって、この国の航路を再び暗黒の大洋へと押し戻すのか？

本書はもろに「３／11」の激震の最中に書き始めたのだが、『ニューヨークからアメリカを知るための76章』『カリフォルニアからアメリカを知るための54章』とともに、明石書店の大槻武志さんのご発案によるものだった。大槻さんが体調を崩され、他の2冊ともども、明石書店で旧知の大江道雅さん、そして神野斉さんをお煩わせした。また、編集の細部も、他の2冊同様、旧知の小山光さんのお手を借りた。以上のみなさんに感謝します。

最後に、しかし最小にではなく、アメリカン・デモクラシーへの古代からの保証を与え続けてくれた古代西洋史の専門家、向山宏博士に感謝する。向山さんとは若き日、ともに作家志望だった。古稀を過ぎた今、その彼から民主主義の始発点についてコーチされ、なんとか2人してアテナイと共和制ローマをアメリカ合衆国と響き合わせられないものか?!　と念じ始めた。

2012年4月初旬　庭の梅の実の結実を待ちながら

越智道雄

著者紹介

越智道雄（おち・みちお）

1936年愛媛県生まれ。明治大学名誉教授。城西国際大学大学院非常勤講師（アメリカ文化摩擦）。日本翻訳家協会評議員、日本ポップカルチャー学会顧問、日本ペンクラブ会員（元理事、元国際委員長）。

《主要著訳書》

『ワスプ（WASP）――アメリカン・エリートはどうつくられるか』（中公新書）、『ブッシュ家とケネディ家』（朝日選書）、『なぜアメリカ大統領は戦争をしたがるのか？』（アスキー新書）、『誰がオバマを大統領に選んだのか』（NTT出版）、『オバマ・ショック』（町山智浩との共著、集英社新書）、『アメリカ合衆国の異端児たち』『大英帝国の異端児たち』（共に日経プレミアシリーズ）、『オーストラリアを知るための58章〈第3版〉』（明石書店）、『ヴィジュアル・ヒストリー　アメリカ――植民地時代から覇権国家の未来まで』（アレン・ワインスタインほか著、東洋書林）、『白人の歴史』（ネル・アーヴィン・ペインター著、東洋書林）、『ジョージ・ソロス伝』（李白社、発売元ビジネス社）ほか。近刊に『ニューヨークからアメリカを知るための76章』『カリフォルニアからアメリカを知るための54章』（共に明石書店）。

エリア・スタディーズ　97

大統領選からアメリカを知るための57章

2012年4月30日　初版第1刷発行

著　者　越　智　道　雄

発行者　石　井　昭　男

発行所　株式会社 明石書店

〒101-0021 東京都千代田区外神田6-9-5

電　話　03 (5818) 1171

FAX　03 (5818) 1174

振　替　00100-7-24505

http://www.akashi.co.jp

装　丁　明石書店デザイン室

印　刷　モリモト印刷株式会社

製　本　協栄製本株式会社

（定価はカバーに表示してあります）

ISBN978-4-7503-3587-2

エリア・スタディーズ

41 エルサルバドル、ホンジュラス、ニカラグアを知るための45章
田中 高編著 ◎2000円

42 パナマを知るための55章
国本伊代、小林志郎、小澤卓也 ◎2000円

43 イランを知るための65章
岡田恵美子、北原圭一、鈴木珠里編著 ◎2000円

44 アイルランドを知るための70章【第2版】
海老島 均、山下理恵子編著 ◎2000円

45 メキシコを知るための60章
吉田栄人編著 ◎2000円

46 中国の暮らしと文化を知るための40章
東洋文化研究会編 ◎2000円

47 現代ブータンを知るための60章
平山修一編著 ◎2000円

48 バルカンを知るための65章
柴 宜弘編著 ◎2000円

49 現代イタリアを知るための44章
村上義和編著 ◎2000円

50 アルゼンチンを知るための54章
アルベルト松本 ◎2000円

51 ミクロネシアを知るための58章
印東道子編著 ◎2000円

52 アメリカのヒスパニック＝ラティーノ社会を知るための55章
大泉光一、牛島 万編著 ◎2000円

53 北朝鮮を知るための51章
石坂浩一編著 ◎2000円

54 ボリビアを知るための68章
真鍋周三編著 ◎2000円

55 コーカサスを知るための60章
北川誠一、前田弘毅、廣瀬陽子、吉村貴之編著 ◎2000円

56 カンボジアを知るための60章
上田広美、岡田知子編著 ◎2000円

57 エクアドルを知るための60章
新木秀和編著 ◎2000円

58 タンザニアを知るための60章
栗田和明、根本利通編著 ◎2000円

59 リビアを知るための60章
塩尻和子 ◎2000円

60 東ティモールを知るための50章
山田 満編著 ◎2000円

61 グアテマラを知るための65章
桜井三枝子編著 ◎2000円

62 オランダを知るための60章
長坂寿久 ◎2000円

63 モロッコを知るための65章
私市正年、佐藤健太郎編著 ◎2000円

64 サウジアラビアを知るための65章
中村 覚編著 ◎2000円

65 韓国の歴史を知るための66章
金 両基編著 ◎2000円

66 ルーマニアを知るための60章
六鹿茂夫編著 ◎2000円

67 現代インドを知るための60章
広瀬崇子、近藤正規、井上恭子、南埜猛編著 ◎2000円

68 エチオピアを知るための50章
岡倉登志編著 ◎2000円

69 フィンランドを知るための44章
百瀬 宏、石野裕子編著 ◎2000円

70 ニュージーランドを知るための63章
青柳まちこ編著 ◎2000円

71 ベルギーを知るための52章
小川秀樹編著 ◎2000円

72 ケベックを知るための54章
小畑精和、竹中 豊編著 ◎2000円

73 アルジェリアを知るための62章
私市正年編著 ◎2000円

74 アルメニアを知るための65章
中島偉晴、メラニア・バグダサリヤン編著 ◎2000円

75 スウェーデンを知るための60章
村井誠人編著 ◎2000円

76 デンマークを知るための68章
村井誠人編著 ◎2000円

77 最新ドイツ事情を知るための50章
浜本隆志、柳原初樹 ◎2000円

78 セネガルとカーボベルデを知るための60章
小川 了編著 ◎2000円

79 南アフリカを知るための60章
峯 陽一編著 ◎2000円

80 エルサルバドルを知るための55章
細野昭雄、田中 高編著 ◎2000円

〈価格は本体価格です〉

81 チュニジアを知るための60章
鷹木恵子編著 ◎2000円

82 南太平洋を知るための58章 メラネシア ポリネシア
吉岡政德、石森大知編著 ◎2000円

83 現代カナダを知るための57章
飯野正子、竹中 豊編著 ◎2000円

84 現代フランス社会を知るための62章
三浦信孝、西山教行編著 ◎2000円

85 ラオスを知るための60章
菊池陽子、鈴木玲子、阿部健一編著 ◎2000円

86 パラグアイを知るための50章
田島久歳、武田和久編著 ◎2000円

87 中国の歴史を知るための60章
並木頼壽、杉山文彦編著 ◎2000円

88 スペインのガリシアを知るための50章
坂東省次、桑原真夫、浅香武和編著 ◎2000円

89 アラブ首長国連邦(UAE)を知るための60章
細井 長編著 ◎2000円

90 コロンビアを知るための60章
二村久則編著 ◎2000円

91 現代メキシコを知るための60章
国本伊代編著 ◎2000円

92 ガーナを知るための47章
高根 務、山田肖子編著 ◎2000円

93 ウガンダを知るための53章
吉田昌夫、白石壮一郎編著 ◎2000円

94 ケルトを旅する52章 イギリス・アイルランド
永田喜文 ◎2000円

95 トルコを知るための53章
大村幸弘、永田雄三、内藤正典編著 ◎2000円

96 イタリアを旅する24章
内田俊秀編著 ◎2000円

97 大統領選からアメリカを知るための57章
越智道雄 ◎2000円

――以下続刊

オバマを拒絶するアメリカ レイシズム2.0にひそむ白人の差別意識
ティム・ワイズ著 上坂 昇訳 ●2400円

きみたちにおくるうた むすめたちへの手紙
バラク・オバマ文 ローレン・ロング絵 さくまゆみこ訳 ●1500円

〈価格は本体価格です〉